壹卷
YE BOOK

让思想流动起来

论世衡史
- 丛书 -

清代社会的贱民等级

经君健 著

四川人民出版社

图书在版编目（CIP）数据

清代社会的贱民等级/经君健著.—成都：四川人民出版社，2021.3
ISBN 978-7-220-12096-1

Ⅰ.①清… Ⅱ.①经… Ⅲ.①封建等级制度—研究—中国—清代②法制史—研究—中国—清代 Ⅳ.①D691.2②D929.49

中国版本图书馆CIP数据核字（2021）第026079号

QINGDAI SHEHUI DE JIANMIN DENGJI

清代社会的贱民等级

经君健 著

出 版 人	黄立新
策划统筹	封 龙
责任编辑	赵 静
版式设计	戴雨虹
装帧设计	周伟伟
责任印制	周 奇
出版发行	四川人民出版社（成都槐树街2号）
网 址	http://www.scpph.com
E-mail	scrmcbs@sina.com
新浪微博	@四川人民出版社
微信公众号	四川人民出版社
发行部业务电话	（028）86259624 86259453
防盗版举报电话	（028）86259624
照 排	四川胜翔数码印务设计有限公司
印 刷	成都东江印务有限公司
成品尺寸	145mm×210mm
印 张	10
字 数	230千
版 次	2021年3月第1版
印 次	2022年1月第2次印刷
书 号	ISBN 978-7-220-12096-1
定 价	68.00元

■版权所有·侵权必究
本书若出现印装质量问题，请与我社发行部联系调换
电话：（028）86259453

目 录

清代的等级结构——代绪论 / 001
  第一节　清代社会的一般构架 / 003
  第二节　贱民等级 / 043

第一章　清代的奴婢法 / 054
  第一节　主奴法 / 054
  第二节　逃人法 / 065

第二章　清代奴婢的来源 / 076
  第一节　战俘 / 076
  第二节　被官兵掠卖的良民 / 078
  第三节　被领取的孤儿 / 080
  第四节　被遣发的罪犯 / 081
  第五节　投充人 / 087

第三章　庄头和壮丁 / 100
  第一节　庄头的法律地位 / 100
  第二节　所谓"壮丁" / 108
  第三节　奴仆壮丁的法律地位 / 115

第四章　官衙中的奴仆 / 121
第一节　家人和长随 / 121
第二节　衙役、捕役和仵作 / 133

第五章　清代的奴婢买卖 / 148
第一节　有关买奴的规定 / 148
第二节　奴婢买卖 / 160
第三节　红契奴婢与白契所买之人 / 171

第六章　清代奴婢脱离主家的法律 / 181
第一节　奴婢赎身 / 181
第二节　奴仆开户 / 202
第三节　奴仆放出 / 210

第七章　清代奴婢的特征和奴婢政策的发展 / 220
第一节　清代奴婢的特征 / 220
第二节　清代奴婢政策的发展 / 223

第八章　特定地区的贱民 / 232
第一节　堕民、丐户 / 232
第二节　九姓渔户 / 244
第三节　蛋户 / 248
第四节　乐户 / 259
第五节　乾隆三十六年条例 / 264
第六节　佃仆 / 267

结　论 / 285
　　第一节　清代贱民等级的特点 / 285
　　第二节　贱民等级的存在是封建国家的普遍现象 / 290
　　第三节　清代等级制度的特点及其社会功能 / 293

再版后记 / 306

清代的等级结构——代绪论

在阶级社会中,任何一个社会成员都没有例外地属于一个特定的阶级。所谓阶级,按照列宁的说法,"就是这样一些大的集团,这些集团在历史上一定的社会生产体系中所处的地位不同,同生产资料的关系(这种关系大部分是在法律上明文规定了的)不同,在社会劳动组织中所起的作用不同,因而取得归自己支配的那份社会财富的方式和多寡也不同。所谓阶级,就是这样一些集团,由于它们在一定社会经济结构中所处的地位不同,其中一个集团能够占有另一个集团的劳动"[①]。可见,阶级是由经济地位所决定的,他们是不是占有生产资料,占有生产资料的多少以及他们在生产中的地位,决定了他们在经济上的剥削与被剥削的关系。阶级之间的差别不在于法律上的特权,而在于实际的条件。

但是,无掩饰的阶级对立,直到资本主义社会才出现。奴隶社会和封建社会的阶级差别"是用居民的等级划分固定下来的,同时还为每个阶级确定了在国家中的特殊法律地位"[②]。阶级表现为等

---

① 《列宁全集》(第二版),第37卷,北京:人民出版社,1986年,第13页。
② 《列宁全集》(第二版),第6卷,北京:人民出版社,1986年,第287页。

级,列宁称之为"等级的阶级"①。

所谓等级,是指奴隶制国家和封建制国家中一定的社会集团,这些集团由国家的成文法或不成文法②规定其成员享有某种权利,承担某种义务以及加入或排除于该集团的条件。由于被规定的权利与义务不同,各等级间形成不平等的高下阶梯,彼此间形成统治和被统治的关系。法权身份基本相同的同一等级成员,因其经济、政治等各方面情况仍有某种差别,又分为不同的等第。由不同的等级和等第组成的系列,就是这个国家的等级制度。等级制度的实质是人与人之间法律地位、社会地位的不平等。一般地说,剥削阶级总是社会地位比较高的等级,被剥削阶级总是社会地位比较低的等级,社会地位比较高的等级总是拥有许多超越于他人的特权,处于统治者的地位。等级制度把剥削阶级与被剥削阶级之间的统治关系法律化了。法权的不平等规定,也形成了社会习俗、礼仪、传统等许多方面的不平等。这种不平等公开地表现在政治生活和经济生活的各个方面。

封建剥削关系是以不平等为前提的超经济强制的手段实现的,等级制度就是超经济强制的一种最一般的、最明确的形式。

各个封建国家的经济制度、政治传统、道德规范、宗教势力以及民族关系等多种因素,决定着这些国家等级制度的特点。例如,我国封建社会中就没有欧洲各国中世纪的僧侣、贵族和骑士,也没有日本封建社会的旗本、大名、町人、秽多,或者古代朝鲜的两

---

① 《列宁全集》(第二版),第6卷,北京:人民出版社,1986年,第287页。
② 这里所谓的不成文法,是指虽然未经通常的立法程序,甚至没有文字的规定,但是得到国家承认的具有法律效力的行动规范,而不是指任何实际存在的非法行为。

班、中人层。一个封建国家的不同发展阶段，随经济的变革、民族的征服等各种因素变迁的影响，等级制度也要发生变化。例如我国唐代的部曲、杂户，元代以种族统治为特色的蒙古人、色目人、汉人、南人，以及明代的勋贵等级，都具有时代特色，随着王朝的更迭而消失，代之以新的等级。

清代是我国封建社会的最后一个王朝[①]，它也制定了一套完整的等级制度。贱民等级就是这个等级制度的组成部分之一。为了讲清贱民等级的位置，这里先要把清代的等级结构做一个大致的描绘。

满洲贵族入关时，满族还是一个刚刚进入封建制度、带有许多奴隶制残余的民族。满洲贵族征服朱明政权以后，结合中原原有的封建法制，建立了一套具有民族特点的封建制度，开始了一个新的王朝。清王朝的典章，为全社会的成员规定了七种不同的法律身份，即分为七个等级。这七个等级是：皇帝、宗室贵族、官僚缙绅、绅衿、凡人、雇工人和贱民。在有的等级中，又可划分为若干等第。让我们来具体地看看这些等级、等第的状况。

第一节　清代社会的一般构架

一、皇帝等级和宗室贵族等级

皇帝和宗室贵族是清代两个最高的等级。后者的主要组成部分

[①] 说明一点，1840年以前的清王朝是封建社会，1840年开始进入半殖民地半封建社会。但是一直到清代灭亡，这个王朝最主要的典章制度没有根本性的改变，封建王朝的上层建筑仍旧保留。因此，为了方便起见，这里对整个清王朝的等级制度进行探讨。这样处理，不涉及对历史分期问题的看法。

是与前者具有血缘关系的成员。这两个等级的共同特点是等级的世袭性。

让我们先看看清代的皇帝。

恩格斯在描写欧洲君主时说："在这每一个中世纪国家里，国王是整个封建等级制的最上级"①，这话也适用于中国清代的皇帝。

清代皇帝是地主阶级的总代表，他作为国家的最高统治者，继承了我国历朝封建专制制度的传统，自称上天之子，以为万民之父。"君，父也；民，子也"②，天下之民都是皇帝的"赤子"③。

封建专制制度就是独裁统治。中国历代皇帝从来都有至高无上的权力。"朕为天下主"的话，是清朝历代皇帝的口头禅。"国家唯有一主"，"唯有一人治天下"，或者叫作"乾纲独揽"，这种权利是绝对不能与人共享，更不得旁落的。一切有碍于独裁的人物、机构，必须统统除掉。

清王朝整个国家机构都作为皇帝一人的办事机构而存在。《大清会典》规定，内阁、军机处以及吏、户、礼、兵、刑、工六部各有职掌，它们都是"赞上"以治理万民的。④换言之，都是帮助皇上一人进行统治的。至于臣工，"内而部院卿寺，外而总督抚镇，皆佐皇上经理天下之大臣也"⑤。

---

① 《马克思恩格斯全集》（第一版），第21卷，北京：人民出版社，1965年，第452页。
② 《顺治实录》卷四二。
③ 《顺治实录》卷二一、四二、四三；《乾隆实录》卷七〇四；等。
④ 参见光绪《大清会典》卷二、三、四、一三、二六、四三、五三、五八等。
⑤ 《顺治实录》卷七一。

皇帝有权夺取人民的土地归他自己或赐给别人（如圈地），有权把人民束缚在土地上（如钦赐孔府庙户），有权动用国库以供享乐（如修建园庭陵墓、巡幸狩猎），有权决定战和（如镇压农民起义、向帝国主义屈膝求和）。总之，大臣的任命，财政的管理，法典的制定，死刑的批准，考试的录取，政、军、财、文方面立法司法行政大权，最后都集中在一人身上。乾隆说："一切庆赏刑威皆自朕出，即臣工有所建白而采而用之，仍在于朕，即朕之恩泽也。"①可见清朝皇帝和历代皇帝一样，对于独裁专制是作为一种当然的制度，而从不忌讳的。清朝十代皇帝的实际作用虽各不相同，但皇帝之作为最高统治者的地位则是一样的。

为了显示地位的至高无上，皇帝的一切都是特殊的。例如，皇帝的命令是最高指示，称为"纶音""制""诏""浩""敕"和"圣旨"。他使用专门设计的皇宫、轿舆、服饰；一切黄色的物件，唯皇帝有权使用；等等。甚至他喝的水都是别人不能用的，"京北玉泉山之水，止备上用，其禁甚严"②。

清朝也和历代封建王朝一样，实行家天下世袭制，帝位由父传子，无子传近亲。母妻垂帘，叔伯摄政，皆视为当然。凡反对这一套制度的皆为逆。

清代的法律，有很多条文是专为惩治触犯皇帝的统治和尊严而设的。例如遇赦不赦的"十恶"之中，"谋反""谋大逆""大不敬"等都是维护皇帝的统治地位的。又如"诈为制书"律规定："凡诈为制书及增减者，皆斩；未施行者绞。传写失错者杖一百。""诈传诏

---

① 《乾隆实录》卷七一。
② 《顺治实录》卷一三七。

旨"律规定："凡诈传诏旨者，斩。""对制上书诈不以实"律规定："凡对制及奏事上书诈不以实者，杖一百徒三年。"①"制书有违"律规定："凡奉制书有所施行而违者杖一百""失错旨意者减三等。其稽缓制书……者，一日笞五十，每一日加一等，罪止杖一百。"②总之，皇帝的意旨是最上指示，不可丝毫违反、更改或领会错误。御医合药有误、御膳房为皇帝所备饮食之物不洁不精、御用乘舆及穿用的服饰修整不如法等等，有关人员都要受到杖刑。③此外还有一系列繁文缛节统统定入律例。例如，上书、奏事时误犯皇帝及其父祖的名字，也要杖八十。④

乾隆十三年三月，乾隆帝的妻子孝贤纯皇后逝世，规定的殡葬仪制中有一条："王公百官百日后剃发。"臣工之中，锦州知府金文淳违犯了这条规定，于百日内剃发，被拟斩决。官阶高达二品、三品的江南总河周学健、湖广总督塞楞额、湖北巡抚彭树葵、湖南巡抚杨锡绂等封疆大吏，都因为限内剃发而被治罪；彭、杨革职留任，承修直隶二处城工赎罪。⑤

嘉庆五年，乾隆皇帝逝世，百日内剃发的蒙古德沁被判斩监候，沙拉布被判杖一百徒三年。⑥

嘉庆四年，内务府的一份奏折中将皇后尊号抄错，结果律以"大不敬"之条，将"承办之主事德宁，写底之笔帖式积善均着加

---

① 《大清律例·刑律》，"诈伪"。
② 《大清律例·吏律》，"公式"。
③ 参见《大清律例·礼律》，"仪制"。
④ 参见《大清律例·吏律》，"公式"。
⑤ 参见光绪《大清会典》卷三七，"礼部"；《乾隆实录》卷三二一；吴振棫：《养吉斋余录》卷四；等。
⑥ 参见《仁宗圣训》卷二。

恩免死,各枷号一个月,满日鞭责八十发落"①。

马克思说:"专制制度的唯一原则就是轻视人类,使人不成其为人","它不单是一个原则,而且还是事实。专制君主总把人看得很下贱。""事实上,在普鲁士,国王就是整个制度;在那里,国王是唯一的政治人物。总之,一切制度都由他一个人决定。他所做的或者人家要他做的,他所想的或者人家要他讲的,就是普鲁士国家所做的和所想的。"②如果把这段话中的"普鲁士"换成"清代",把"国王"换成"皇帝",那么也是完全符合事实的。卢梭在《论人类不平等的起源和基础》中说得很有道理:"不管一个国家的政体如何,如果在它管辖范围内有一个人可以不遵守法律,所有其他的人就必然会受这个人的任意支配。"③帝王具有最高的权威,这是中国封建制度的传统,也是一切封建制度的特征。

清代皇帝的权力和权利是订在法律中的,他的地位的排他性和世袭性是明确无疑的,他跟社会其他任何等级成员的差别是十分突出的。因此,尽管仅仅他一个人,也构成一个独立的等级,而且是居于清代社会等级金字塔顶端的最高等级。

现在再来分析清代的宗室贵族等级。

在封建社会中,既然皇帝是至高无上的,皇帝的父母妻党、皇亲国戚则当然成为拥有特权的贵族,中外莫不如是。在清代,所谓"宗室"和"觉罗"就是这样一个特权阶层。

努尔哈赤的父亲塔克世被尊为"显祖宣皇帝",他的本支亲属

---

① 参见《仁宗圣训》卷一。
② 《马克思恩格斯全集》(第一版),第1卷,北京:人民出版社,1956年,第411—412页。
③ 卢梭:《论人类不平等的起源和基础》,北京:商务印书馆,1962年,第52页。

称作"宗室",其叔伯兄弟之支称作"觉罗",他们是皇族,都在腰间系一条带子作为标志。宗室系金黄色带,觉罗系红色带。宗室、觉罗中的近支及有功者,得封爵;爵位按照一定的制度世袭。其余的称为"闲散"。宗室、觉罗设长以治族务,成一独立体系。①宗族血缘关系决定了宗室、觉罗的高贵,所以这种身份是无条件世袭的,除本支繁衍外,他人无法取得这种资格。

系着带子的宗室、觉罗受法律的特殊保护。清律规定,一般斗殴不成伤者,罪仅笞二十;成伤者笞三十。而殴系着黄、红带子的宗室、觉罗,虽不成伤也判杖六十徒一年,比一般斗殴重九等;伤者杖八十徒二年,比一般斗殴重十等。按照清代的制度,宗族关系远近以服丧时期的长短和服制的轻重分为期亲、大功、小功、缌麻等。缌麻以外,是已出服。距缌麻最近者称"袒免"。清律中,亲属相犯的处刑,依服制远近而轻重不同,至袒免、同姓,则与一般人没有区别,不列特殊规定。即使像主仆那样严格的关系,奴婢对主人的袒免亲发生刑事纠纷时也只按良贱律处理,没有另定条文。宗室、觉罗作为皇帝的亲族,法律身份特殊,他们中虽然绝大部分是皇帝的袒免亲,但其全体始终处于受法律保护的地位。律注解释说,"裔出天潢,均是皇家之脉,岂可轻犯"②!

宗室、觉罗犯罪,"或夺所属人丁,或罚金,不加鞭责。虽叛逆重罪不拟死刑,不监禁刑部"③。罪该杖一百者,罚养赡银一年,徒流以上板责圈禁;罪应发极边烟瘴充军者,也仅责四十板,

---

① 参见光绪《大清会典》卷一,"宗人府"。
② 《大清律例》卷二七。
③ 光绪《大清会典事例》卷一〇;《顺治实录》卷七二。

圈禁二年半而已。①

宗室、觉罗有过犯，可被革退。革退宗室者改系红带，革退觉罗者改系紫带。②革退者，皇族修谱（玉牒）时仍列名册后，生女不选秀女。③革退宗室、觉罗犯罪时，治罪与一般旗人同，交刑部旗人例枷号锁禁完结。④

正因为有所依恃，所以宗室、觉罗之中的许多人经常胡作非为，酒肆茶坊寻衅闹事，"越礼逾闲，干犯宪章者，亦层见叠出。所为之事，竟同市井无赖"⑤。直至晚清仍有宗室载泰开设赌局殴死旗民某，暴尸城隅"二十余日无人为收殓，官亦不敢过问"⑥之事，可见其凌人气势。

在经济上，宗室、觉罗分有大量旗地，为宗室庄田。特别是王公将军们有庄头为之监督大量的奴仆壮丁进行强制性劳动，带地投充人为之纳银纳物。他们没有向朝廷缴纳田赋的义务，相反还要从宗人府领取俸禄和养赡银。因此，宗室中的上层利用其爵衔身份压榨剥削所得，骄淫奢侈，坐吃京师。

至于那些闲散宗室、觉罗当然没有王公将军们那样的势力。他们既不从事生产，又无力拥有较多壮丁供其剥削，人口繁衍，仅靠养赡银是不够挥霍的。因而其中许多人逐渐贫困，旗地、壮丁被私自卖出，成为政治上具有特权，但经济上贫困潦倒的封建贵族。他

---

① 参见光绪《大清会典事例》卷一，"宗人府"。
② 同上。
③ 同上。
④ 参见《大清律例通考》卷四。
⑤ 嘉庆十三年宗室训；光绪《大清会典》卷一，"宗人府"。
⑥ 《清史纪事本末》卷五六。

们和西欧中世纪后期的骑士有某些相似之处。

汉族中具有特殊地位的贵族，那只有曲阜孔家了。清代继承明代的办法，仍封孔子的后代为衍圣公，钦赐大量土地作为祭田、孔林地、庙基地、学田等。①"圣裔"公爵世袭罔替，土地也累世相传。此外，孔家还大量购置民田。所有孔氏地亩，不纳赋税，例免差徭。

衍圣公所属各户，独立于官府之外，自编保甲，其佃户需向孔府领取户帖。

清初曲阜县令一缺，由衍圣公保举孔氏族人充任；从而县令为衍圣公服务是自然的事了。衍圣公在实际上行使地方行政权与司法权，他可以对不服差唤的佃户施行拘捕法办。乾隆二十一年以后，曲阜县令由朝廷拣选补调，但孔府大堂上一直陈设刑杖签筒。佃户不及时听候差遣，衍圣公可开信票通知有关县令拘押，解到孔府堂讯，判处枷号等刑后送县执行。不仅对佃户如此，衍圣公对孔氏宗人和当地一般农民也同样具有这种权力。②

衍圣公的这种行为，并没有载入清代典章或特颁诏旨，但是清廷对此从来没有干涉过。历来参劾不法绅衿私置板棍擅责佃户、富豪劣绅肆虐乡里的奏章，包括雍正年间以此著称的河南山东总督田文镜，对孔府的所作所为都未尝置一词。可见孔府这种权力至少是朝廷默许的，也是被视为当然的特权，成为一种不成文法。虽然衍

---

① 参见光绪《大清会典事例》卷一六四。
② 这里有关衍圣公情况，以及下文涉及孔府佃户情况，均据杨向奎：《中国古代社会与古代思想研究》，上海：上海人民出版社，1962年，第562—668页；王毓铨：《明代勋贵地主的佃户》，见《文史》第5辑；何龄修等：《封建贵族大地主的典型——孔府研究》，北京：中国社会科学出版社，1981年；等。

圣公的势力所及，相对全国而言，其范围是不大的，但它的性质不容忽视。在清代，这样的司法特权乃是一种特例，即使宗室、觉罗中的王公将军也是没有的。因此，从等级序列上说，衍圣公处于很高的位置，从某些方面看，甚至高过宗室、觉罗。

据此，宗室、觉罗及特封贵族属于一个等级，其中分为衍圣公，王公贵族和闲散宗室、觉罗等三个等第。

二、官僚缙绅等级

前节讲到，清代的皇帝和历代皇帝一样，是专制独裁的君主，朝廷的大小官僚只是奉旨行事而已。但相对百姓而言，官僚缙绅却是皇帝旨意的贯彻者，他们代表"朝廷之体"，他们是国家机器的象征。根据"大人理所当畏，国家有上下贵贱之体"[①]的理论，官民之间，贵贱之间有着一条重要的界限。所谓上下之分，在名分关系中占有重要地位。定尊卑名分以"励臣节"，"励臣节以维国体"[②]，就是说为了维护封建国家的统治，必须给官僚缙绅以特权地位。

所谓官僚缙绅，或简称"缙绅"，所包括的，首先是现任的内外大小官员，这是当时政权的具体体现者。其次是"以理去官"的非现任官员，所谓"以理去官"，即以正当道理解任而去，但其职衔仍在的意思。包括职任已满、停止支给俸饷、已不管事的官员，已有新官接任、交代而去的官员，删汰冗员裁革衙门而多余的官员，起送赴部候补的官员，已补而尚未到任的官员以及因老、因病

---

① 《朱子·畏大人》注，转见《康熙实录》卷二五六。
② 《乾隆实录》卷七。

退官乡居的官员等等，均在此内。再次是"封赠官"，即本人并未担任朝廷官职，只因子孙当官而得封诰者。此外，还包括上述各类人员的诰命妻子。①所有这些人，构成一个国家法典承认的特权集团。他们拥有的特权主要表现在法律和赋役两大方面。

  法律方面的特权。为了使官僚缙绅便于为皇帝进行统治，朝廷给缙绅以特殊的法律保护，置之高于百姓的地位，借以维护官僚的尊严，从而使百姓不敢轻于犯上作乱。顺治二年题准："部民陵厉本官……事发，治以重罪。"②法律严禁殴打、辱骂官僚缙绅，犯者从重处分。刑律斗殴门规定，凡人斗殴不成伤者笞二十，伤者笞三十，折伤杖六十徒一年。而部民殴本属知府、知州、知县，杖一百徒三年，伤者杖一百流二千里，折伤者绞监候；不伤及伤分别比凡人罪重十三等，折伤的处刑则有生死之差。凡人骂詈罪笞一十。部民骂本属知府、知州、知县杖一百，军民吏卒骂本属佐贰官杖六十；比凡人骂詈罪分别重九等和五等。凡毁骂公、侯、驸马、伯及京、省文职三品以上，武职二品以上者，除杖一百外还要枷号一个月发落。不仅打骂本属长官罪重，殴打任何官员都要加重处刑：军民"殴非本管三品以上官者杖八十徒二年，伤者杖一百徒二年，折伤者杖一百流二千里；殴伤（非本管）五品以上官者减（二品以上罪）二等；若减罪轻（于凡斗伤）及殴伤九品以上（至六品）官者，各加凡斗伤二等"③。总之，提高官吏的法律地位以"重名器"。

---

① 参见《大清律例》卷四。
② 光绪《大清会典事例》卷一五六。
③ 《大清律例》卷二七。

在司法过程中，缙绅作为诉讼当事人，享有各种优待。古者刑不上大夫，"优臣工所以尊朝廷也"①。清制：一，官员有犯，司法机构不许擅自勾问。"凡内外文武大小官有犯公私罪名，所司开具事由，实封奏请，不许擅自勾问。若许推问，依律拟奏闻区处，仍候复准方许判决。"②二，诉讼时不必亲自出庭。"凡官吏有争论婚姻、钱债、田土等事，听令家人告官对理，不许公文行移。违者笞四十。"③三，审讯过程中，对三品以上官员不得用刑。"三品以上大员身罹罪谴，即奉旨革职拿问者，法司亦不得遽加三木。如有不得不夹讯者，亦必请旨。将此永著为例。"④四，轻罪不服刑。"凡内外大小文武官犯公罪该笞者，一十罚俸一个月，二十、三十各递加一月，四十、五十各递加三月；该杖者，六十罚俸一年，七十降一级，八十降二级，九十降三级，俱留任；一百降四级调用。"⑤"凡内外大小文武官犯私罪该笞者，一十罚俸两个月，二十罚俸三个月，三十、四十、五十各递加三月，该杖者，六十降一级，七十降二级，八十降三级，九十降四级，俱调用，一百革职离任（犯赃者不在此限）。"⑥条例还规定："一切有顶戴官犯有笞杖轻罪，照律纳赎。罪止杖一百者，分别咨参除名，所得杖罪免其发落。徒流以上照例发配。"⑦

这些规定简单概括起来就是：凡人对缙绅有所侵犯，要加重处

---

① 《顺治实录》卷一一。
② 《清朝通志》卷七〇。
③ 《大清律例通考》卷三〇。
④ 《乾隆实录》卷七。
⑤ 《大清律例》卷四。
⑥ 同上。
⑦ 同上。

刑；缙绅与凡人发生讼诉案件，不须出庭，只派家人告理即可；即使受到审讯，也不受刑讯；即使讼败，也可不必服刑，只罚俸或缴纳极为有限的赎金了事。可见，缙绅的法律地位明显地高于凡人。

在赋税徭役方面，缙绅有优免特权。清制，百姓有承担官差徭役的义务。各种官差称为"力差"，后改"力差银"；又摊征于地粮，为"均徭银"①。不论征夫还是摊银，对百姓都是沉重的负担。除皇帝出巡时沿途所需各种支应，即所谓"大差"而外，杂差名目更是繁多。例如，有人列举直隶杂差有：米车、煤车、酒车、委员过境车、递解人犯车、草料、麸、炭、天棚、挑夫、壕墙、棚栏、井盖、井栏、劈柴、枝子、林秸、船只、纤夫等等。这些差役"既无一定额数又无一准时间，可少可多，无早无暮"，随时呼叫征敛。其摊派方式也各有不同，有按牛、驴派者，有按村庄派者，有按牌甲户口派者，杂乱无章。再加上除应派额外，差役上下其手，敲诈勒索。"穷民昼夜伺候，不免饥寒倒毙。"②

如此沉重的差徭，并不是平均负担的，顺治五年定绅衿优免例，规定内官一品免粮三十石、丁三十，二品免粮二十四石、丁二十四，其下以次递减，至九品免粮一石、丁一；以礼致仕者免十之七，闲仕者免半。举人、贡生、监生、生员免粮二石、免丁二。③可见，凡有官职、曾有官职的缙绅和考取功名的举监生员都在优免之列。这一套办法，完全是继承明代嘉靖二十四年所订的优

---

① 光绪《大清会典》卷一八。
② 张杰：《论差徭书》，见《皇朝经世文编》卷三三；彭启丰：《陈浙省事宜疏》，见《皇清奏议》卷四二；《清朝文献通考》（以下简称《清通考》）卷二七；等。
③ 参见《清通考》卷二五。

免条例。①顺治八年开始，只免杂办差徭，不免正赋。②十四年，又进一步限制，自一品以下直至生员吏丞"只免本身丁徭，将优免丁粮悉应停免"③。康熙二十九年，山东巡抚佛伦奏疏力陈绅衿贡监户下均免杂差"偏累小民"，建议"凡绅衿等田地与民人一例当差"，经九卿讨论后，"悉如所奏，一体通行"。④似乎从此以后缙绅和绅衿的优免特权都已取消了，但事实上，一切仍然照旧，而且仍然得到官府承认。⑤雍正四年，再次明确"绅衿只许优免本身一丁"⑥。雍正五年规定绅衿免保甲役。⑦乾隆元年重申绅衿免一切杂役。⑧以后就没有大的变化了。以上过程说明，在清代，缙绅和绅衿的优免数额虽经几度缩小和限制，但始终存在，他们从来都拥有这种一般百姓所享受不到的特权。

尽管优免的数量按级分等，有多有少，在实际生活中，只要有这个特权存在，不论大小，他们就可能利用其本身的势力，以及与地方现任官吏勾结，加以扩大和滥用。有的原属寒素，才登仕籍，"一切大姓富室尽寄其门，出乎日力役之贵，以供本官薪水之资，里下差役终身不及"；有的"今日服官，明日便称官户"，全家享受优免；优免数额远远超出规定，"《会典》内［规定］官一品者免田千亩，今且过万矣"。⑨这虽然是描写明末情况，但这种情况清初并

---

① 参见万历《大明会典》卷二〇。
② 参见户科给事中柯耸：《编审厘弊疏》，见《皇朝经世文编》卷三〇。
③ 《清通考》卷二五。
④ 《康熙实录》卷一四六。
⑤ 直至道光二年还有关于这一规定"未能奉行"的记载，见《清通考》卷二七。
⑥ 《清通考》卷二五。
⑦ 参见《清通考》卷二五；光绪《大清会典事例》卷七五三。
⑧ 参见《乾隆实录》卷一二。
⑨ 赵宏文：《请均赋役以收民心疏》，见《皇朝经世文编》卷二九。

没有多大改善。"有田连阡陌坐享膏腴而全不应差者","进士举贡生员犹有各立的名,或书职衔,名曰官户、儒户,凡杂项差徭量行豁免","杂差繁苦,未免有亲族人等冒借名户,希图幸免,以致绅衿名下之田半皆影冒"。①康熙间,"绅衿公然包揽,大获其利"②。道光以来直至光绪,一切仍旧。所有有钱的人都想挤进缙绅的队伍;财富不多的人"甚至同族比邻共捐一职衔、监生,借为护符,抗差不出"③。所谓"包揽"和"诡寄"的问题,有清一代始终没能解决。

其结果,百姓负担大大加重,"免差之地愈多,则应差之地愈少,地愈少则出钱愈增,以致力作之农民每地一亩出钱至二、三、四百文不等,较是正赋,每亩征银一钱上下者,多逾倍蓰"④。有的地方贫者"既无立锥以自存,又鬻妻子、为乞丐,以偿丁负"⑤。种种弊端,不胜枚举。

这种优免特权,使得官僚缙绅有更多的方便条件去兼并土地。富贵相联,贵为富提供了条件和保证。

法典还肯定了缙绅对所属民人有役使权。《户律·户役门》"私役部民夫匠"律规定,"凡有司官私役使部民","出百里之外及久占在家使唤者,一名笞四十,每五名加一等,罪止杖八十,每名计一日追给雇工银八分五厘五毫。若有吉凶及在家借使杂役者勿论。

---

① 柯耸:《编审厘弊疏》,见《皇朝经世文编》卷三〇。
② 黄六鸿:《论编审》,见《皇朝经世文编》卷三〇。
③ 光绪十三年九月,直隶布政使、按察使告示,载《字林沪报》光绪十三年九月二十四日。
④ 屠之申:《敬筹直隶减差均徭疏》,见《皇朝经世文编》卷三三。
⑤ 盛枫:《江北均丁说》,见《皇朝经世文编》卷三〇。

其所使人数不得过五十名,每名不得使过三日,违者以私役论"。规定中禁止的是:一,出百里之外;二,久占在家使唤。这两种情况,要受笞刑和追给雇工银。但允许在家借使杂役五十名,三日,在此范围之内不受限制,不给雇银。沈之奇在《大清律辑注》中写道:"部民于有司原有应役之义","远遣久占则废民业",所以"有司于部民当存体恤之心"。① 可见该律的立意是,凡人有受官员役使的义务,官员有役使凡人的权利,为了稍示体恤,所以才略加限制。这一规定突出地表现了官民之间的不平等。

法律上的特权使得缙绅具有特殊的法律地位,赋役的优免权、役使部民权使得缙绅有优越的经济地位。

日常生活和仪制方面的许多规定,缙绅也不同于常人。例如,"军民人等,于街市遇见官员引导经过,即须下马躲避,不许冲突。违者笞五十"②。慢侮缙绅者治以重罪。③ 此外,诸如婚丧礼仪、车轿服饰以及房舍屋宇等,都有缙绅殊于凡人的具体规定④,借以显示缙绅的尊严和不可侵犯性。所有这些,在官民之间划上深深的一条界限。

官僚缙绅之中,文官三品、武官二品以上又有更为特殊的权利。百姓如骂或殴他们,获罪更重。他们有罪不受刑讯。此外更有一种特权,即准送一子入监读书,称为"荫监",以使他们至少有一个儿子可以做官,从而保证其下一代仍在缙绅行列之中。

由上述情况可见,官僚缙绅总起来是一个等级。根据他们享有

---

① 转见《大清律例增修统纂集成》卷八。
② 《大清律例》卷一七。
③ 参见光绪《大清会典事例》卷一五六。
④ 参见光绪《大清会典·礼部》;叶梦珠:《阅世编》卷八;等。

特权的大小，又可细分为高官和一般官僚两个等第。

三、绅衿等级

所谓绅衿，是指有功名（学衔）而未仕的人物。在清代，童生经县试、府试或院试成为生员①，再应岁科两试，可为廪生、增生或监生。生员，俗称秀才，又因按规定身着蓝色袍，所以又称"青衿"。读书人取得生员资格，即得到人们的尊重，出入可乘坐肩舆。②但够得上与缙绅交往的，要经过乡试取得举人以上资格，最少也得荫监，因为读书人中只有他们才能直接得到朝廷的任命成为现任官员。生员中举以后，一般人都要改呼他们为"老爷"了。③乾隆元年，福建发生一起吏卒骂举人的案件，在判处中，官府把举人比照为六品以下长官，可见举人的地位是不同于一般读书人的。

举监生员在法律上具有不同于一般人的地位。例如在诉讼时，举监生员一般不受拘押。④诉讼时向衙门进呈，不必亲自出面，准用家丁、工人及弟侄子孙"抱告"⑤。轻罪准予纳银以赎，罪至杖一百者，也仅"咨参除名"而已⑥，流罪发遣，在地区远近上予以照顾，只往云、贵、两广等"烟瘴少轻"地方管束，而且"不得加以'为奴'字样"⑦，即在服刑方式上予以宽待。他们的法律地位和缙绅相比，差异较大之处是，在与凡人发生刑事案件时，没有明

---

① 参见商衍鎏：《清代科举考试述录》，北京：三联书店，1958年。
② 参见叶梦珠：《阅世编》卷四。
③ 参见钱蓁：《厚语》，转见张履祥：《杨园先生全集》卷四四。
④ 参见裕谦：《勉益斋续存稿》卷五，《州县当务二十四条》。
⑤ 张联桂：《学治续录》卷四。
⑥ 参见光绪《大清会典》卷五六。
⑦ 《乾隆实录》卷二六。

文规定他们具有较高的法律地位。因此，从官民这条界限来看，绅衿仍是属于民的范围之内。在赋役方面，绅衿具有的特权在上节已经论及，这里不再赘述。

根据以上情况，可见绅衿是仅次于缙绅的一个特权等级，也是缙绅等级的预备队伍。绅衿等级中又可分为举人和生监两个等第。

绅衿虽然不像缙绅那样拥有较多的特权，但是他们在地方上的实际势力不容忽视。"向来同年故旧联络声援，及地方官与在籍缙绅结纳徇情，最为恶习。"①他们彼此间有许多矛盾，但共同的利益又使其需要彼此依靠，相互利用。绅衿削尖脑袋争取能够出入衙门，获得许多非法权力，以便包揽钱粮，起灭词讼，武断乡曲。地方官则需要靠绅衿以及地方乡居缙绅协助统治。他们"上迫于长官之考成，下迫于豪横之把持，英气销铄，专意结合士绅，保其一日之利"②。"官长行好事，还要乡绅出来方得圆满。"③皇帝"依靠地主绅士作为全部封建统治的基础"④。缙绅和绅衿两个等级共同形成了清代统治阶级的基础，直接压在百姓头上。

新官下车伊始，就与当地绅衿勾结。"府州县官新任尚未入境，而该地绅衿即先差家人远迎接风。"⑤对待这种迎接，有人教导那些做官的说："若在本分之地相接者，除属下乡民不必下轿，但以温语劳归外，凡同僚、儒学、绅衿，皆宜下轿叙谢远劳。"⑥"及

---

① 《乾隆实录》卷五七八。
② 金蓉镜：《复抚军密查地方吏治文》，见《痰气集》，第7页。
③ 石天基：《官绅约》，见《切问斋文钞》卷一三。
④ 《毛泽东选集》（第二版），第2卷，北京：人民出版社，1991年，第624页。
⑤ 雍正七年，监察御史杨士鉴疏，见《定例续编》卷三。
⑥ 胡衍虞：《居官寡过录》，见徐栋：《牧令书辑要》。

到任后,各相认识,夤缘结交。或祝寿馈节,厚仪络绎;或拜为门下,或联为宗谊。"①当地绅衿则"屡至官厅,口口公祖,声声父母,刊贴德政,竖立碑文。只鸡樽酒而庆生辰,即是说情之渐;排难解纷而效奔走,便为请托之媒"②。"以致情白请托,徇庇作奸,不系通同,即受挟制。"③袁守定引《孟子》语曰:"为政不难,不得罪于巨室。"同治间丁日昌评道:"今日之官但能掊击无势之富室,岂敢掊击有势之富室哉!"④得罪地方缙绅、绅衿,这位地方官也就帽顶难保,官运不长了。

作为绅衿虽然不具有那么多的法定特权,但与缙绅勾结,特别是与现任地方官勾结之后,也可以"田连阡陌,坐享膏腴而全不应差","里下差役终身不及"。⑤"完粮必短封减耗,保甲必抗不当差,出借仓谷则捏造鬼名而负欠,包揽钱粮则诡寄田地而侵收。"⑥不但经济上有许多利益,政治上也可为所欲为。因为地方官如系来自外地,没有当地地方实力派的支持,就不可能对数十万百姓进行有效的统治。如果他是"庸懦之员",则只好"听其指使,同恶相济";如果他是"清廉正直之吏",地方势力则对他"多方把持,把持不遂,因而媒孽其短,纠众挟制"。地方官"一受其挟制,狐群狗党,肆无忌惮。或包揽唆讼,出入衙门,或借事生风,武断乡曲,或重利盘算人妻女,或假契霸占人产业。他如贩私养盗,局赌

---

① 雍正七年,监察御史杨士鉴疏,见《定例续编》卷三。
② 《抚豫宣化录》卷四。
③ 雍正七年,监察御史杨士鉴疏,见《定例续编》卷三。
④ 《图民录》,见徐栋:《牧令书辑要》。
⑤ 《皇朝经世文编》卷二九。
⑥ 《抚豫宣化录》卷四。

窝娼，无所不为，甚至贴抬聚众，垒署关城，无所不至"①。"乡人惧其声威，任从指使；家奴半充吏役，遇事风生。百姓撄其锋，只须一张名帖；衙门奉其令，便如一道灵符。"②所以有人说："绅士视官不足轻重，是以地方公事之权均在绅士之手，官不过为绅监印而已！"③

缙绅和绅衿这两个等级，在法典中并没有固定的制度保障其地位，官职也不世袭，他们仍有降为凡人乃至更低下等级的可能。凡人在通过考试、保举、捐纳、军功等途径，也有可能进入绅衿等级和缙绅等级。通过这些途径，缙绅和绅衿等级不断扩大。

不可否认，清朝建国之初，为了巩固新的统治体制，曾经对汉人缙绅和绅衿加以限制和打击。④例如，顺康间多次制定禁止豪强霸占，禁止劣衿土豪借开垦侵人田地，禁绅衿诡寄田亩、拖欠和包揽钱粮等条例。特别是顺治末年著名的哭庙案、江南奏销案以及三次闹案，都曾给汉族缙绅和绅衿势力以沉重的打击。但当清王朝统治体制稳定以后，就整个清代而言，缙绅和绅衿都是高于凡人的具有特权的等级，则是没有问题的。

四、凡人等级

"凡人"，是《大清律》使用的专有名词，它指没有特殊身份的平民百姓。清律为犯同样罪行所规定的处罚，是有差等的。以斗殴为例："凡斗殴，以手足殴人不成伤者，笞二十"；"凡宗室、觉罗

---

① 《抚豫宣化录》卷四。
② 同上。
③ 李䄎：《牧沔纪略》卷下。
④ 参见李文治：《论清代前期的土地占有关系》，载《历史研究》1963年第5期。

而殴之者,(虽无伤)杖六十徒一年";部民殴本属知县,"杖一百徒三年","凡奴婢殴家长者,(有伤无伤,预殴之奴婢不分首从)皆斩";"雇工人殴家长(即无伤亦)杖一百徒三年";"凡奴婢殴良人者,加凡人一等";"凡同姓亲属相殴,虽五服已尽,而尊卑名分犹存者(无论尊卑长幼)并以凡人论"。其余各种服制亲属之间的斗殴都以凡斗为加减,不一一赘举。从上举各条可以看出,宗室、觉罗、本属官员、奴婢、雇工人、尊长、卑幼等,所犯都是一样的不成伤斗殴罪,但由于犯者的特定身份以及与被犯者的相对关系不同,对他们的处罚轻重大为悬殊。其处罚轻重上下的基准就是为平民百姓规定的"凡斗殴,以手足殴人不成伤者,笞二十"这一条。平民百姓间的斗殴,律中有时简称"凡斗",因为他们在法律中被称为"凡人"。换言之,凡人是一个处于中间地位的标准等级,犯者地位比凡人越高,处罚越轻,比凡人越低,处罚越重。别的律条也用同一原则处理。总之,清律就是用这样的方式反映社会等级身份的不同以及宗族服制关系的上下尊卑和亲疏远近关系的。正因为这样,凡人成为一个区别于皇帝、宗室贵族、缙绅、绅衿、雇工人和贱民的独立的等级。

  凡人,在清代法典中也称为"良人",这是相对"贱民"而言的。这里所谓的良人或良民,跟通常相对强盗、坏人而言的良善之民并非是同一个概念。不论"凡人"抑或"良人",在这里都是指特定的法律概念。等级的划分首先是法的规定,所以我们在讨论等级问题时,不用"平民""百姓""良民""良人"等易于混淆的名词,而用"凡人"来称呼这个等级。明代凡人的等级地位跟清代是相应的;实际上,清律的有关条文正是承袭明律而来的。

清制，民、军、商、灶"四民为良"①。就是说，这个等级包括了不同阶级和不同阶层的成员。诸如，非缙绅和绅衿的凡人地主和佃户，富裕农民和自耕农，雇主和不具雇工人身份的雇佣劳动者，手工业主和师傅，手工业工人和学徒，各类个体劳动者，灶头和灶户，富商掌柜和店伙学徒，城镇居民，牧民屠户，渔民船家，兵卒民壮，直至乞丐、僧尼道冠以及一般旗人民众等，都在其中。所以说，凡人等级既是一个最复杂的等级，又是一个人数最多的等级。

凡人必须缴纳规定的税额。缙绅、绅衿等级优免的税额，以及他们滥用特权包揽、诡寄而偷漏的税额，全部转嫁到凡人土地所有者，即凡人地主、富裕农民、自耕农等的身上；一切应派差徭任务，也当然都要由凡人来完成。商业和手工业方面的税收也有类似情况。从这个意义上讲，凡人乃是清代主要的纳税和应差的等级。

凡人作为良民，有应试出仕的权利。这是和贱民相区别的很重要的特征（下面讨论贱民问题，还将论及）。但这种权利受到经济条件的制约，在凡人中并不是机会均等的。他们之中，只有"有力者"才有更多的机会。因此，凡人等级中的地主、富商及其子弟乃是缙绅、绅衿的预备队伍。自从捐纳制度盛行后，这种不平等就表现得更加明显。凡人中的另一部分，即自耕农、佃户、雇工、小商贩、小手工业者以及其他贫困者，因天灾人祸而破产，则是普遍的、大量的、经常的现象。他们之中的许多人，为了能够活下去而通过立契或接受其他条件受雇，落入雇工人等级，也有的应募为

---

① 光绪《大清会典》卷一七。

隶卒，沦为娼优或典当卖身成为贱民。因此，凡人等级中的"无力者"，乃是低下等级的预备队伍。

所以说，凡人是清代社会中人数最多的等级，是包括不同阶级成员的复杂等级，是主要的承担赋役的等级，也是不断地分化的等级。清代的所谓"民"，就是绅衿和凡人这两个等级构成的，其基本部分是凡人。

凡人等级的成员若拥有奴婢，或者跟雇工之间的关系符合家长和雇工人的条件，那么他就具有家长的法律地位。因此，相对奴婢和雇工人等级来说，凡人等级中也有人是拥有特权的。他们拥有这些特权，不是由于血统的高贵，也不是由于拥有"名器"，仅是由于他们具有家长身份。主仆名分决定了家长即使是凡人也可以具有特权身份。凡人和贱民之间的界限在清代是十分重要的。当然，能够拥有奴婢的，能够和雇佣劳动者形成具有主仆名分的家长与雇工人关系的，只有凡人等级中高等第的成员才有可能，并不是任何凡人都可以做到的。

中国封建社会经济是以地主制经济为基础的。所谓地主制经济，是以农业为主的社会中，地主经济、佃农经济和自耕农经济同时并存的经济制度。在这种制度下，自耕农有时占相当大的比重。不过，即使在自耕农占比重大的时期，租佃关系却始终是中国封建社会具有代表性的、基本的经济关系。佃农是基本的直接生产者。自宋代以降，佃农与地主之间的关系有了不小的变化，经历了从人身隶属关系向人身依附关系发展，而人身依附关系又在逐步松弛的发展过程。到了清代，佃户的法律地位达到了在中国封建社会所能达到的最高点。①

在经济关系上，地主与佃农是处在剥削与被剥削的尖锐对立之中；而在等级关系上，佃农却和一般地主并列在同一等级之中，他们的法律地位是平等的，是清王朝认可的。等级研究的这个结论，是否从理论上抹杀了阶级界限呢？史料所记载的地主压迫佃农的事实怎样解释呢？为了回答这些问题，需要对佃户的等级身份地位做进一步的分析。

西欧在领主制经济下，土地由国王向下层层分封，除他自己领有的以外，土地分属于某个僧侣、贵族或骑士。"没有土地没有领主"，生产者则附属于土地，分别属于某个伯爵、男爵或国王自身。领主拥有土地，拥有向生产者征收徭役或实物地租的权利，同时也拥有在领土内的审判权。领地上的直接生产者就是农奴。所以马克思称"农奴是土地的附属物"②。在那里，土地分封和主人的等级身份直接相联系，土地也带上了等级的属性。土地占有的等级结构以及与之有关的武装扈从制度使贵族掌握了支配农奴的权力。被束缚在一定地块上的农奴和领主自然形成世袭的依附关系，没有没有领主的农奴。各级领主拥有的农奴并不直属于国王，他们没有向国王缴纳贡赋的义务，国王也对这些农奴没有直接的司法权。可见，等级的统治是和领主经济制密切地联系在一起的。

清代的中国则全然不同，地主制经济是基本的经济形态。民

---

① 参见拙文《试论清代蠲免政策减租规定的变化》，载《中国经济史研究》1986年第1期；《清代民田主佃关系政策的历史地位》，载《中国经济史研究》1988年第2期。
② 马克思：《1848年经济学哲学手稿》，见《马克思恩格斯全集》（第一版），第42卷，北京：人民出版社，1979年，第83页。

田土地可以自由买卖，人们只要拥有足够的银两就有买得土地的可能。但他买得的只是土地所有权，并不附带其他政治权利。等级关系和土地间没有直接的联系。清代实行中央集权制度，行政权、立法权和司法权属于朝廷，最后由皇帝掌握。等级的统治权和土地相互游离。佃户在经济上虽然必须与地主发生关系，但在政治上则仍旧是国家的臣民。土地所有权可以买卖，因此佃户不属于某一固定的地主。朝廷没有授予地主以对佃户的司法权力。就规定而言，地主和佃户间的诉讼也应在代表朝廷的衙门大堂上审理。

清律和明律一样，没有将佃户置于低下的法律地位上，甚至某些条文还在一定程度上保护佃户的利益。如《兵律·邮驿门》"私役民夫抬轿"律规定，"若豪富（庶民）之家（不给雇钱，以势）役使佃客抬轿者"，杖六十，并"每名计一日追给雇工银八分五厘五毫"。律注解释这样规定的理由是，"佃客不过为富家耕种田地，非雇工人之比，若豪富之家役使抬轿者，非分役人"[①]。这说明，法律上佃户没有为地主从事生产以外的服役的分内义务。

清律也继承了洪武五年"佃户见田主，不论齿叙，并行以少事长之礼；若亲属，不拘主佃，止行亲属礼"的命令。这个条例含有将主佃关系看作不平等关系的意思，但还不宜把它作为凡是主佃关系都有等级差别的根据。因为应该注意到，这只是在仪礼方面的规定，立法者的意图并不是用以确定佃户的法律身份，从而把佃户置于低于地主的法律地位上。并且这个规定究竟是在多大范围内实行了，实行过多久，都还不甚清楚。光绪年间法学家薛允升曾说，这

---

① 《大清律例》卷二二。

一礼仪"乃古法也,今不行矣"[①]。

清代佃户可自由迁移。清廷从来没有制定关于佃户离开地主土地的禁令,没有给地主以缉拿逋逃佃户的权力,也没有将流民押交地主的规定。包括许多佃农在内的流民、客民的大量存在也可说明清代没有把佃户束缚在地主土地上,"佃户不过穷民,与奴仆不同,岂可欺压不容他适"[②]!当然,由于经济上的贫困,佃户是否可以按照自己的意志自由退佃,自由地离开地主的土地外出谋生,那是另外的问题。不禁止离开土地,说明佃户和地主在法律上没有严格的人身隶属关系。

如前所述,缙绅和绅衿是两个特权等级,和凡人相比,他们当然是有势者、有力者。因此,佃户与缙绅地主、绅衿地主相对,法律虽未规定佃户身份低于凡人,但在实际生活中由于等级差别而呈现出另外一种情况。例如,顺治间,安徽"凤、颍大家"将佃户称为"庄奴","随田转卖","不容他适","勒令服役"。这种情况,"不独凤、颍为然","不只徽属婺源一邑"。[③]康熙二十一年时仍有压佃为奴的现象。[④]雍正间,山东"绅衿之家类多私制刑具,如铁绳竹板等项。不论佃户、家人、小民百姓,一有所犯,并不送官惩治,即便锁拿刑责。且有锁禁内室,经年累月不行释放者。更可异者,或庄头与佃户互争,或家人与良民互殴,亦不告官审判,具呈伊主,伊主亦即批'准查'、'准究'字样,竟用硃标红票,差虎仆拘拿到宅,不论是非,概行板责,似此势焰熏炙,一邑之中被

---

① 《读例存疑》卷一九。
② 顺治十七年《部复江宁巡按卫贞元条议疏》,见康熙《江南通志》卷六五。
③ 同上。
④ 同上。

其害者不知凡几。是以任意鱼肉，无求不得。或强占人妻女而不敢与较，或强夺人田房而不敢言喘，或放私债而重利盘算，或索逋租而加倍取偿。作恶多端，指不胜屈"①。康熙末年，浙江天台县有的绅衿则趁地方官"岁暮封印"不理政事时，"差遣悍仆豪奴，分头四出，如虎如狼，逼取租债，举其家中所有搜攫一空。甚而掀瓦掇门，拴妻缚子。又甚将本人锁押私家，百般吊打"②。或者"混加扑责""强用大斗"索派，"擅骑佃户骡驴马匹"；"佃户嫁女，寡妇改适"，"田主索取出村礼"；佃户家有丧事，"田主索取断气钱"；"佃户身死无后者"，"田头收其牲畜什物"。③或者"淫占佃户妇女"④，"呼其妇女至家服役，佃户不敢不从"⑤。江西"吉赣俗以佃为仆，子孙无得与童子试"⑥等等，这种主佃关系，完全是超经济强制的突出形式。

  缙绅、绅衿等级对待佃户的这些行为，是实际生活中的事实，但这不是缙绅、绅衿应有的等级特权，也不是佃户应有的法律地位。因此，这些行为在当时也是非法的。史料中也不断记载了禁止上述行为的事。如顺治十年江宁巡按卫贞元要求对"欺压佃户霸其妻子"的绅衿大户"指名参处"，"题奉谕旨钦遵在案"。⑦康熙

---

① 田文镜：《严禁绅衿积习锢弊以肃功令示》，见《河东宣化录》卷三。
② 戴兆佳：《天台治略》卷六。清代衙门，例于每年腊月十九至二十一日三天中，由钦天监择日封印，至次年正月十九至二十一日三天中，择吉开印，封印期间，地方官停办一切不重要的公事。
③ 陈宏谋：《培远堂偶存稿》，《文檄》卷二，"云南"。
④ 《雍正定例成案合钞》第二册。
⑤ 同治《长沙县志》卷二〇，转见李文治：《中国近代农业史资料》（第1辑），第81页。
⑥ 《提调江西学政按察使司金事加一级邵公延龄碑》，见《碑传集》卷八〇。
⑦ 康熙《江南通志》卷六五。

初年，邵延龄任江西按察使司佥事提调学政时，刻立石碑，永远禁革"以佃为仆，子孙无得与童子试"①的习俗。康熙二十年，安徽巡抚徐国相特参势豪勒诈，称"若以承种之佃户尽为宦门之奴仆，无论小民脂膏尽归富室，即现在输赋之地土，必至抛荒"，饬令"嗣后业主买卖田地，应听佃户自便，不许随田转卖，勒令服役"。②"奉旨：依议"，通行在案。③至雍正初年，则制定了一项正式的有关主佃关系的条例。

雍正五年，河南总督田文镜上疏称，"豫省绅衿置有地亩即招贫民耕种。一为伊等佃户，本系平民，视同奴隶，不但诸凡供其役使，稍有拂意，并不呈禀地方官究治，私置板棍，扑责自由。甚至淫其妇女，霸为婢妾。佃民势不与敌，饮恨吞声，不敢告究。地方官不能查察，徇纵肆虐者，亦干严谴"。他认为应"严加定例"，"永远禁革"，才能使"势恶土豪知有国法，而贫民穷佃亦得共游于熙皞之天"。④田文镜要求承认佃户的"平民"即凡人身份，他的矛头是指向"绅衿"的。吏部会议后的题本表示同意田氏的观点，认为"佃户本系贫民赁地耕种，原非奴隶，纵拖欠租课，亦宜呈禀地方官究追，何得倚恃绅衿，私置板棍，任意扑责。至于淫占妇女霸为婢妾，使佃户饮恨吞声不敢告究，此等倚势肆恶，目无法纪，若不严加定例，令地方官不时严查，详请参究，乡农受其荼毒，为害非小"，具体拟定例文如下："嗣后，如有不法绅衿仍前私置板

---

① 《邵延龄墓碑》，见《碑传集》卷八〇。
② 康熙《江南通志》卷六五。
③ 参见《定例成案合镌》卷一二。
④ 转引自中国第一历史档案馆藏：《吏垣史书》，雍正五年九月十九日署吏部左侍郎查郎阿题本。

棍，擅责佃户，经地方官详报题参，乡绅照违制例议处；衿监吏员革去衣顶职衔，照威力制缚人及于私家拷打者不问有伤无伤并杖八十律治罪。地方官失于觉察，经上司访出题参，照徇庇例议处。如将佃户妇女淫占为婢妾者，俱革去职衔衣顶，照豪势之人强夺良家妻女占为妻妾者绞监候律治罪。地方官不能查察，徇庇肆虐者，照溺职例革职。该官上司不行揭参，照不揭劣员例议处。"①可见，拟例的立意有三：一是肯定佃户及其妻女的凡人身份；二是否定缙绅和绅衿对佃户及其妻女有司法权和人身占有权；三是地方官有监督和保证这种主佃关系的责任。这里并没有提到佃户对绅衿有什么义务的问题。

雍正帝对拟例的三点立意也不反对。但他提出问题的另外一面，毋宁说是封建主佃关系中更带有实质性的一面，即地租问题。他批道："这本内，但议田主苛虐佃户之罪，倘有奸顽佃户拖欠租课、欺慢田主者，亦当议及。"他认为，只有两方面都谈到，"立法方得其平"，下令再议。②雍正作为地主阶级的最高代表，没有忘记这个阶级的最大利益所在。刑部、吏部奉命会议后题："查绅衿私置板棍擅责佃户、奸淫佃户妇女占为婢妾者固宜惩治，而奸顽佃户拖欠租课、欺慢田主者，应照不应重律杖责③；所欠之租照数追给田主。如此则田主不致苛虐，而奸佃亦知惩儆，于法得平矣。"④雍正

---

① 《吏垣史书》雍正五年九月十九日查郎阿题本。
② 参见中国第一历史档案馆藏：《起居注》；《雍正实录》卷六一。
③ 上海图书馆藏：《雍正定例成案合钞》第二册，此句为"应照不应重律杖八十，折责三十板"。
④ 雍正五年十一月二十七日刑部尚书德明等题本，见中国第一历史档案馆藏：《刑科史书》，雍正五年十二月（一）。

五年十二月初五奉旨："依议。"①定例全文如下："凡不法绅衿私置板棍擅责佃户者，乡绅照违制律议处，衿监吏员革去衣顶职衔，杖八十。地方官失察，交部议处。如将妇女占为婢妾者，绞监候。地方官失察徇纵及该管上司不行揭参者，俱交部分别议处。至有奸顽佃户拖欠租课，欺慢田主者，杖八十；所欠之租照数追给田主"②，"命下之日通行直隶各省一体遵行"③。

欠租"杖八十，所欠之租照数给田主"，比对欠债的惩治要严厉得多。清律，"其负欠私债违约不还者，五两以上，违三月笞一十，每月加一等，罪止笞四十；五十两以上，违三月笞二十，每月加一等，罪止笞五十；百两以上，违三月笞三十，每一月加一等，罪止杖六十。并追本利给主"④。二者相较，欠租不论多么少，处刑比欠银百两逾期半年以上者还要重二等。可见这一条例的立意绝不是把租佃关系等同一般债务关系来处理的。通过这个条例，以法律保证地主及时取得地租，并且给封建统治机器规定了保证地主这种权利得以实现的责任，乃从根本上保护了封建土地私有制。

从等级关系上讲，雍正五年条例给予缙绅、绅衿以身份上的尊严，禁止慢侮；但同时明确地否定了缙绅、绅衿有越出范围去侵犯佃户及其妻子人身的权力。所以说，清王朝是从来没有授予地主对农民随意打骂的权力，更没有私自处死的权力。

---

① 雍正五年十一月二十七日刑部尚书德明等题本，见中国第一历史档案馆藏：《刑科史书》，雍正五年十二月（一）。
② 《大清律例通考》卷二七。
③ 雍正五年十一月二十七日刑部尚书德明等题本，见中国第一历史档案馆藏：《刑科史书》，雍正五年十二月（一）。
④ 《大清律例》卷一四。

这个条例的基本精神，直至清末都有效。^①当然，由于缙绅和绅衿具有特权地位及其与地方官的密切勾结，条例对他们的限制作用是有限的，相反，他们却从此有了要求地方政权为他们追索地租的条文依据。在这之前，地方官发出告示促佃输租，是需要经过绅衿要求的，例如顺治二年苏州绅衿要求巡抚土国宝所做的那样。^②条例制定以后，地方官警告佃户必须及时纳租的告示迭出，县衙门代地主锁拿佃户敲扑比租的记载越来越多。

在实际的比租行动中，且不说凶差恶役的敲诈勒索，就在公堂上对佃户的惩治也远远超过条例规定的杖八十，佃户无法忍受，以致有"脱枷自尽之案"，使得有的省份不得不规定"嗣后比责佃户不得过满杖，再重亦仅准枷而止，不得滥用木笼"^③，而这所谓的限制，比原规定的杖八十要高出许多！

不论定例以前私置板棍吊打佃户、淫占佃户妻女也好，定例以后通过官府代为追比地租也好，都需既有钱又有势，因此主要是缙绅、绅衿地主所为。至于凡人地主，则应分别看待。

在缙绅、绅衿地主作恶影响之下，凡人中的大地主也会起而效尤。法典中关于"倾陷富室"要"治以重罪"^④，禁止"欺慢田主"以及"佃户见田主，不论齿叙，并行以少事长之礼"等规定中所谓"富室""田主"是包括了凡人地主的。尤其是富而不贵的大地主仅凭财力往往和官府、缙绅有着勾结关系，他们对佃户的关

---

① 参见宣统二年沈家本等修：《大清现行刑律》卷二四。
② 参见叶绍袁：《启祯纪闻录》卷六。
③ 《江苏省例》臬政，同治七年二月；《江苏省例续编》藩例，同治十年。清代刑制，"满杖为一百"。
④ 参见光绪《大清会典事例》卷一五六。

系绝不是平等的。因此，佃户和凡人大地主虽然在法律上处同一等级，但不属同一等第。

凡人等级中的中小地主则有所不同。他们在经济上占有较多土地，靠剥削地租为生，但他们与缙绅、绅衿等级巴结不上，没有行使"富室""田主"权利的力量。因此他们和佃户之间的关系也不大相同。在资料中常有这样的记载：如清初，"佃户减租单"使得地主年都不好过。①乾隆间，中小地主"其势本弱，一遇强佃抗欠，有吞声饮泣无可如何者。地方官率漠然不顾，曰：'吾但能催赋，岂能催租？'"②光绪时，佃户逾期尚不交租，大户靠官追比，"巨绅显宦自不虑为顽佃所欺"③，可以"循常例在县请得差牌，向各佃追租"，将欠租佃户"械系而去"④，甚至逼死人命。"若夫小户，则往往无此力量"，他们收租时，"佃户漠然"，"即十日九催，而其冥顽如故。一佃户如故，众佃莫不如故"。"特明知业户无力能如大户之办人，使受缧绁鞭笞之苦耳。"⑤江苏松太沿海诸邑"置田百亩已称富室；一乡有此数富已称大镇。而有财者未必有势"，"业主一忍耐而顽户愈恃欠租为得计矣"。"良户闻之，转觉自己完租之无谓，由是展转效尤，良者亦多变为顽，而业主因之重困。"⑥地方官"各存一势力之见，非遇巨绅显宦之托，则不肯出一票、发一差、拘一

---

① 参见吕留良：《岁余杂诗》，见《东庄诗存·怅怅集》，转引自陈伯瀛：《中国田制丛考》，第267页。
② 秦蕙田：《经筵讲义》，见贺长龄：《皇朝经世文编》卷一〇。
③ 《字林沪报》，光绪十六年闰二月二十三日。
④ 同上。
⑤ 《字林沪报》，光绪十三年十一月十四日。
⑥ 《字林沪报》，光绪十五年十一月十一日。

人、比一次"①。这些记载显然是在为地主叫苦，但反映出缙绅、绅衿等级和凡人等级的差别则是事实。

雍正五年条例是要限制缙绅、绅衿等级苛虐佃户，但是它并不是要限制他们法律上的特权，而这种特权的某些方面，在条例产生后，反以更合法的形式出现了。"奸顽佃户拖欠租课、欺慢田主者杖八十，所欠之租照数追给田主"的规定，从文意上理解是适用于所有主佃关系的，但在实际生活中真正能够得到好处的，却主要是属于缙绅和绅衿等级的地主，虽然这并不排除凡人等级中的大地主也能以财得利。

以上讲的是民田佃户的情况。需要指出的特例是山东曲阜衍圣公孔家的佃户。孔府户下，有钦拨佃户、一般佃户、投充户和寄庄户等。其中投充户是带地投充到孔家挂名为佃户，实则是为了免应官府差徭而来的自耕农或小地主。诡寄户也属类似情况，或者原是孔家佃户，后来经济上升，自置土地，成为自耕农或地主，仍挂孔家佃户的招牌，以期免除粮差赋役。这两种以外，还有：（1）钦拨佃户，又称实在户或屯户，耕种钦赐祭田。他们是世袭佃户，世代束缚在土地上，向孔府缴纳实物地租。其中，有庙户服洒扫庙廷及看守庙宇之役；有屠户、条帚户、猪户、羊户、牛户等专门屠宰或供应上述各类物资；还有号丧户，专为在举行丧礼时服号丧之役。（2）一般佃户，他们将自己的土地卖给孔家后仍领种原地，成为孔家佃户，向孔家缴租，但免去向国家承担差徭。（3）寄庄户，是佃种孔家土地的外来户。他们地租较重，但不为孔家服役，和孔府

---

① 《字林沪报》，光绪十六年闰二月二十三日。

没有很深的依附关系。可见清代曲阜孔家佃户情况是复杂的，从一般租佃关系到世袭的依附关系都有。前面已经讲到，衍圣公对不听差唤的佃户具有某种实际的司法权，佃户之间的纠纷，孔庙大堂也可票传签讯，这使得主佃关系带有官民性质。特别是实在户，既无法更换主人，也不能脱离孔府土地。由皇帝分封土地，赐给佃户，同时带有司法权（虽然这种司法权不是朝廷明确规定的），使得孔家土地和领主庄园经济有着某种共同之处。孔府的佃户中，实在户可以相当于贱民等级中的佃仆。孔府的一般佃户和寄庄户则属于凡人等级中的佃户等第，他们的地位和一般民田佃户相比略低，是因为田主的等级身份特殊的缘故，而他们本身还不能列入贱民等级。

总的来说，清代的佃户是凡人等级的一个地位较低的部分，所谓较低，是相对他的田主而言。佃户和特封贵族、缙绅、绅衿、凡人等级中的大地主等第的关系与他们同自耕农等第中的中小地主之间的关系不同，就因为田主们的等级地位不同。在主佃关系中，佃户作为凡人，他和地主的所属等级、等第的距离愈远，其地位愈是低下。这是由于地主等级地位的高下（从而其法定的和实际拥有的权利有大小）所形成的相对差别，而不是由于佃户的等级身份像奴婢属于贱民等级那样绝对低下。佃户具有凡人等级的一般权利，而不属于贱民等级。他对奴婢等贱民的关系也是良贱关系。因此，即使和缙绅、绅衿间形成的主佃关系也不能说是主仆关系。

当时人也往往把主佃关系和主仆关系相类比。有的认为佃户受业主役使"皆其分内之事"[①]，或者直称主佃之间"有主仆名

---

① 《陈确集》卷一五。

分"①。这只能说是缙绅、绅衿等级以至凡人大地主等第的地主与他们的佃户之间实际生活中关系的反映,不能据此得出一般的主佃关系与主仆关系等同的结论。

　　清代涉及主佃关系案件中,也有提到"并无主仆名分"的判例。如乾隆四十年,山东沂水县佃户刘玘山将田主马进朝殴死一案,题本中有"查刘玘山虽系马进朝佃户,并无主仆名分,应以凡斗论"的话。乾隆六十年,湖南佃户曹成昌殴死田主尹申开一案的判决中,也提到"曹成昌佃种尹申开田亩,每年还租谷四石五斗,并无主仆名分"②的话。但那是一般性的比拟语句,不能由此推论清代有的佃户与地主具有主仆名分。因为在《大清律例》中从来没有关于佃户对地主具有主仆名分从而对他的处刑不同于凡人的任何律文或条例。

　　佃户作为一个统一的名称,和处于不同等级的地主分别相对待,这样一种复杂状况形成了人们对佃户认识的矛盾。清代法学家薛允升就曾提出这样的问题:清律中"究竟佃户和田主是否以平人论,何以并不叙明耶"③?他们普遍地没有把佃户看得低于凡人,而是承认主佃间"无贵贱之分"④,"与奴仆不同"⑤,或"与良贱不同"⑥。但又必须解释实际生活中那么多不平等状况的存在,所

---

① 嘉庆《太平县志》卷一八,转见[日]仁井田升:《中国法制史研究·奴隶法·农奴法》,第183页。
② 《清代地租剥削形态》,北京:中华书局,1982年,第790、798页。
③ 《读例存疑》卷三五。
④ 《湖南省例成案》,《户律》卷五,"典买田宅"。
⑤ 《大清律例通考》卷二七。
⑥ 《谋邑备考》卷八。

以说主佃之间"亦有主宾之谊"①,"实有长幼之分"②,"究与平民不同"③,或者"与平人有间"④,等等。不提田主的差异而试图对主佃关系做出统一的提法,毕竟不甚确切。

根据以上分析得出的认识是,清代佃户在法律上属于凡人等级中的低下等第,佃户在实际生活中的状况受他的田主身份的直接影响。田主的等级和等第愈高,佃户的地位相对愈低。佃户和凡人等级中的地主具有同等法律地位。当然,我们这样讲毫不意味着凡人地主和佃户间关系不是封建关系;因为这种关系本来就是封建等级、等第关系的一个组成部分。封建地租的实现,必须通过超经济强制,而这种超经济强制不论来自地主还是来自国家机器,其根源都在于封建土地所有制,因此即使超经济强制的程度可以比较轻微,主佃关系仍只能是封建关系。我们必须看到清代社会中佃户和缙绅、绅衿以及凡人等级中的大地主等第的地主相对时所处的极不平等的状况,不然就不能理解为什么广大农民经常揭竿而起进行英勇的反封建斗争。同时也必须看到,佃户和中小地主相互形成比较一般的主佃关系。由于前一种情况的存在,我们就不能笼统地讲清代的主佃关系是单纯的契约关系或金钱关系;由于后一种状况的存在,就不能笼统地讲清代的主佃关系具有主仆名分。事物既然本来是复杂的,就不应简单地对待。

凡人等级内部的各个成员之间,在社会上彼此没有法律规定的统治和依附的关系,从这个意义上讲,凡人地主、手工业主、大

---

① 《湖南省例成案》,《户律》卷五,"典买田宅"。
② 《谋邑备考》卷八。
③ 《读例存疑》卷三五。
④ 《大清律例通考》卷二七。

商人和佃户以及不是雇工人身份的雇佣劳动者间的法律身份是平等的。但在实际生活中，凡人等级的各类成员的实际状况有着很大的差别，甚至彼此间表现出许多不平等关系。这是由于习俗、传统、等第之间关系的影响，特别是经济地位的差别等多种因素造成的。凡人中的大地主、大商人等相对其他人有优越地位，其中以大地主为代表；中小地主、富裕农民、自耕农、商人、小手工业作坊主、一般城镇居民、兵丁等则处于相对独立状态，其中以自耕农为代表；佃户、农业手工业及商业中的雇佣劳动者、小商贩、灶户以及乞丐等地位相对低下，其中以佃户为代表。因此凡人等级可以分为地主、自耕农和佃户三个等第。在实际生活中这些等第间的身份是不平等的，但是这种不平等乃是等级内的差别。

五、雇工人等级

在清代，雇工人是一个特定的等级。法典中一系列律文确定了雇工人的法律地位。

雇工人称其雇主为"家长"。雇工人和他的家长以及家长的有服亲属间具有主仆名分，法律上不是平等关系。例如，凡人相殴不成伤，罪笞二十；雇工人殴家长不成伤杖一百徒三年，比凡人罪重十三等之多。反之家长殴雇工人即使折伤也减凡人罪三等，折伤以下"勿论"，即不构成犯罪。在法律中，关于雇工人及其家长彼此相犯的处刑规定，没有一项是平等处刑的。特别值得注意的是有这样一条规定：雇工人"若违犯教令而依法决罚，邂逅致死"，"各勿论"。所谓"教令"就是家长的指示，所谓"决罚"就是体罚。换言之，朝廷给雇工人规定的义务是，他必须服从雇主及其期亲的任何指示；给雇主的权利是，如果雇工人不服从这种指令，雇主可以对他进行拷打，"碰巧"打死，不构成犯罪。清律的这一规定，是把雇工人和奴婢并列地放在同一条律文里的。这就意味着，立法者把雇工人的劳动看成和奴婢的一样，属于奴役性的强制劳动。

雇工人不仅相对家长是这样，而且他对雇主宗法家长制体系内的任何有服成员都具有不同程度的不平等关系。雇工人和雇主及其家族有服成员间发生刑事案件，比照家族中子孙卑幼对父母尊长的关系来权衡处刑。例如，雇工人谋杀家长致死，与子孙谋杀父母致死或卑幼谋杀期亲尊长致死同罪，凡参与共谋者，不分主从一律凌迟处死。家长殴伤雇工人和父母殴伤子孙、期亲尊长殴伤卑幼一样，无罪。清代法学家称，"雇工人虽不在伦常中，而名分之重则与子孙不异"①。但从另一些罪行看，对雇工人处刑比对子孙处刑略轻，如骂詈罪中，子孙骂父母者绞，雇工人骂家长杖八十徒二年。法典当然不会把雇工人真的当作家长的子孙，畀以诸如财产继承等子孙应有的权利。而且在法律上雇工人对家长的卑幼亲属并不能像家族成员那样视为卑幼，相反，这些卑幼亲属对雇工人也处在和他们的尊长同样优越的法律地位上。这是因为雇工人对家长"实属分严情疏，非卑幼亲属可比"②。家长及其家族有服成员之于雇工人的名分关系确是很严，至于"情"，则不止是"疏"，而是无情的压迫和剥削。所以说，他隶属于雇主的整个家族。

以雇工人和奴婢的法律地位相比较，雇工人和家长及其家族有服成员间相互犯罪处刑的规定，比奴婢对家长及其家族有服成员相

---

① 李柟：《大清律笺释》卷一九，另参见万枫江：《大清律集注》卷二〇。
② 乾隆十九年十二月刑部奏折，见沈如焞：《例案续增》卷二一。

犯处刑规定有许多条完全相同，同时又有一些罪行的判刑和奴婢不同。凡是不同的，雇工人犯家长比奴婢犯家长处刑轻，家长犯雇工人比犯奴婢罪重。

此外，雇工人与奴婢不同之处突出的还有两点：第一，雇工人与家长的主仆名分，随雇约解除而中止，雇工人"不过受人雇值为人执役耳，贱其事未贱其身，雇值满日，即家长亦同凡人，与身为奴婢者不同"①。"雇工［人］只为生计受雇佣工，因其既受役使，不得不示以上下之分，若一经工满，去留得以自由，留之则为主仆，去之则无名分"，"其工价既尽，即属凡人也"。②第二，虽然雇工人与凡人不等，但法典并没有规定雇工人属贱民等级，有关良贱的法律条文对雇工人都是无效的。雇工人仅与雇主及其有服亲属之间具有主仆名分，而对雇主家属以外的社会成员仍是平等的凡人关系。因此，清代的雇工人是低于凡人而高于奴婢的一个特定社会等级。属于雇工人等级的雇佣劳动者，是不能称作自由雇佣劳动者的。

并不是清代所有的雇佣劳动者都具有雇工人身份。什么人属于雇工人等级，不同时期有不同规定。

清初一百一十五年间，沿袭明万历十六年制定的"新题例"的规定："官民之家，凡倩工作之人，立有文券议有年限者，以雇工人论；止是短雇日月不多者，依凡论。其财买义男，如恩养年久配有室家者，照例同子孙论；如恩养未久不曾配合者，士庶之家依雇工人论，缙绅之家比照奴婢律论。"按照这一条例，所谓雇工人包

---

① 《大清律辑注》卷二〇。
② 《审办雇工殴旧家长议》，见《皇朝经世文编》卷二九。

括：（1）立有文券、议有年限的雇佣劳动者；（2）士庶之家恩养未久、不曾配合的财买义男。

乾隆二十四年定例："其雇倩工作之人，若立有文契年限，及虽无文契而议有年限，或计工受值已阅五年以上者，于家长有犯，均依雇工人定拟。其随时短雇受值无多者，仍同凡论。"二十五年补充，"家长杀雇工人，必有文契年限方依雇工人定拟；如无，同凡论"。据此，乾隆二十四年以后的8年间所谓雇工人包括：（1）有文契年限的雇佣劳动者；（2）侵犯家长的无文契而议有年限的雇佣劳动者；（3）受雇在五年以上侵犯家长的雇佣劳动者。

乾隆三十二年定例："官民之家，除典当家人、隶身长随，及立有文契年限之雇工仍照定拟外，其余雇工虽无文契而议有年限，或不立年限而有主仆名分者，如受雇在一年以内，有犯寻常干犯，照良贱加等律再加一等；若受雇在一年以上者，即依雇工人定拟。其犯奸、杀、诬告等项重情，即一年以内，亦照雇工人治罪。若只是农民雇请亲族耕作，店铺小郎，以及随时短雇，并非服役之人，应同凡论。"按照这一条例，乾隆三十二年以后的二十一年间，所谓雇工人包括：（1）无文契而议有年限受雇一年以上的雇工；（2）不立年限而有主仆名分，受雇在一年以上的雇佣劳动者；（3）犯奸、杀、诬告重情的雇佣劳动者。

乾隆五十三年定例："凡官民之家，除典当家人，隶身长随仍照定例治罪外，如系车夫、厨役、水火夫、轿夫及一切打杂受雇服役人等，平日起居不敢与共，饮食不敢与同，并不敢尔我相称，素有主仆名分者，无论其有无文契、年限、均以雇工论。若农民佃户雇倩耕种工作之人，并店铺小郎之类，平日共坐共食，彼此平等相称，不为使唤服役，素无主仆名分者，亦无论其有无文契年限，俱依凡人科断。"按照这一条例，乾隆五十三年直至清亡的一百二十三年间，所谓雇工人包括：官民之家素有主仆名分的车夫、厨役、水火夫、轿夫及一切打杂服役的雇佣劳动者。

此外，处在雇工人法律地位上的人还有：（1）白契所买之人并典当家人、隶身长随中甫经典买未及三年，并未配有妻室者；（2）干犯家长期服以下亲的赎身奴婢；（3）干犯家长及家长期亲、外祖父母的赎身奴婢之子女；（4）放出奴婢之子女；（5）发遣黑龙江等处为奴人犯之妻；（6）奸职官妻之弓兵、门皂等。

根据以上规定，作为一种法律身份的雇工人，包括一部分雇佣劳动者，一部分贱民、奴婢和一部分奴婢的家属。

就雇佣劳动而言，脱离雇工人就意味着脱离对雇主及其家族的人身隶属关系。根据原有的"新题例"，短工是和雇主有平等的法律地位的，至于长工，一般来说，不论是生产劳动者还是服役劳动者，其法律地位仍然是低下的。乾隆二十四年条例把连续受雇于同一雇主在五年以下的长工解放为凡人，这是一个进步。乾隆三十二年条例开始将生产性雇佣劳动者和服役性雇佣劳动者分别对待，这也是个进步；但同时又将受雇一年以内的部分雇工又划为雇工人，乾隆五十三年条例将农民佃户所雇的生产性劳动者统统划作凡人；但是凡有主仆名分者，不论其他条件又全部划为雇工人。可见，清代关于雇工人条例的历次修改虽然总的趋势是逐渐将一部分雇佣劳动者划出雇工人范围之外，但是雇佣劳动者法律形式上的人身隶属关系的解放，是一个相当缓慢的、甚为曲折的历史过程，短工的身份解放从明代万历十六年就已开始，自那以后到清乾隆五十三年部分长工的身份解放，前后长达两个世纪（1588—1788）之久。而在清王朝灭亡以前，这个法律上的解放过程始终没有完成。

雇工人条例的多次修改，都集中在乾隆二十四年至五十三年这30年间。法律的变化，有司法、立法本身的原因和条件，但是，更深刻的原因还是经济关系的发展的需要。因此，乾隆年间雇工人条例的多次修改，给我们提供一个线索，即18世纪60年代到80年代及其稍前一段时间内，农村中雇佣关系的发展情况值得研究。

以上介绍了清代等级结构中的前六个等级，最后一个等级，亦即清代社会中最低一个等级，就是贱民等级，容在下节叙述。

第二节　贱民等级

我国古代一向强调，"用一之道，以名为首"①，就是说，道可以常行，而最为重要的是正名。"审名以定位，明分以辨类。"②名分定了，各人在社会上的位置也就确定了。治国要定君臣之分，治家要定父子之分。君臣之分、贵贱之分、父子之分、夫妇之分、尊卑之分、主仆之分等一系列名分关系，决定了等级体系的大框架。贵贱之分在等级体系中，在整个社会的人与人的关系中，十分重要。

所谓"贱"，在我国古代文献中有两种不同的意义。

"贱"的第一种含义是官民关系。《左传》中"民在鼎矣，何以尊贵，贵何业之守，贵贱无序"，秦简中"欲贵太甚，贱不

---

① 《韩非子》。
② 同上。

可得",《荀子》中"贱事贵","贵贱有等","别尊卑,异贵贱",《管子》中"贵贱有分",直至董仲舒所说"序尊卑、贵贱、大小之位",等等,都是讲的官民关系。以官为贵,以民为贱,贵贱有别,以强调名器之尊。文中的"贱",都是指普通庶民,所以应该说这是相对意义上的"贱"。

"贱"的另一种含义,是指在社会上处于特别低下的法律地位和社会地位、没有独立人格的个人,以及由这些人构成的等级。这个意义上的"贱"或"贱民",就不仅相对贵族、缙绅,即使相对一般百姓而言,他们的地位也是卑下的。所以说这是绝对意义上的"贱"。在这里要讨论的,就是这种含义的"贱"。

在我国古代什么人属"贱民",历朝的规定是不一样的,这有一个发展过程。譬如奴婢是否包括在贱民之内,历朝情况不同。我国奴婢的存在由来已久,不论从法律身份还是从社会地位看,奴婢从来都是位于最底层的。但直至两汉,奴婢就是奴婢,一般不称贱民。又如,从晋朝开始,部曲、佃客、商贾等,或法律身份低于百姓,或衣着服饰异于常人,或规定不得仕宦为吏,社会身份低于常人。唐代法典中的奴婢、蕃户、杂户,以及部曲、客女等,法律地位明显低于庶民。宋代法律保留了奴婢、部曲、客户等与良民有别的各种名目,身份上良贱有别,显然是很清楚的。但这些类别的籍名,在法律中一般也不用"贱民"之称。

到了明代,律法为之一变,良贱律成为法律的重要组成部分。明律中不再有所谓部曲、客女、蕃户等名色;"贱"主要指"奴婢",这与唐宋迥然不同。明代虽也有"杂户"名称,但那指的是驿(驿站马夫)、灶(盐场灶丁)、医(大夫郎中)、阴阳(堪舆卜者）、匠（厨役、裁缝、马船等）及乐户（或称乐人，即教坊司妓者）。这些人之所以被列入别籍，是出于应役的考虑，防其逃差，或者虽应差而避重就轻。大约除乐户娼优而外，明代诸杂户的法律地位都不是贱民，而与一般凡人没有差别。

《大清律例》里的良贱律承自明律，奴婢仍是贱民的基本内容；但同时又明确地将若干其他的人纳入贱民的范围。"贱民"这个概念被正式法律化了。

从以上可见：在我国历史上从来都有一部分人与一般百姓有别，明确地被置于低下的法律地位，贱民的存在是历代封建王朝所共有的事实。但"贱民"这一概念则随朝代而异，其内涵随当时的客观存在而发展变化。在法典中十分明确地规定贱民的范围，则只有清代。清代的法典，把贱民作为一个等级来对待，贱民被置于清代的等级系列之中。这显然是清代法典的一个特点；同时也是清代颇具特色的一个社会现象。

清朝制度规定"区其良贱"，就是把社会上的人分为"良""贱"两大类。清代的良贱关系是由成文法及不成文法所规定了的一种社会等级关系。它除了表现贱民跟他的主人（家长）之间的不平等关系、跟主人家族的所有成员之间的不平等关系而外，还表现在他们的法律地位和社会地位比任何其他等级的人都要低。

什么人属"良"？《大清会典》称，"四民为良"[①]。清代的户籍制度要求居民就其所在的府、州、县，按军、民、商、灶四类，分别登记入籍。外地来本地寄居的人，凡在此购置房屋、坟地已超

---

① 光绪《大清会典》卷一七。

过二十年的，准在寄居当地入籍。①所谓"四民"，就是隶属于"军籍"（军户，或称卫籍）、"商籍"（商人及其子弟）、"灶籍"（灶户）以及"民籍"的百姓。②这些人都是"良"民。

什么人属"贱"？《大清会典》载，"奴仆及倡优隶卒为贱"；"凡衙门应役之人……其皂隶、马快、步快、小马、禁卒、门子、弓兵、仵作、粮差及巡捕营番役，皆为贱役。长随亦与奴仆同"③。据此，清代的贱民首先是指奴婢和娼优。长随跟奴仆同等；开豁以前的乐户隶属"乐籍"，与娼优是一样的。为官府服役的皂隶等所干的各种差事，被认为是侍候官老爷的"贱役"；人以役贱，所以凡应承这种差役的人都被划进贱民的圈子里。这些是见诸明文规定的贱民等级的成员。

奴婢因其与主人有主仆名分而入贱民等级。明清两代的律例中关于奴婢的法律的确定，都是为了"别贵贱，正名分"。主仆名分仅"亚于君臣"④。清代尤其强调"最严主仆之分"。"主仆之分一定，则终身不能更易"⑤，以明确统治者与被统治者的地位，确保社会秩序不紊。实际上，主仆名分之定是因为奴婢"乃贱隶驱使之役"⑥。说到底，主仆名分之定，最根本的原因是主人需要一批能够控制得住的、稳定的服役者。奴婢地位之入贱，则因为他们从事的劳动被视为是低下的、卑贱的。这样，一旦某人以服役为职业，

---

① 光绪《大清会典》卷一七。
② 同上。
③ 同上。
④ 《刑案汇览》卷一九。
⑤ 《雍正实录》卷五〇。
⑥ 《大清律例汇辑便览》卷二九。

他就被剥夺凡人资格,不得与齐民平等。

堕民、丐户、九姓渔户、疍户等,仅存在于局部地区。他们在习惯上从来被当作贱民对待,而在《大清律例》里是找不到根据的。这些贱民虽然没有固定的"家长",可他们被视为贱的低下地位是得到官府承认的,甚至他们的世代子孙都被剥夺了凡人应有的基本政治权利。雍正元年、七年、八年,清廷曾先后宣布豁除丐户、堕民贱籍,疍户、九姓渔户也照此办理,照说从此之后他们应该属于凡人等级了。其实,尽管有了这些豁除命令,他们的三代子孙还是得不到和凡人相同的应试、出仕的权利。应该肯定,这种良贱关系实际上已经部分地被成文法、部分地被不成文法固定下来了。因此,他们至少在得到开豁前应列入贱民等级。皖南的佃仆在获得开豁前也被不成文法习惯地看作奴仆,即贱民。开豁政策颁布后,佃仆被分为两部分,其中合乎佃仆条件的仍然是贱民。

乐户、娼优之所以入贱,是因为他们的职业是侑酒侍寝,以色相取悦于人,为人所不齿。

清代的贱民还有隶卒,即在衙门中服役的皂隶、马快、步快、禁卒、门子、弓兵、仵作、粮差及巡捕营番役等。他们的工作是捕盗看守、站班喝道、验尸验奸等公务。他们在服役以前大都是凡人,属于良民,只要从事这些职业,立即沦为贱民,永世难复。这是很难理解的。清代文献中只称其贱,而未见解释其何以贱。战国秦汉之际,以罪徒为隶臣,被罚从事衙门服役,如入于罪隶舂槀者。"隶卒"之称,或相沿于此。罪犯为人所不齿,由罪犯受罚而充当的衙门应役的工作也就为人所不齿了。代代相沿,以后虽然不再由罪犯充作衙门之役,可是人们仍旧以衙门差使为贱役,衙役仍被看作贱民。发展到清代，即使是应召到衙门服役的良民，也被法定为贱民。是谓"入此便贱"①。

清代吏部、户部、礼部、刑部的则例和条例剥夺了贱民的许多政治权利，这些条文具体地体现着贱民与凡人良民不同的社会身份。

良贱之别，首先表现为法律地位方面的不平等。《大清律例》规定了专门的良贱法。良贱相奸律规定，奴奸良人妇女者，加凡人相奸罪一等处刑；良人奸他人婢者减凡人奸罪一等科罪。良贱相殴律规定，奴婢殴良人，依凡人相殴律加一等处刑；良人殴他人奴婢减凡人一等科罪。不过，就清代的封建法制来说，贱民中贱如奴婢也不是可以听任他人随意杀死的。"贱其人不可贱其命"②，如果良人殴死或故杀他人奴婢，也要处以死刑。

良贱之别，也表现在婚姻关系上的不平等。《大清律例》户律婚姻部分有良贱为婚姻律，规定奴娶良人为妻杖八十；如果是由主人做主为奴娶良人为妻者，主人有罪。因为"婚姻配偶义取敌体，以贱娶良，则良者辱矣"，所以要论处。不仅主人受了刑罚，还要把已婚的奴仆和良人双方强行判离，以"良自为良，贱自为贱"。所以我们在方志和宗谱、家规里常能看到要求子孙虽"至贫不与贱者为婚"的记载。陈龙正《几亭全书·婺州太和说》："歙俗良贱之分甚严，一经鬻身，男无与之为室，女无与之为家。"

良贱之别，又表现在入学应试权利方面的不平等。贱民不得进入绅衿等级，故向例不准参加考试或捐监。《会典·礼部》写道：

---

① 张履祥：《杨园先生全集》卷三一。
② 《大清律辑注》，转引自《大清律例汇辑便览》卷二七。

关于乡试,"各申以禁令",凡"出身不正,如门子、长随、番役、小马、皂隶、马快、步快、禁卒、仵作、弓兵之子孙、倡优、奴隶、乐户、丐户、疍户、吹手,凡不应应试者混入,认保派保互结之五童互相觉察,容隐者五人连坐,廪保黜革治罪"。①贱民及其子孙"概不准入考捐监。如有变易姓名蒙混应试报捐者,除斥革外,照违制律杖一百"②。

良贱之别,还表现为出仕权利的不平等。《会典·吏部》规定:"凡铨政,别其流品。"做官的首要条件就是身家清白,贱民及其子孙当然不得进入缙绅等级。"其八旗户下人及汉人家奴、长随、倡优、隶卒子孙,概不准冒入仕籍。步军统领衙门番役缉捕勤奋者,止准该衙门酌加奖赏,毋许奏给顶戴,其子孙概不准应考出仕。"③所以大族望门往往都明确规定,族中有人成为贱民者,不得入谱。④

此外,贱民还被用特殊的服饰同其他等级的人区分开来。"顺治九年定,只许奴仆穿茧绸、毛褐、葛布、梭布、貂皮、羊皮;不准穿纺丝、绸绢、锻纱、绫罗、各种细毛、狼皮以及石青色衣。只许戴狐皮、沙狐皮、貉子皮帽;不许戴貂帽。乐户只准戴本色黄骚鼠皮帽。凉帽用绿绢裹,绿绢沿边。不许穿各项绫缎及狼皮衣。"⑤康熙十八年初,户部梁清标奏称:"奴仆之属锦缎是服,皂快之子

---

① 光绪《大清会典》卷三二。
② 乾隆五十三年定例,《读例存疑》卷九。
③ 光绪《大清会典》卷一〇。
④ 例如曲阜孔氏的"入谱条规"写明,"流入下贱者不准入谱"。见《曲阜孔府档案史料选编》第3编,第1册,济南:齐鲁书社,1980年,第251、289页。
⑤ 《顺治实录》卷六四;参见《皇朝政典类纂》卷三〇八。

熊罴是裘,刀锯之辈华服朱履,至营捕马卒娼优等人貂珰缎袍,纨裤绫袄,绣袜缎靴,华丽绮美。盖不知己之出身为何等,竟撒泼穿著,沿街穿巷。"他认为这是不可容忍的。六科诸臣根据皇帝的旨意会议,制定了服色条例,其中这样规定:"门子优娼等人不许擅戴貂帽,穿花素色缎,只许素屯绢袍套,服布素。其锦蟒绣袜并禁。"中央和地方的"大小衙门差役皂快等人只许青蓝细布袍套,不得擅服花云素缎绸缎等件并锦蟒绣袜貂鼠等件"①。乾隆二十三年,据监察御史吴绶诏条奏定例,"各衙门舆隶等役及民间奴仆、长随,不得滥用缎纱及各样细皮,违者治罪"②。嘉庆八年,又据御史贾允升的奏疏议准:"家人贱役人等只准用茧绸、毛褐、葛布、梭布、羊皮、貉皮;其纺丝绸绢俱不准用。"③在实际生活中"服饰无辨,下贱虚靡""长随优俳,衣服鲜华"的记载时有所见,从朝廷的等级观点看,这些都是僭越的行为,应该治罪。不论如何,着装服饰的这些规定,目的就是为了表明贱民的社会身份地位是最低下的,并且让人们从外表上一眼就能看出他们是贱民。

总之,清代各种贱民的共同点有:第一,与主家有主仆名分;第二,不得与良民共居处、同坐共食;第三,从事服役劳动;第四,不得与良民通婚姻;第五,不得应考、报捐;第六,服饰有限制。

在这个等级内,由于他们的情况不尽相同,所以他们的地位也不是处在同一个层次上。就其法律地位、政治地位、社会地位和经

---

① 《钦颁服色条例》,天一阁藏本,第10—11页。
② 《乾隆实录》卷五六九;光绪《大清会典事例》卷三二八。
③ 光绪《大清会典事例》卷三二八;参见贾允升:《清除外省积弊六事疏》,见《皇朝经世文编》卷一六。

济地位进行综合考察，贱民等级大抵可以分为四个等第。

第一，奴婢是清代最典型的贱民。清律有关良贱关系的条文，都是以奴婢为主体的。他们是特定主人的财产，是商品。他们没有独立的人格，婚配由主人决定，其主仆名分、等级关系延及妻子后代。娼优、乐户的情况跟奴婢虽然不完全一样，但颇为类似。所以奴婢、娼优和乐户同属一个等第，这是贱民等级中最低的等第，从而也是清代等级阶梯的最低一级。我们称之为"奴婢"等第。

第二，堕民、丐户、九姓渔户和疍户。他们没有固定的主人，也不被别人任意买卖。在我们看到的有限资料中，还没有发现将良贱律用于他们的例案。但他们实际上屈身贱民队伍之中，又是确凿无疑的。他们在不与良民通婚的情况下，可以自主地生活，总的情况比奴婢好些，在贱民等级中，他们属于比奴婢略高的等第。我们统称之为"堕民"等第。

第三，佃仆分别隶属于大族，他们也没有独立的人格。在捐考制度中以及在社会习俗和社会地位方面，他们都被视为奴仆贱民。不过他们是在规定的条件下为主人服役，服役的项目和时间都是固定的。其服役对象为一房一族，不得被个别主人随意买卖。特别是，他们主要依靠自己家庭的生产劳动为生，经济上更近乎佃户，跟奴婢相比有较大的差异。他们在贱民各等第中置身较高。我们称之为"佃仆"等第。

第四，隶卒，包括衙门里的衙役、家人和长随等，也和主人有主仆名分，是奴仆的一种；但他们又是官府的爪牙，与从事生产劳动和家内服役的奴仆明显不同。其中相当多的人还经常借势欺压百姓。所以，他们在奴仆中地位特殊，在贱民等级中踞于最高等第，简称为"隶卒"等第。

贱民等级的构成相当复杂，各类贱民的情况差异很大，但他们却又有共性。我们要研究其共性，了解其特征，以便比较全面地、准确地了解清代的等级制度及其结构。同时，我们也要特别注意各种贱民的个性，注意研究各种贱民的独特的状况。

本书准备分析有关贱民等级的各项规定，把这个等级里的各种贱民的状况做比较详细的描绘，介绍关于其起源的不同说法，研究他们的社会地位和经济地位，弄清朝廷对待他们的政策，摆明他们在清代等级结构中的准确位置，了解他们的身份有什么变化，等等。

以上就是清代社会等级的简况。从上面介绍的情况可以断定，虽然在清代典章制度中不存在一部独立的身份法或等级法，但的确存在一套相当完整的身份等级制度。清代法典对社会各种成员的权利和义务、他们的身份和法律地位，均以不同的形式分别做了严格的规定。这些规定，有其传统的封建经济关系、伦理道德以及当时的社会传统习俗作为根据和背景，在当时得到社会的承认和遵守。

清代的等级结构可以由下面的简单图式大致反映出来：

清代等级结构示意图

```
皇帝 ─┬─ 衍圣公
      ├─ 宗室王公
      └─ 宗室觉罗     君
                      ─────
                      臣
```

宗室贵族		闲散宗室觉罗	
	高官	包括文职三品以上、武职二品以上现任、以理去职大员及其诰命妻等	官
	一般官僚	包括高官以下现任、以理去官、捐职封赠等文武官及其诰命妻等	
绅	举人	包括文武举人、贡生、荫监等	
衿	监生	包括监生、文武生员等	民
大地主		包括文职非缙绅、非绅衿的大地主、大商人等	
自耕农		包括中小地主、富裕农民、自耕农	良
佃户		包括佃户、各业中非雇工人的雇佣劳动者、商人、小手工业作坊主、一般城镇居民、小商贩、小手工业者、壮户、兵丁等	
	雇工人		
隶卒		包括公差隶卒、长随等	
佃仆		包括各地佃仆、孔府钦拨佃户等	贱
堕民		包括堕民、丐户等	
奴婢		包括奴婢、奴仆壮丁、投充人、家人、乐户、娼优等	

凡人 / 贱民

第一章
清代的奴婢法

清代典章中有关户籍编审、考试、选军、婚姻以及刑律等方面，都为奴婢制定了专门的条文，多方面地确定了奴婢低下的法律地位。本章主要通过对清代刑律的分析，研究主奴关系的状况，探讨奴婢跟主人、跟主人的家族成员在法律面前的不平等程度，以及王朝政府是怎样保障主人对奴婢行使役使权的；同时还将通过对逃人法的分析，研究清政权是怎样保护主人的奴婢所有权的。

第一节 主奴法

《大清律例》所列关于奴婢的律文凡十七条，分属于名例、户、刑各律。刑律中，除以公罪为主的"受赃""诈伪""杂犯""捕亡""断狱"外，诸凡"贼盗""人命""斗殴""骂詈""诉讼""犯奸"等门中均有涉及主奴关系的专门律文，我们称之为清代的主奴法。

有关主奴法的条律，可以分为三类：一类是处理主奴之间刑事案件的,一类是处理良贱之间刑事案件的,一类是禁止改良为贱的。通过对前两类条文的分析、比较,我们就可大致确定清代奴婢所处的法律地位。

一、主人与奴婢法律地位的不平等

关于奴婢的律文包括"发冢""谋杀祖父母父母""谋杀故夫父母""杀子孙及奴婢图赖人""尊长为人杀私和""奴婢殴家长""奴婢骂家长""奴及雇工人奸家长妻"等。按照这些律文的规定,奴婢作为犯罪人和作为受害人时,受到完全不同的对待,他们犯罪时所判刑罚和凡人犯同一罪行应得的处刑差别悬殊。这就确定了奴婢相对家长而言的极为低下的法律地位。奴婢的这种地位从下表即可看出:

罪行	犯罪者	受害者	处刑
谋杀（已死）	凡人	凡人	分首从；造意者斩候；加功者绞候；不加功者杖一百流三千里
	奴婢	家长	不分首从,皆凌迟
	家长	奴婢	——
故杀（已死）	凡人	凡人	斩候
	奴婢	家长	皆凌迟
	家长	奴婢	杖六十徒一年,当房人口悉放从良
斗殴（不成伤）	凡人	凡人	笞二十
	奴婢	家长	皆斩
	家长	奴婢	——
（和）奸	凡人	凡人	各杖八十,有夫者杖九十
	奴	家长妻	各斩决
	家长	奴仆妻	——

第一章 清代的奴婢法 055

续表

罪行	犯罪者	受害者	处刑
骂詈	凡人	凡人	笞一十
	奴婢	家长	绞候
	家长	奴婢	——
发冢（见棺）	凡人	凡人	杖一百流三千里
	奴婢	家长	为首绞决、枭首；为从绞候
	家长	奴婢	——

清律中谋杀罪是量刑较重的罪行之一；但对凡人间的谋杀案各犯是分别对待的：出谋造意者、加功者和不加功者[①]所受处刑是不同的；即使对出谋造意者也仅处斩候，而斩候在死刑中并不是最重的。但是，奴婢谋杀家长则大不相同，不论为首为从或加功与否，凡参与者一律处以凌迟。这是和谋反大逆犯一样的处置，其刑之重，无以复加。

故杀罪的处刑也相类似。所谓故杀，"临时有意欲杀，非人所知"。即使在这种情况下，奴婢杀死家长仍是绝对不能容许，需处以最严厉的惩罚。

奴婢殴家长不成伤，凡参与者不分首从全体斩首，比凡人斗殴罪重十九等。[②]奴婢骂家长也比凡人骂詈罪重十八等，处以死刑；这

[①] "加功"，是主犯杀人犯罪时，从犯助力下手的意思。"不加功"是当主犯犯罪时，从犯虽在现场，但未助力下手的意思。
[②] 按照清律规定处刑加等计算方法，三流、二死各作一等计算，判刑如需加等时，最多加至杖一百流三千里，非特殊规定，一般不加至死刑。我们在这里计算刑等的等差数字把死刑计算在内了。可见"十九等"这个数字还不足以表明处刑之重，必须注意其死罪与非死罪的差别。下文计算中，也有类似值得注意的地方。

就迫使奴婢对家长打不敢还手，骂不敢还口。凡人犯发冢见棺罪，刑不至死；奴婢发家长冢见棺，不但绞决，而且枭首。死而枭首，乃是清代对付"强盗"的一种刑外之刑，这里却用在奴婢身上。

在奴婢是受害人的情况下，斗殴致死或被杀死，家长都不必抵命，只判处杖六十徒一年，将奴婢的夫妇子女放出从良；奴婢受损在折伤以下，家长无罪。可见，殴打奴婢致残，只要不打死，家长不受法律制裁。就在同一部法律中，规定"凡私宰自己马牛者，杖一百"。杀自己马牛而定罪，是因为"马以代步，牛以代耕，皆效用于人者，既尽其力，又杀其身，非仁也。虽自己所蓄，亦不许私宰"①。对牛马讲仁，而对作为人的奴婢却几与牛马同等对待，其"仁"又复何在！

男奴为奴，女奴为婢。清代所有关于奴婢的律文几乎都兼及奴和婢。奴奸家长妻女罪至斩决，比凡奸罪重至十一等之多。相反，婢女若被主人奸污，在《大清律例》中是找不到应处罪条的。因为婢女乃是"服役家长之人，势有所制，情非得已，故律不着罪"②。

仅从以上几条法律规定就可以肯定，家长和奴婢的关系是可以随意打骂的统治关系。奴婢的人身安全得不到法律保护；相反，家长不受奴婢侵犯的权利得到残酷刑罚的充分保障。

上面所讲的只是从奴婢不得侵犯家长和家长对奴婢犯罪不受法律制裁这个意义上来看家长的法律权利。清律对主奴关系的安排并非仅仅消极保护家长而已；它更赋予家长以特殊的直接权利。规

---

① 《大清律例》卷二一。
② 《读例存疑》卷四三。

定,如果奴婢违犯家长的"教令",家长有权对之进行体罚。体罚的唯一限制是施于"臀腿受杖去处"。在这种"依法"而罚的情况下,如若奴婢"邂逅致死",家长无罪。①所谓"教令"是什么内容,律文没有做出规定,当然可以理解为家长所发的任何命令。所谓"邂逅"是什么条件,也无说明,因而家长总是可以把致死奴婢说成是事出偶然。既然有了这项法律,我们看到文献中关于拷打惩罚奴婢的血淋淋的记载也就不足为奇了。因为这种行径是完全合法的。这条法律给家长以对奴婢的人身处分权利,从而保证了家长役使奴婢的绝对权利。

法律只容许家长于奴婢的"臀腿受杖去处"施行体罚,丝毫也不妨碍主人们滥施酷刑。因为清律中"干名犯义"的条文完全剥夺了奴婢上告申诉的权利。该律规定,奴婢赴衙门告家长,这一行动本身就构成犯罪,与子孙告父母罪相同,处刑杖一百徒三年;即使所告皆实,被告也因奴婢"干犯"而免罪。②在这样的法律面前,哪个奴婢还敢去要求申冤?!"满洲往往轻毙其家人"③,乃势所必然的事。

由此可以得出的结论是,从一定意义上讲,清政府承认家长对奴婢的占有权,承认奴婢是家长的所有物;在家长面前,奴婢不具有独立的人格。

也应注意到,主人对奴婢的权利在法律上也是有一定限制的,即不得任意杀死奴婢。乾隆四年就有这样的例案:直隶镶蓝旗满洲

---

① 参见《大清律例》卷二八。
② 参见《大清律例》卷三〇。
③ 《康熙实录》卷一九一。

人戴杰强纳十二岁家生幼女,并杀死家人王杰,被判绞监候,秋后处决。判词中说,该案主犯虽系主人:"但凶残已极,若仍照寻常家主占夺奴仆之妻或图奸不遂因而毒殴致毙者拟以发遣,实不足以蔽其辜。"①可见,主人擅杀奴婢者,毕竟是有罪的。擅杀奴婢违法的规定,最早始自汉代,以后历朝大抵如此,只是程度上的差异。这类法律规定,可以视作"奴婢"与"奴隶"的重要差别之一。

二、奴婢在主人家族中的法律地位

清代奴婢的法律身份不仅低于家长本人,而且低于家长的全体有服亲属。前节列举的某些犯罪量刑的不平等,在奴婢对家长不同服属间也不同程度地存在着。这在清律中可以找到很多证明。譬如斗殴不成伤罪、奴婢殴家长坐"皆斩"、奴婢与家长的有服亲属相殴等,处刑如下表所示:

犯罪者	受害者	处刑	比凡人罪罚刑等轻(−)重(+)
凡人	凡人	笞二十	
奴婢 家长期亲	家长期亲 奴婢	绞候,为从减一等 勿论	+18 −
奴婢 凡人	家长大功亲 大功亲之奴婢	杖八十徒二年 勿论	+11 −
奴婢 凡人	家长小功亲 小功亲之奴婢	杖七十徒一年半 勿论	+10 −
奴婢 凡人	家长之缌麻亲 缌麻亲之奴婢	杖六十徒一年 勿论	+8 −

---

① 雅尔哈善:《成案汇编》卷二〇。

奴或婢在名义上只属于一个主人所有，但主人的有服亲属中的任何一人殴打他，在法律上都不构成犯罪。相反，他若殴打主人有服亲属中的任何一个，均构成犯罪，按照被打者与主人的血缘亲疏（期亲、大功亲、小功亲、缌麻亲）受到不同程度的、比凡人相殴罪重得多的刑罚。殴打与主人血缘关系最远的缌麻亲属，比如说堂侄女或堂侄孙，坐奴婢以重于凡人相殴罪九等的处罚，即杖六十徒一年。至于殴打主人的期亲，则是死罪了。

再以骂詈罪为例。奴婢骂家长期亲坐杖八十徒二年，比凡人骂詈罪重十二等；骂家长大功亲坐杖八十，比凡人骂詈罚重七等；骂家长小功亲坐杖七十，比凡人骂詈罪重六等；骂家长缌麻亲坐杖六十，比凡人骂詈罪重五等。

"干名犯义"罪的处理也是一样。奴婢若去衙门首告家长期亲，虽所告是实，也要被杖一百；告家长大功亲，被杖九十；告家长小功亲，被杖八十；告家长缌麻亲，被杖七十。被告如果是家长的期亲或大功亲尊长，那么他就跟自首一样，其罪罚全免，被告若是家长小功或缌麻亲尊长，则所犯罪减应得之罚三等处理。

前节所述，若奴婢"违犯教令而依法决罚邂逅致死""各勿论"的规定，除适用于家长外，同样适用于家长期亲。这就是说，奴婢除了必须遵守家长"教令"外，还必须遵守家长的祖父母、父母、伯叔父母、在室姑、兄弟、在室姊妹、儿子、长子妇、侄、在室侄女及嫡孙等人的"教令"；否则这些人也有权对之"依法决罚"。受罚的奴婢"邂逅致死"，他们也和家长一样不负法律责任。

由此可见，奴婢在名分上属于家长个人占有，但他却在法律上与主人整个家族的成员分别构成不同程度的不平等关系。从特定的意义上讲，奴婢隶属于家长的整个家族。

法律规定奴婢跟主人家族中任何有服亲属相比，其法律地位都是低下的，但在某些问题上却又把他们当作主人家庭中的一员来考虑。在"杀一家三人"律中规定，如有凶手一次杀死一家三人，坐"凌迟处死，财产断赴死者之家，妻子流二千里；为从（加功者）斩"。这里所谓"一家三人"包括两种情况，一种是"果系本宗五服至亲"的三个人，一种是"同居"一处的三个人，"虽奴婢、雇工人皆是"。其所以把奴婢、雇工人包括在内，"律意重在三命，故下及奴、雇之贱"，"皆得通算一家"。[①] 又如"亲属相盗"律把盗窃主人财物的"同居奴婢""减凡盗罪一等"量刑，与凡人盗窃有别。理由是，奴婢"于家长及其比肩之人虽无共财之义，然已同居，即非泛然外人之比矣"[②]。再如，清律关于"亲属相为容隐"的规定中，准同居亲属及大功以上亲有罪彼此相为容隐。奴婢因其与家长"义重"，所以也和这些亲属一样为家长隐；不同之处是家长不为奴婢隐，理由是家长对奴婢"以义相临，当治其罪，不当隐其过也"[③]。

这些律文的立意，并不是要把奴婢当作主人家族中的一个成员来看待，从法律观点看，统治者甚至不把奴婢当作一个具有独立人格的人，而是当作主人占有的某种动物来对待；但是这种动物又和牛马不同，具有人的社会特征，从而不得不把他们放在一定的体制中给以一个特定的位置。这样，奴婢才被编制在主人的封建宗法家长制体系之中了。

---

① 《大清律例》卷二六。
② 《大清律例》卷二五。
③ 《大清律例》卷五。

《大清律例》为奴婢在主人宗法家长制体系中安排的位置，大体相当于封建家族中的子孙、卑幼。

　　清代法律中关于奴婢与家长相互侵犯的量刑等级，有许多跟子孙与父祖、卑幼与尊长相互侵犯的量刑等级相同。例如，奴婢发冢毁弃家长尸罪与子孙发冢毁弃祖父母、父母尸罪量刑相同；奴婢谋杀家长及家长各有服亲属罪与子孙谋杀祖父母、父母，卑幼谋杀缌麻以上亲尊长罪量刑同；家长故杀奴婢图赖人罪与祖父母、父母故杀子孙图赖人罪量刑同；奴婢将家长尸图赖人罪与子孙将已死祖父母、父母尸图赖人罪量刑同；家长被人杀奴婢私和罪与祖父母、父母为人杀子孙私和罪量刑同；奴婢干名犯义罪与子孙卑幼干名犯义罪量刑同；奴婢殴家长罪与子孙殴祖父母、父母罪量刑同，等等。

　　当然，奴婢之对主人，毕竟不是血缘关系，只是所属财产而已。譬如说，子孙盗窃父母财物罪减凡人盗窃罪五等，奴婢盗家长财物罪则仅减凡盗一等。律注解释原因时说，奴婢"虽系同居，而非卑幼可比。卑幼仍应有财物之人，故盗曰盗己家用，曰私擅用。奴雇安得同之"！至于子孙卑幼在家族中拥有的权益，对奴婢来说自然是谈不上的。

　　就法律地位言，特别应该着重指出的奴婢与子孙卑幼的重要差别是，子孙卑幼在家族地位之低下只是相对父祖尊长，但他同时又是他的子孙卑幼的尊长；而奴婢的地位则低于家长有服亲属中的一切成员，包括家长的子孙卑幼。正如乾隆间河南巡抚徐绩所说，"奴仆于家长及家长之子孙皆为家主，与家长别项亲属不同"[①]，奴婢

---

① 《驳案新编》卷二八。

在主人家族中处于绝对低下的位置。

三、奴婢属于贱民等级

清制分人为良、贱两类。法典规定,"奴仆及倡优隶卒为贱"。贱民之中最大量的就是奴婢。清律实际把奴婢作为贱民的标本形态,这在前面已经谈及。

《大清律例》有三条区别良贱的主要律文,即"良贱相殴""良贱相奸"和"良贱为婚姻"。

"良贱相殴"律写道:"凡奴婢殴良人(或殴、或伤、或折伤)者,加凡人一等","其良人殴伤他人奴婢(或殴、或伤、或折伤、笃疾)者,减凡人一等"。[①]凡人殴凡人至死者绞监候;奴婢殴凡人至死者也加重处刑,拟斩监候。

"良贱相奸"律写道:"凡奴奸良人妇女者,加凡奸罪一等,良人奸他人婢者,(男妇各)减凡奸一等。"[②]奴强奸良人妇女坐斩,也比凡人强奸坐绞为重。

可见,奴婢不论是侵犯凡人还是被凡人侵犯,在法律面前总是处于不利地位。这些法律保护凡人,使奴婢不敢对之轻易触犯;同时也就使奴婢和一般社会成员间形成了明显的等级差别。

清代区别良贱的另一条重要法律是"良贱为婚姻":"凡家长与奴娶良人为妻者,杖八十;女家(主婚人)减一等,不知者不坐。其奴自娶者罪亦如之;家长知情者减二等;因而入籍(指家长言)为婢者,杖一百。若妄以奴婢为良人而与良人为夫妻者,杖九十。

---

① 《大清律例》卷二九。
② 《大清律例》卷三三。

（妄冒由家长，坐家长；由奴婢，坐奴婢。）各离异、改正。（谓入籍为婢之女改正为良）。"①这条律文的内容可归结为：（1）禁止主人为奴仆娶良人为妻；（2）禁止奴仆自娶良人为妻；（3）禁止因奴仆娶良人因而将良人改为奴婢；（4）禁止将奴婢冒称良人与良人为夫妻；（5）禁止奴婢自己冒充良人与良人结为夫妻。总之，在任何情况下，良贱均不准结合，组成家庭。违犯这些规定的，主持者受刑杖，良贱夫妻离婚，因婚姻关系变为婢女的良民恢复凡人身份。

其所以有此规定，是因为清代统治者认为，良贱等级界限是不容混淆的，婚姻配偶需门当户对，以贱娶良则降低了良民的身份，"良者辱矣"②。如因结婚而"压良为贱"或"压良从贱"，都是不能容许的。奴仆只能配婢为妻，婢女则只能配小厮、奴仆，他们所生子女则为"家生子"，自出娘胎便具有法定的奴婢身份，属于贱民等级。血统决定了他们的等级；其结果是奴婢身份世袭化。

家长去世，他所拥有的奴婢以及奴婢的子孙，就和土地、房屋一道作为遗产传给诸子；无子者传给亲女或姊妹；绝嗣者除留二奴守墓外，其余归所属佐领，内管领下。③

以上就是清律为奴婢所规定的法律身份。这种身份既是他们的法律地位，也反映其社会地位。在清代，拒奸殒命的妇女应该受到旌表，由官府出银，在其墓前树立贞节牌坊，并在节孝祠内设立牌位。而婢女即使其行为完全符合这一标准，也只准墓前建坊，不得列名于祠内。"若于孝节祠内一体设位，未免良贱不分"，或"未免

---

① 《大清律例》卷一〇。
② 同上。
③ 参见乾隆十三年修《大清会典则例》（以下简称《乾隆会典则例》）卷一六〇。

主婢不分"。①可见，婢女虽以生命为代价维护贞节道德，也不能换得跨出贱民界限的权利。

鬻身为仆，被视为"辱及祖先"。所以，鬻身之禁，于族规、家训中屡见不鲜，在方志中，也往往作为当地良习而载入风俗卷中。这类资料俯拾皆是，无须烦摘。

第二节　逃人法

一、逃人法的产生

在对明朝的战争中，清人的奴婢队伍有了很大发展。这是因为八旗官兵在战斗中俘获了大量明朝兵士，大军所到之处更掳掠了很多男女百姓，均以充当奴婢。这些战利品，原则上是谁俘谁有，谁掳谁占。有的则"因父战殁而以所俘赏其子者，或有因兄战殁而以所俘赏其弟者"②，实质是将奴婢作为财产继承。

满族官兵将俘获掳掠之人，或者随身带至营中服役，如汲水、做饭、牧马、备鞍等生活服役劳动，甚至令其为己冲锋陷阵，充做奴兵；或者留在后方，于主人所属土地上"供种地、牧马诸役"，"赖以养生"。③他们对待这些奴婢不仅役使如牛马，"衣食不能使其丰"，而且，"任情困辱"，"稍有不遂，即加以捶楚"，"非刑拷打"。④雍正帝承认，"向来八旗官军人等待家人过严，微小之失必

---

① 《乾隆实录》卷二七六、五二三。
② 《顺治实录》卷四三。
③ 《八旗通志》卷首1，敕谕4。
④ 《顺治实录》卷一〇二；《八旗通志》卷首1，敕谕4。

加殴责，甚至伤体毙命"①。总之，惩治奴仆，为所欲为，毫无节制。

在这种境况下，奴婢们总在设法摆脱所处的悲惨境地。最为激进的办法当然是揭竿而起。不过进行大规模反抗斗争要有一定的条件，不是个别奴仆能够轻而易举做到的。在日常生活中，则经常有消极怠工、不听使唤等情况。除此之外，还有不少人采取了如下行动：

一是自杀。主子们对奴婢"逼责过甚，难以存活"②，只有一死以求解脱，故"旗下奴婢往往轻生，投河自缢"③。可以设想，采取这种消极办法的，可能女婢尤多。不论如何，自杀是他们在无法忍受的残酷环境下所能采用的最后手段。官方形容，"旗下仆婢自尽者甚多"④。"每岁报［刑］部自尽者不下二千人"⑤，即平均每天有五名以上奴婢自杀！

二是投营入伍。采用这种方式斗争的，主要是民间契买奴仆。顺治十一年至十三年间，湖北襄阳府枣阳县知县柯耸曾向巡抚林天擎反映，"悍仆负恩，时多跋扈，投兵一着，其上策矣。朝出主人之门，挂名营伍，夕入主人之室，戟手飞扬，号召党与［羽］，搬运妻子，需索器物。主人屏息俛首，惟所欲为，稍与争执，则讼连怨结，祸将不测矣"⑥。奴仆的这种行动，即所谓"背主投营"。柯

---

① 雍正《上谕八旗》。
② 《康熙实录》卷三〇。
③ 《康熙实录》卷一〇九。
④ 《康熙实录》卷四三。
⑤ 徐珂：《清稗类钞·奴婢类》。
⑥ 柯耸："详抚院林公文"，转引自同治《枣阳县志》卷三〇，志余。

耸要求巡抚出面申饬各营"毋得混收本地逃仆。倘有原主告发,即行断还。如本将徇私霸留,竟许原主控究"①。当时,这件事似乎没有上奏朝廷。其后,同类事件不断增多。康熙十八年正月,礼科题奏称,"大河以南江、浙、楚、豫、闽、粤诸省"都有奴仆背主投营的情况,"用兵地方"尤多。②十八年二月,谕刑部就此问题议奏,当月二十日依刑部议,制定条例:"背主投营勒索身契及妻子财物者,照光棍例治罪;其无挟制勒索等情者,枷责还家长。""营将知其背家长而不举发者,分别专管、兼辖、统辖,谪调镌级有差;不知而不举发者,夺俸。"③嘉庆六年将"照光棍例治罪"删定为"不分首从,得财与未得财,皆斩立决",将"枷责"明确为"枷号四十日杖一百"。④朝廷对敢于采用背主投营方式损害主仆尊严的奴仆的镇压,是毫不手软的。

更多的满族奴婢则以外逃为斗争手段。清军入关前以及清朝早期被俘的明朝兵丁和被掳的汉族百姓,原来都是自由的平民。他们复归故土与家人团聚的愿望特别强烈。但"向因禁止不许归家探望,以致情迫势急,不能自已,往往私自逃归,既归之后,又恐法必不容,多有不敢归者"。故而,清代初期相当长的一段时间里,奴婢背主逃亡者甚众。顺治二年时,"藏匿东人""逃亡已十之七",摄政王惊呼,不严逃人之令,"必至无复一人"。⑤顺

---

① 柯耸:"详抚院林公文",转引自同治《枣阳县志》卷三〇,志余。
② 参见中国第一历史档案馆藏,黄册,礼科恭进奏章文册,转引自《北京师范大学学报》1977年第5期,第76页。
③ 《康熙实录》卷七九。
④ 《读例存疑》卷三六。
⑤ 史悙:《恸余杂记》。

治三年时"数月之间逃人已几数万"①；顺治九年时，兵部本章内云，"各旗所报逃人几无虚日"②。顺治十一年时，"一年间逃人几及三万"③。顺治间的谕旨之中，"今俱逃尽""逃人甚多"一类叙述，迭见不鲜。康熙初年有"逃亡日众"的记载。④康熙十二年记载"每年逃人仍不下数千人"⑤。康熙二十七年四月初一至二十八年闰三月底，整一年间，八旗逃走男妇子女共8814名，仅获得2372名。⑥直至雍正时，逃人问题仍未解决，雍正六年，"现今旗下仆人，一年之内逃避者至于四五千人"⑦。

对旗人来说，"满洲艰辛所获人口，岂可任其逃去"⑧？何况，这些奴婢是为旗人生产、服役的工具，是一种重要财产，拥有的数量当然多多益善。奴婢逃亡给主人造成损失，故而奴婢拥有者防止奴婢逃亡的要求也甚强烈，"满洲官兵纷纷控奏"⑨。清廷是奴婢主人们的利益代表者。统治者认为，奴婢逃亡日众，奴婢之主人申诉"其言亦自有理"⑩，旗人"驱使何人？养生何赖"⑪？为了稳定八旗队伍，为了巩固清朝的统治地位，必须惩治逃人，以止逃亡。清代早期陆续制定的捕逃条令以及后来颁行的《督捕则例》就是逃亡

---

① 《顺治实录》卷二六。
② 吏科给事中魏裔介：《请解责令州县疏》，见《皇清奏议》卷五。
③ 《顺治实录》卷八五。
④ 参见《康熙实录》卷二一。
⑤ 中国第一历史档案馆藏：黄册，康熙十二年九月十八日题本，转引自《北京师范大学学报》1977年第5期，第74页。
⑥ 参见中国第一历史档案馆藏题本，隐匿类00003。
⑦ 《八旗通志》卷首1，敕谕4。
⑧ 《顺治实录》卷五五。
⑨ 同上书，卷四三。
⑩ 同上。
⑪ 《顺治实录》卷九〇。

与反逃亡斗争的产物。这场斗争，构成清初与圈地、投充并列的三大社会问题之一。

早在天命年间，满族就曾制定有关惩治逃人的法令，但尚不成体系。清军入关之后，逃人日增，这类法令的内容愈来愈细，康熙年间汇纂成《督捕则例》颁行全国，成为《大清律例》的补充法。康熙、雍正、乾隆、嘉庆以及光绪等朝修纂的《会典》或《会典事例》都收录有关则例或《督捕则例》全文。

《督捕则例》规定缉捕的外逃者，包括"职官""在京旗下官员""官员子弟""驻防旗下""盛京并各省驻防及屯居旗人""吉林黑龙江所属旗人""兵丁""另户护军兵丁""闲散人""另户人""满洲蒙古汉军闲散旗人""在京及各处旗下另户妇女""口外蒙古""厄鲁特回子""出兵掳获之人""公主等属下另户""宗室以上各府家人庄头""户部官庄头""光禄寺园头""官庄壮丁""庄头家下壮丁""旗下家人""旗下家奴""八旗家人""卖身旗下之人""白契所买之人""奴仆兵丁"，乃至服刑的流犯，如"八旗发遣拉林人犯""发遣人犯在官庄内者"等。可见，不论官员还是奴婢，不论满洲还是蒙古、汉军，不论在京还是驻防、屯居，也不论男人还是妇女，甚至包括正在服刑的八旗遣犯在内的任何等级的八旗成员，凡是未经主子批准而私离驻地者，均称"逃人"，都是缉捕对象。

八旗组织严格地管理和控制自己的成员，这种压抑人性的管理办法，使得各级成员中都有人渴求摆脱人身束缚。外逃可能是最易采用的反抗形式。当然不能认为逃人问题已对八旗制度的巩固构成了严重的威胁，但《督捕则例》中把"另户旗人逃走"的处置放在首位，对上述各类成员的外逃都拟定处置办法，这足以说明旗人外逃现象已经不是个别现象，已经引起了清廷的关注。清代法学家薛允升认为，清初逃人都是指旗下家奴，《督捕则例》也是专门针对旗下家人的逃亡而制定的，"正身旗人原不在内"，至"乾隆十八年续纂之例，则专指正身旗人言之矣"。[①]其实，他的这一说法并不完全确切。溯源可知，有关处理逃人的条例中，对外逃的"职官""官员子弟""驻防旗丁"以及"兵丁""另户"等的处置办法，早在顺治年间就已经制定了；康熙年间修纂的《大清会典》，其《督捕》卷所指的逃人就已经不仅是指逃亡的奴仆了。薛氏的另一个说法可能是对的，即所谓逃人，主要不是正身旗人，正身旗人"间有逃者，亦不过十百分之一耳"[②]。正是从这个意义上讲，清代有关督捕逃人的条例，主要是针对逃亡奴仆的。

二、逃人法的核心内容

有关逃人的法令，比较完整的有：顺治十一年法[③]、康熙十五年法[④]、乾隆八年制定以及以后陆续修订的《督捕则例》[⑤]等。历次法令的基本内容都包括如下各项：对逃人的惩治办法；对窝家及其邻居、地方等人的惩治办法；对逃人妻子儿女的处理办法；对首告逃人者的奖励办法；审理逃人的机构；申请缉逃的手续；解送、监禁和审理逃人的手续以及对各级官员缉逃功过的奖惩办法等。其中

---

① 《读例存疑》卷五三。
② 同上。
③ 参见《顺治实录》卷八六。
④ 参见康熙《大清会典》卷一〇七。
⑤ 参见光绪《大清会典事例》卷八五五。

最主要的是对逃人的惩治办法和对窝家及其邻佑、地方等人的惩治办法。

清代早期对逃人的惩治极为严厉，天命十一年努尔哈赤令"凡逃人已经离家被执者处死"。不过，该令施行时间极短，同年就改为逃人"犯四次者处死"。入关以后，于顺治九年改为逃至二次者处死；十一年再改为"逃三次者正法"，这条命令似乎没有实行。例如，靖南王家逃人石应才曾于顺治十三年三月十四日逃走，七月十四日被宣大总督拿获解部，鞭责一百，面上刺字；同年七月二十五日再次逃走，八月二十六日被本家人金天柱拿获送兵部督捕衙门，审实"逃走二次情真，应请敕下刑部正法"①。十八年改"逃人犯至三四次者"绞立决。例如康熙三年闰六月，滋阳县拿获无主逃人任虎，鞭刺入官，给正红旗人阿喇密为家人。康熙四年三月，任虎从阿喇密家逃走，被沂水县拿解，五月被鞭刺，发还阿喇密。阿喇密将其卖给正黄旗或忒杵揩为家人。康熙四年六月，任虎从忒杵揩家逃出，被郯城县拿解，十一月鞭刺；五年正月，任虎再次逃走，被范县拿解；十二月，又被鞭刺发还原主。六年三月，任虎又从忒杵揩家逃出，被南宫县拿解。前两次外逃不计外，从同一主子家中外逃三次，故被判"应绞，着监候，秋后处决"②。康熙七年复准"三次逃人监候秋后绞。逃人未至死罪者，或鞭一百，或于面颊、臂膀刺字，罪罚大体以仍能继续劳动为度，发还原主使役"。再过十八年，改为"三次逃人免交刑部正法，停其具题，即

---

① 顺治十三年十月初三日兵部督捕左侍郎吴达礼等题本，中国第一历史档案馆藏题本，隐匿类00117。
② 康熙六年五月初三日刑部尚书对哈纳题本，中国第一历史档案馆藏题本，隐匿类00001。

交户部给与宁古塔穷兵为奴"，其后于乾隆、嘉庆间或改给披甲人为奴，或改给"各省驻防为奴"。奴婢是主人的财产，将他们杀死毕竟对主人有损失，故而不到必要时（如主人惧怕奴仆的报复行动）主人是不放弃索回逃奴的权利的；逃人法令反映奴主的意愿。康熙中叶以后，将原应处死的逃奴改发穷兵为奴，对于原来的主人固然是个损失，而对政府来说，却是利用赏赐劳动力的办法安抚笼络边境穷兵。发给边境穷兵为奴的惩罚，对逃奴来说也足以构成威胁，因为那些兵士对奴仆役使之残酷是众所周知的。

特别应该注意到，所有关于处置逃人案的题本，只议奴婢外逃次数，并据以量刑。至于奴婢为何外逃，即主子对奴婢如何暴虐，根本不在考虑之列。

逃人法的另一主要部分是对窝逃者的惩处办法。

顺治元年谕，"窝逃者置之重刑"①。顺治五年题准，"凡窝家正法，妻子家产籍没给主，仍给一分与出首之人"；顺治九年谕，"窝家责四十板，同妻子一并流徙"；顺治十一年题准，"凡窝隐逃人者，本犯正法，家产房地入官"；顺治十四年题准，"窝犯免死，责四十板，面上刺满汉窝逃字样，家产人口一并给八旗穷兵〔为奴〕"；康熙六年议准，"窝犯停给旗下为奴，流徙尚阳堡"；康熙十年题准，"窝主责四十板，并妻子家产人口一并流徙尚阳堡，房地入官"；乾隆八年定，民人窝主窝留三个月以内者，"杖一百，过三个月者，杖九十徒二年半；旗人窝主三个月以外鞭一百，加枷号一个月发落"（乾隆二十八年改杖六十徒一年，先枷一个月发落）。逃人

---

① 康熙《大清会典》卷一〇七。

所住民人家并不知情，留住三个月以内也杖一百，旗人则杖六十徒一年。嘉庆四年定，"凡旗民知情留旗下逃人者，照知情藏匿罪人律各减罪人一等治罪"①。窝家的左右邻舍以及该管地面的地方、十家长等人均受牵连，受板责、杖责、罚银乃至流徙等惩罚。窝逃罪本已极重，若遇大赦且不得赦，与犯"十恶"罪者等同。

对窝逃犯的惩治规定，除上述通用条例而外，还有一系列特殊条例，规定对下列窝逃者，即官员（现任汉文武官员并休致回籍闲散官员、进士、举人、贡生、监生）、生员，营伍内、宁古塔等处驻防地方水手、炮手等役，各省驻防旗下官员及闲散人等，宗室公以上家下庄头人、官员家人、管屯拨什库、军船、运粮船主、运丁、领运千总、押运百总、屯丁头目，乃至妇人、寡妇、僧尼、道士、瞽目人以及逃人所住之处的房东、店主和雇主等的惩治办法。这些规定具体而细微，总之，试图堵住逃人的一切去路。

奴婢第一次、第二次外逃被捉回时，要受鞭打之苦；外逃所带家属（如祖父带子孙、伯叔兄带弟侄、夫带妻、子带母、兄长带弟妹等）随逃者均不罚。②而曾经收留他的窝主却连其妻子儿女全遭杀身、籍没、为奴、流徙或杖徒之祸。相比之下，对窝逃的惩治比对逃人的惩治严峻得多。满人入关后，北方战事渐息，原已沦为奴婢的所谓"东人""旧人"思念父母妻子，大批私逃回乡，以期骨肉团聚。在这种情况下，亲人自然将其收留藏匿。清廷从奴婢主人利益出发，既不愿轻易杀死逃奴，又要防止奴婢外逃，于是以严刑峻法打击敢于收留逃奴的人，甚至追究窝隐者的两邻、地方和十家

---

① 康熙《大清会典》卷一〇七。
② 参见光绪《大清会典》卷五七。

长，给以严惩，迫使人们不敢收留逃人。窝家财产一部分赏给首告人，更刺激了相互告密揭发。

许多案例反映，有关逃人法令执行相当严格，举一例可见。顺治初，有正红旗古色纳的家人王木匠及所娶史氏逃回原籍山东平度州邢邵庄。其子王大成见亲父归来，将王木匠和史氏隐藏在家居住。邻庄人张立春得知，赴官衙首报。兵部行文州官拿解。此案处理结果：王木匠和史氏"背主私逃，各鞭一百，给主"；其子王大成被定为窝主，拟斩，"着即处斩"；与王大成同住的弟王二成及其母（王木匠原配之妻）施氏等二人"给主为奴"，"家资照例籍没分给"；"其邻佑九家并百家长不行举首，应提流徙"。因首报人是本州人，故对该管各官免议。此案结于顺治四年二月，说明上述顺治五年题准的窝隐处置办法，在此前就已执行了。①

一般地说，对窝隐逃人的官员的惩治是严格的。顺治七年，广西巡抚郭肇基、游击戴清音、中军郑允昌、旗鼓苏明等，因坐"擅带逃人"罪皆被处死，并籍没其家。②官员们窝隐逃人，往往是用诱骗或强掠手段占有他人的奴婢，圈于自己所属范围内以供役使，其性质和前述收留亲属当然有根本的不同。顺治时平南王尚可喜、靖南王耿仲明率师征粤，曾隐匿旗下逃人达千余名之多。事发后，朝廷好像也没有什么办法，二人"各罚银四千两"③了事。如此从轻发落，或与尚、耿二人当时的势权有关，也未可知。顺治六年，耿仲明所属牛录章京魏国贤、张起凤、旗鼓刘养正、兵丁马四等隐

---

① 参见中国第一历史档案馆藏题本，刑部隐匿类00001。
② 参见《顺治实录》卷四七。
③ 同上。

匿满洲家人鞍匠四名。事发后，兵丁等六名俱正法，刘养正因"投诚有功，从宽免死，籍其家之半，魏国贤亦免死，鞭一百"①。各省驻防官兵及旗下人窝隐，是占有他人奴婢的一种手段，绝非因同情逃奴才甘冒生命危险的。

　　清廷制定逃人法的主要目的是防止奴婢逃亡。因为仆婢是清朝统治者用以在自己的农田上进行生产劳动和家庭役使的主要劳动者，为维护其自身的利益，故有此严峻的逃人法。

---

① 《顺治实录》卷四六。

第二章
清代奴婢的来源

第一节 战俘

俘虏，是清代早期奴仆的主要来源。以往的征服者在获得土地财产的同时，总是把人也占有。满洲贵族也照此办理。八旗统治者在入关以前，对东北地区及朱明王朝的战争中，都得到相当数量的俘虏，并把其分配给各级官兵作为奴仆。这些奴仆行动跟随主人。八旗统治者进关以后，这些奴仆也被带进畿辅、直隶。他们是清初八旗奴仆的主要组成部分，也有人称之为"老本人"[1]。顺治帝福临曾说"满洲家人系先朝将士血战所得"[2]，称为"血战所得人口"[3]或"苦战所获人口"[4]。清朝统治者认为，八旗官兵身经百

---

① 魏际瑞：《旗厂所买小厮不宜与逃人同例》，见《四此堂稿》卷一〇，"奏对大略"。
② 《顺治实录》卷八四。
③ 《顺治实录》卷九〇。
④ 《顺治实录》卷五五。

战,"攻战勤劳,佐成大业",他们占有这些"获自艰辛"①的战利品,是理所当然的。

以俘虏为奴,在清王朝建立以后,仍旧如是。例如,乾隆十全武功之一的西征回部之役,不但俘虏,而且包括"降回"都按照"宜散不宜聚""毋令生事"的原则,"即于陕甘两省驻防满营及绿营内酌量分赏官兵等为奴"。②

俘虏作为奴仆,与其他奴仆的不同之处在于:第一,俘虏的亲属来投同住,不为奴婢。第二,不准将俘虏父子、兄弟、夫妇拆开分别出卖,否则"卖主鞭责"③。不过,其所以做此规定,恐怕正说明以俘虏家属为奴婢及将俘虏并家属分别出卖的情况相当普遍。第三,顺治九年规定,阵获俘虏为奴者,准许亲人将其赎回。④

俘虏成为什么人的奴仆呢?原则上是谁获谁得;但有时也有变动。"或有因父战殁而以所俘赏其子者;或有因兄战殁而以所俘赏其弟者。"⑤除去这类亲属间的继承之外,奴婢和其他牲畜财帛一样,是皇帝行赏的赐品,例如顺治八年英王阿济格犯罪免死"复加恩赏",赐给僮仆以外,另给役使妇女三百名。傅勒赫、劳亲(英王之子)犯罪,除给予什物外,各给满洲、蒙古男妇各二十口,旧汉人二十口,厮属给二十口以下,婢妾二十以下全给。⑥年羹尧被斩,雍正帝将其所有原属内务府所隶之奴婢二百二十五口赐给议政大臣蔡

---

① 《顺治实录》卷一〇二。
② 《乾隆实录》卷五九九。
③ 光绪《大清会典事例》卷一一一六。
④ 同上。
⑤ 《顺治实录》卷四三。
⑥ 参见《顺治实录》卷五五。

斑。①以上列举赏赐数目都相当之大。文献中赏赐奴婢的记载时有所见，有时只是奴婢在不同的主人手中的转移，是奴婢的再分配。

被镇压的反叛分子发配为奴后，也和奴仆地位一样，甚至更坏。例如，清初吴三桂"户下逃丁及伪官子孙"被发往盛京兵部充当站丁。以后，其子孙沿袭为贱。直至光绪五年，奉天府府丞王家璧建议，"除去始编站丁本身及其子孙外，再扣足三代所生子孙，旗档有名入旗籍考试，无名入民籍考试"，未获批准。批驳的理由是"该站丁等系吴逆伪党，本在十世不宥之列"。这些反叛者的子孙在有清一代都未能取得考试权。清统治者对反叛惩治之严如是。

第二节　被官兵掠卖的良民

律禁"略卖人"，而掠卖恰是征服者发战争财的重要手段。在战争中不仅战败者为奴仆，战斗进行地区的百姓也随之遭殃。入关之前，满族贵族"俘掠辽沈之民悉为满臣奴隶"②，入关以后，清军南下征伐，沿途掳掠子女。例如兵屠昆山之时，民人"多被杀戮，妇女被掠者以千计，载至郡中鬻之，价不过三两"③。用兵地方，诸王将军大臣于攻城克敌之时，"志在肥己"，"多掠占小民子女"，许多良民子女被官兵诬为"通贼"，遭遇也属相同④。有清一代历次征讨、镇压的军事行动中，八旗铁骑以及绿营兵勇所过之处，民人子女无不受难。乾隆四十九年甘肃新教田五起事，他

---

① 参见萧奭：《永宪录》卷三。
② 昭梿：《啸亭杂录》卷二，"汉军初制"。
③ 叶绍袁：《启祯纪闻录》卷五。
④ 参见王先谦：《东华录》"康熙"二四。

的部下张文庆、马四娃等失败被杀后，回族子女4000余人中，被赏给八旗官兵者近2000人。其余2000余人及州县搜出之回族子女500余口，共计2600余人，送到江宁、浙江、福建、广东等处给驻防清军官兵为奴。① 又如吴大澂曾这样描写清兵在镇压太平天国时的行径：同治元年"江苏大兵收复嘉定、青浦，所得米石财物无算，悉为夷人兵勇所取。而流离之妇稚卒不得食，以致［清军］无赖兵勇见其无所依归，掳而卖之。有良民妇女而买入娼家者，有大家子弟而买为奴仆者。无蹂躏之苦而有掳辱之惨"②。可以肯定地讲，在镇压太平天国过程中，清军这种行为绝非仅在江苏一省，青、嘉二县。吴氏称掳卖妇女的兵勇为"无赖"，可当时兵勇孰不"无赖"？实则他们正是继承了八旗铁蹄的传统。不同的是，清初，他们的先辈把民人子女作为战利品掠来，主要用之为自己进行生产和服役，处在用奴仆壮丁进行生产已不甚时兴的清代后期的"无赖"兵勇，则将掠获的对象主要出卖给有钱人家服役，或卖给烟花龟鸨，逼为娼妓。不论怎样，入侵和镇压的战争跟饥馑灾荒一样，把一批又一批的凡人百姓抛向奴婢贱民的境地。而这种公开的、大规模的掠卖，从未听说受到禁"略卖人"律的制裁。

不过，这种掠卖毕竟不是朝廷便于公开认可的，因此在制度上没为这些奴婢规定特殊的身份。

---

① 参见《乾隆实录》卷一二一一。
② 《应诏直言疏》，见《道咸同光奏议》卷一。引文中"买"应作"卖"。

第三节 被领取的孤儿

领取孤儿是官府批准的压凡人为奴婢的一种特殊的方式。如道光十八年，江苏扬州府并江都等县呈请，官设的恤孤局，"万一年荒人众，为幼孩作苟全性命之计，择有良善殷实之家领为仆人，从权办理"①。时任署理江苏布政使的裕谦公然同意这种变良为贱的办法。因他认为，领取孤儿充当奴婢，"虽良贱不同，而孱弱幼稚因之得活，较之冻馁毙命已分天壤"。他进而辩护说，"此等幼孩果出于书香仕宦之家，即使父母早亡，亦必有亲族可依，何至沦落至此？是其身家流品亦可想见"。在他看来，书香仕宦之家，即缙绅、绅衿等级的子弟是不可能沦落到恤孤局里去的，凡到恤孤局的子女都是不齿于良民的，把他们发为奴婢，并不降低其身份。根据这个推论，裕谦赞赏扬州府提出的办法"深为合宜"。

从恤孤局领取孤儿作为奴婢，当然需要缴纳一定的费用，所以说，就其实质而言，这乃是一种合法的、官办的贩良为贱的人口生意。这种将失去保护人的未成年男女变为贱民的行为，由于打着救灾的招牌，遮以慈善的纱巾，人们易于忽略其"略"与"压"的实质。

在法律上禁止压良为贱，这是清朝统治者维持封建等级秩序所必要的；公开允许八旗官兵通过俘虏或默许他们通过掠卖等方式变百姓为奴婢，或者设局收孤任人领作奴婢，同样是为维护封建统治所必需的。政策与实践所表现出来的矛盾中包含着内在的实质的统一性。

---

① 裕谦：《勉益斋续存稿》卷一三。

第四节　被遣发的罪犯

罪罚为奴和重犯妻妾子女缘坐籍没为奴，在中国有着很长的历史。《周礼·秋官》记载："其奴，男子入于罪隶，女子入于舂槁。"汉时，籍没妻女为官婢，在各衙门充役。唐代有以妻女籍没入宫，称"填宫"。明代则缘坐给功臣之家为奴，所以有非功臣之家无奴婢的说法。

清代法律，除完全继承明律中关于给功臣之家为奴的条文之外，在正式刑制所定的徒、流、迁徙之上，绞、斩二死之下，有所谓"发遣为奴"的罪罚，陆续制定了若干条例，增加了许多将罪犯本人发给官兵为奴的规定，从而使得没为奴婢成了五刑之外的一种惩治罪犯的办法。乾隆初年，"各项发遣为奴之民人，律例载有三十余条"①。到同治年间，粗略统计，增至一百零三条之多。其中分为"给付功臣之家为奴""发黑龙江给披甲人为奴""发新疆给官兵为奴""发伊犁、乌鲁木齐给官兵为奴""发回城为奴"，以及"发各省驻防给官兵为奴"等。这样，犯罪发遣及缘坐之奴（本书简称之为"遣奴"）就成为清代奴婢队伍的一个组成部分。

给付功臣之家为奴，见诸正律者两条：谋反大逆与谋叛等两种罪行的缘坐家属。前者包括正犯的母女、妻妾、姊妹、媳等女性家属，以及15岁以下的兄弟、子孙及同居的男性家属；后者包括正犯及共谋者的妻妾、子女。清律的这一条是继承明律而来。所谓

---

① 《乾隆实录》卷四七。

"反",是"谋危社稷",所谓逆,乃"不利于君",都是直接危及皇帝统治地位的。所以律条以罪及妻孥的株连峻法"欲使人望而知惧,交相戒畏",不敢轻易做推翻朝廷的尝试。这种惩罚的对象均为被株连缘坐者,而非犯罪者本人,因此可以说,凡判给功臣之家的奴婢都是无罪的妇孺,他们由良民一堕而为贱民。朝廷要求功臣子孙对他们"严紧管束",赴外任出京时需将他们一道带走。①

判"发黑龙江给披甲人为奴"(或称"给穷披甲为奴")的,大多是有关强奸、轮奸,特别是其中酿成命案的罪犯。②"发黑龙江给披甲人为奴"的都是案件中按例应判的主犯,没有缘坐株连之人。他们配至黑龙江,大部分留在齐齐哈尔。③这种犯人到达后,作为赏品分给八旗兵丁中的"贫者、勤者、有劳绩者"为奴。指配的决定权在将军,所以实在受益者当然是那些得到长官赏识的所谓"受知深者"的亲信兵丁。④按照规定是不分给官员的,但"边地官员受田耕种,全赖奴仆力作",需要奴仆壮丁,所以朝廷同意黑龙江将军富僧阿等的建议,于乾隆三十三年规定,以后将发遣为奴人犯"二十分中以一分赏给出力官员"。⑤从此,原来发黑龙江"给披甲人为奴",实际上改为给官兵为奴了。

乾隆二十四年,天山南北两路尽入版图。自此之后,乌鲁木齐、伊犁及巴里坤各回城就成为新的发遣罪犯为奴的地方。判处

---

① 参见咸丰《户部则例》卷一。
② 参见《大清律例》卷一〇,《户律》,"婚姻";卷二五,《刑律》,"贼盗";卷二六,《刑律》,"人命";卷二七,《刑律》,"斗殴上";卷三三,《刑律》,"犯奸";等有关条例。
③ 参见西清:《黑龙江外纪》。
④ 同上。
⑤ 《乾隆实录》卷八〇四。

"发往新疆给官兵为奴""发往伊犁给驻防官兵为奴"和"发往乌鲁木齐给驻防官兵为奴"的罪行主要包括忤逆、强盗、窝盗、抢劫、迷拐、勒赎、发冢、谋杀、械斗、越狱、盐枭以及窃仓、私铸等有关案件中的不同首、从、被胁同行各犯。"犯造谶言惑人不及众者"①原律流三千里,后定例改为"发回城给大小伯克,及力能管束之回子为奴"②。

发新疆各地驻军为奴的罪罚,一般只及罪犯本身。非本人犯罪,因株连而缘坐新疆为奴者,处罚最严厉的是逆案:本人已被处死之后,"其子孙讯明实系不知谋逆情事者,无论已未成丁",均"发往新疆等处给官兵为奴";更有甚者,这些"实系不知谋逆情事"的无辜分子,在发遣以前还要"解交内务府阉割",内务府大臣派人和刑部官员一再"查验明确,再交兵部发往新疆给官兵为奴"。③这是发给官兵为奴例中最重的一条刑罚,也是清代死刑以下最重的一种刑罚。这些从未犯罪的"罪犯"所受的苦楚比其他遣奴显然更为凄惨。这就是大清皇帝为稳踞龙座而设的酷刑峻法。

此外还有一种是"发各省驻防给官兵为奴"。清代条例中,关于偷刨人参、犯奸、杀一家三人、威逼人致死、谋杀、私铸等罪行中,均有发各省驻防给官兵为奴的处刑。④有关人犯,"由兵部核计该犯原籍及犯事地方道里,俱在四千里以外均匀酌发",分别送到直隶、江宁、山西、山东、河南、甘肃、西安、宁夏、凉州、荆

---

① "不及众"是"惑者未多"的意思。
② 《大清律例》卷二三。
③ 同上;参见《读例存疑》卷二五。
④ 参见《大清律例》卷五、二三、二四、二五、二六、三二、三三等。

州、杭州、成都、福建、广东等处给满洲驻防兵丁为奴。①

遣奴虽是清代奴婢队伍的组成部分，得到遣奴的主人对他们有任意役使之权，"兵丁有藉以使用颇为得力者"；但是，罪犯的身份决定了他们毕竟和其他奴婢不同，有其特殊之处，表现在如下五点：

第一，遣奴只被配给东北、西北及各省驻防官兵，不是任何旗人均可获得的，更不是民人可以占有的。

第二，主人对遣奴不是完全的占有。由于遣奴是朝廷指定发配在一定地点服刑的犯人，因此，领取该犯的主人没有权力将他们出卖。康熙三年题准定例，对偷卖偷赎拨给山海关外叛逆及其他军流人犯妻子家仆者，给予处分。②乾隆五年定、嘉庆六年修订例规定，有所放宽，即"不准典卖与别境旗人"，可以报官，"酌量其典卖与本处旗人为奴"，"如卖与民人，并别境旗人为奴者杖一百，追价入官"。③除功臣子孙外，主人因换防等原因离开当地时，不能将所得遣奴带走。如伊犁、乌鲁木齐等处领取遣犯的兵丁"系永远驻屯者，发给人犯即永远为奴"；非永远驻屯者，"到换班时交代与接班兵丁为奴"，"无接班主人"，"亦令该管官将该犯等另行拨给附近种地兵丁随同力作"。④又定，"凡行凶与披甲人为奴之犯，伊主或给亲戚，或亲携来京，或差做买卖来京，永远禁止"⑤，在使用上受到限制。

第三，罪犯遣奴者，是因为本人犯罪所判的刑罚，因此，其身份

---

① 参见《大清律例》卷五。
② 参见《古今图书集成》经济汇编，《食货典》卷一七，"户口部"。
③ 光绪《大清会典事例》卷七五二。
④ 《大清律例》卷五。
⑤ 《大清律例》卷三五。

一般不及妻孥。某些发遣为奴的罪行被规定要签发妻室子女为奴,例如强盗免死减等者。①但大多数罪行并不如此。"发到黑龙江给予旗人为奴人犯所有随带妻子,部文内只称将本犯赏给兵丁为奴,并无'一并为奴'字样,是以未将伊等妻子办理为奴,俱听另居度日。"②各遣奴之妻的身份并不相同,这要看她是否随夫留在主家。乾隆四十年规定:"凡发遣黑龙江等处为奴人犯有自行携带之妻子,跟随本犯在主家倚食服役,被主责打身死者,照殴死雇工人例拟杖一百徒三年。其妻子自行谋生,不随主犯在主家倚食者,仍以凡论。"③

至于遣奴随带的子孙,如欲返回原籍,或者居住原籍的子孙前来探视,官府皆予批准,"本犯之主不得挟势羁留。倘有刁留计陷不得归者,将本主照存养良家男女为奴婢律治罪;该管官一并交部议处"④。遣奴在配所生的女儿,"准其各就该处择配"⑤。

第四,遣奴不能赎身、开户。清朝条例规定,一般发遣人犯,给以三年或五年期限,"限内无过,准入该处民籍"⑥。但没有为遣奴规定服刑年限,他们也不能像其他奴婢那样可以赎身。遣奴中"实犯大逆,子孙缘坐发遣为奴者,虽系职官及举贡生监,应与强盗免死减等发遣为奴人犯,俱不准出户"⑦;有私自赎去的,主人要受到处罚。⑧康熙年间定例,叛逆案发遣为奴人犯,"永不许赎

---

① 参见《乾隆实录》卷四七。
② 《黑龙江外纪》。
③ 光绪《大清会典事例》卷八一〇。
④ 《乾隆实录》卷一六二;《大清律例》卷四。
⑤ 光绪《大清会典事例》卷八一〇。
⑥ 道光《户部则例》卷四。
⑦ 《大清律例》卷四。
⑧ 参见《大清律例》卷八。

身"。到嘉庆十七年又将此句删去。薛允升认为,从此"为奴遣犯并无不准赎身之例文矣"①。但是从判例看,薛氏的理解可能有问题。嘉庆十八年,也就是删除了这条规定的第二年,黑龙江披甲人法依巴尔接受财物后,准许给他为奴的犯人史国润赎身。后来史国润被拿获,他的原主人法依巴尔被处以枷号两月鞭一百的刑罚,史国润被处以枷号一年杖一百的重刑,并"仍交法依巴尔领回,折磨使用"。嘉庆皇帝如此处理的理由是,"此项发遣为奴之人,原系免死减等重犯。所以给兵丁为奴者,特令充当折罪差使,向例不准赎身。如任令赎身,听其到处游荡,反得侥幸,竟成无罪之人,尚复成何事体"②。可见,发遣为奴人犯是不准赎身的。

犯有一般罪行的遣奴摆脱奴仆境地的机会有三:一是遇赦;二是伊犁、乌鲁木齐遣奴"在配安分已逾十年",可在当地"永远种地"但"不准为民";三是"呈请愿入铅、铁等厂效力捐资",做十五至十七年苦工后,"准为民,不准回籍"。③后定,"报部核复,再加十二年,如果始终效力奋勉,准其回籍"④。此外,只有逃走一途。黑龙江遣犯逃走,官兵分三路追捕,"追者尝多,获者尝少。例无赏罚,官兵不力故也"⑤。

第五,遣奴的罪犯身份决定了他们的主人对待他们比对其他奴婢更为酷虐。虽然主人对遣犯不是完全占有,但极为普遍的情况是,

---

① 《读例存疑》卷二、九等。
② 光绪《大清会典事例》卷七五二。
③ 咸丰《户部则例》卷九四。
④ 《大清律例》卷五。
⑤ 西清:《黑龙江外纪》。

"惟知役使鞭挞","暴虐役使","并不给予衣食"。①因此,这种主奴关系向来十分紧张,遣奴杀死主家及其家属的案件常见诸刑牍。雍正帝曾谕:"凡属免死发遣为奴之犯,皆系秉性凶恶之徒,遣犯之后往往恣意妄行,不服管束。此等人已犯死罪,格外宽免。嗣后若仍有凶暴者,不论有应死不应死之罪,伊主便置之于死,将伊主不必治罪。"②乾隆间也"屡经降旨,以此等遣犯内,如有凶顽不听使命者,伊家主不妨即时杖毙"③,实际上是对遣奴格杀勿论。

从以上分析可以看出,清代的遣奴和前代的官奴婢有所不同,他们在清代的奴婢队伍中处于一种特殊的地位。他们既为奴仆,又是罪犯,其社会地位更低下,所受虐待也更残酷。

第五节 投充人

一、圈地与投充

所谓投充人,清人解释为"民人自择旗而往投者"④。实际上,农民和手工业者投充旗下,绝大多数是被迫而行。满洲贵族入关后,在直隶京畿附近州县大量圈占土地,广大农民"无衣无食,饥寒切身者甚众",无以资生,除孚毙者外,其中部分只得往投旗下充当奴仆壮丁;也有相当数量的土地所有者,包括自耕农和地主,或受威胁,或因畏惧,或为隐蔽赋税差徭,或因犯罪为逃避惩

---

① 《乾隆实录》卷一三六一。
② 中国第一历史档案馆藏:《汉文起居注册》。
③ 《乾隆实录》卷一三六一。
④ 姚文燮:《雄乘·纪投充》,见《雄县新志》第3册,第2页。

治，而投充王府、宗室和八旗官员。这些人统称"投充人"，但其投充原因各不相同，投充后服役内容也不一样。

清朝定都北京后，皇帝下令圈地，将京畿周围数十县的土地房舍圈占，由皇帝以下直至八旗官兵按等分配，设立皇庄、官庄、旗庄进行生产，成为旗地。圈地过程中，被圈地亩原来的主人，有的被迫投充旗下，有的被逼远离故土，另徙他乡。农民一向安土重迁，许多土地所有者在情急之下，宁将自己带地投充，以求留居故土，或耕原地，或充庄头、壮丁，用以身沦为奴仆的代价换取保护。有的则将自己的土地附在他人名下投献，缴纳一定租赋以代替无法负担的沉重差徭，这称为"带投"。由于有利可图，有的人就竭力兜揽更多的他人土地以自己的名义投充，以期在主子面前获得优越地位，并从中得利。故当时有"一人投身数姓地"①之说。

官庄、旗庄的管家、庄头倚仗主人权势，逼迫当地土地所有者及工匠投充为奴的事相当普遍，民间怨愤。对此，最高统治者曾欲加控制。顺治二年规定，"京城内外满洲人等，凡恐吓民人逼胁投充为奴者，许令本人赴部告理，或赴五城御史及顺天府衙门控诉，转送尔部，治以迫胁之罪。距京城三百里内外庄头人等，有逼勒投充为奴，及将工匠逼胁为奴者，道府州县官审明，即将受逼之人释放。如有庄头及奴仆人等持强不从者，该道即行拿解尔部，审明定罪。如有重罪，可转申抚按题参，请旨定夺"②。但是投充一事仍是容许存在的。八旗统治者堂皇的理由是以此解决贫民的生计："前许民人投旗，原非逼勒为奴。念其困苦饥寒，多致失所，至有盗窃为

---

① 姚文燮：《投人谣》，见《雄县新志》第10册，第36页。
② 《顺治实录》卷一五。

乱，故听其投充资生"①，并要求本主禀明户部，"果系不能资生，即准投充，其各谋生理力能自给者，不准"②。但是，八旗贵族收纳投充时所选择的对象，或者本人年轻力壮，技有所长，或者拥有土地，带地来投；那些真正"不能资生"者，却是他们所不肯收留的。所以，圈地与投充乃是八旗贵族对土地和劳动力的大掠夺。

二、投充、投靠与投献

清人一般都认为，"从古无投充之名"③。如顺治九年刑部尚书刘余祐说，投充始于"墨勒根王许各旗收贫民为役使之用"④。御史杨世学也认为投充一事"历稽史册，自尧舜数千年来固所未有，即我太祖太宗亦无此法。其原盖始于墨勒根王。既自分皇上之土地人民，亦欲以土地人民收悦诸臣之心，故滥开此端"⑤。但是，贫民空身或带地投身勋贵、缙绅或富豪之家以谋衣食，借避差徭，并非始于清代。

投身勋贵、缙绅或凡人富豪之家为奴，明代称为"投靠"；带投他人土地则称"投献"。本书不拟追溯过早，至少在天顺、成化年间就有惩治投靠、投献的条例；至弘治年间则一再重申。明中叶又定例，"受投献田土之人，与投献人一体永远充军。事干勋戚，追究管庄佃仆。永定为例"⑥。此后，嘉靖二十四年、四十三年、隆

---

① 《顺治实录》卷一五。
② 同上。
③ 姚文燮：《雄乘·纪投充》，见《雄县新志》第3册，第2页。
④ 《皇清奏议》卷五。
⑤ 《明清史料·丙编》第4本。
⑥ 万历《大明会典》卷一七，"户部"。

庆二年一再禁止,而效果并不显著。万历间松江著名官僚董其昌家,"游船百艘,投靠居其大半"①。明代诸如《金瓶梅词话》《儒林外史》《醒世恒言》等小说中,均有关于投靠为仆的描绘。《醒世姻缘传》中的主角之一晁大舍,刚刚当上南直隶华亭县知县,立即"有等下户人家央亲傍眷,求荐书,求面托,要托作家人。有那中户人家,情愿将自己的地土、自己的房屋献与晁大舍,充作管家"。晁大舍对那"来投充的也不论好人歹人,来的就收。不十日内,家人有了数十名"②。到了明代末期,投靠、投献之风愈炽。孙之騄说,"明季缙绅多收投靠而世隶之",以至上海"邑无王民矣"。③

尽管明季投靠之风盛行,但这种事一直是非法的,从未得到朝廷公开认可;因此投靠者为奴的身份,并不是经官认许的。法定投充者为奴仆,并以此为扩大土地、广招奴仆的手段,是从清代开始的。所以说,投靠并非始自清代,也非多尔衮首创,只是此举获得统治者承认,始自清代。

与八旗贵族招收投充的同时,清代也有汉人缙绅豪富招收投靠、投献的。虽然有敕禁止④,未能禁而制止,以后也予以承认了,雍正定例中就反映出这种情况。⑤

三、投充人的法律地位

清初,投充宗室王公手续甚为简单,只需主人向户部禀明就

---

① 《民抄董宦事实》,《又满楼丛书》本,第35页。
② 《醒世姻缘传》第一回。
③ 孙之騄:《二申野录》卷八。
④ 参见《顺治实录》卷一七。
⑤ 参见光绪《大清会典事例》卷一五八。

算完成了。先已投身的人，其家属也可随之办理。后来规定的手续较繁，需要由八旗佐领行文户部及州县衙门，将该人从地方户口中撤销，除丁粮之籍。所以，带地投充户被认为"既免完粮，又得种地"[①]。

不论由于什么原因，通过什么形式，一旦投充旗下，则该人姓名附于主人户下，编入旗档，成为旗人的组成部分。从此，他再也不受地方管辖，人不应徭，地不纳粮，被告讦时也不受地方官签提。接受投充者的社会身份对投充人的身份影响很大。投充到内务府的，属皇室所有，他们的身份不同于奴仆。单身投至内务府的，每人给地一"绳"（即四十二亩）耕种，按时缴纳规定的银额。这种人称为"绳地人"。本有产业、全家带地投充投至内务府者，其所有土地房屋全归内务府，但由投充者本人就地立庄，负责经营。这种人称为"纳银庄头"。也有投充人未带土地来投，认领入官地亩设庄经营，按规定缴纳赋银。这种人也称作"纳银庄头"。此外还有的投充人按其承担的劳役、贡献的内容分别称为：海户、蜜户、苇户、棉靛户、网户、渔户、参户、雀户、鸭户、鹳户（鹳翅）、雕户（雕翎）、狐户（打狐户）、鹰户（鹰手）、猎户（枪手）、打牲户、牲丁、灰丁、煤丁、木丁等，这些名目繁多的投充人，都领耕一定数量的土地，按地缴纳定额实物（或折银）。如蜜户，有地四五十亩，每六亩征蜂蜜五斤；苇户，地有六七十亩，每亩征银一分至八分，其中征芦苇六千二百五十斤，每斤抵银三厘五毫。内务府所属客户所缴实物及折银，分别由广储司、武备院、尚

[①] 乾隆《八旗通志》卷六五。

膳房收纳。投充果园每亩征银五分，岁纳干鲜果品，"按其直（值）以当丁赋，不准抵者，照杂征例解广储库"①。

投充至宗室王公以下旗人主子，投充人由凡人变为奴仆，身份发生根本性变化。"投充人即系奴仆"②，或者说，"投充者奴隶也"③，"本与户下家奴无异"④。他们没有独立的户口，不算旗人正身。一般条例中所称的投充人，主要是指这些人。这种主仆关系得到清廷法律的认可和保护；关于奴婢的法律，全部适用于投充人。

法律准许主人将投充人出卖。投充人带来的土地全归主人所有，主人出卖这些土地时，投充人必须将地交出。并不准投充人置买民间房地。投充人如若逃走，对本人、窝逃人，及其两邻、十家长、百家长都按照对付逃奴的有关定例治罪。投充人如果隐瞒自己的身份，也要受到处罚。至于应试出仕，更是不准了。

投充人的子孙世世为奴。"直隶地方旗民杂处，庄头、壮丁多系带地投充之人"，他们"数传而后，子孙繁衍，支派难稽"⑤。投充人无权聘嫁自己的女儿。雍正四年议准，投靠养育年久，"男属世仆，永远服役，其女婚配，悉由家主。仍造册呈明地方官存案"⑥。所以，一般来说，投充人的子孙是承继其父祖的奴仆地位的。

投充人和其他奴婢一样，可以按照一定的规定条件赎身、开户。但在清代以前，除特例外，一般均不得放出为民，不准潜入民

---

① 乾隆《八旗通志》卷六八。
② 光绪《大清会典事例》卷一一一六。
③ 《顺治实录》卷五八。
④ 韩隆《八旗通志》卷六五。
⑤ 孙嘉淦：《孙文定公奏疏》卷四。
⑥ 光绪《大清会典事例》卷一五八。

籍。这一规定,乾隆三年、四年、五年、二十四年曾再三重申。至于为什么做出这样的规定,从已见的有关资料中没能得到确切的解释,这些资料只说是由于年代久远,籍贯无从稽考的缘故。

从道光八年开始,当主人情愿时,经过相当繁复的规定手续,投充人方得放出为民。虽然因手续复杂,投充人仍旧不易得到放出的机会,不过从制度上讲,总算容许投充人出旗,这一点是跟以前大不相同的。

附表一 清代关于投充人放出问题条例一览

定例年代	条 例
雍正三年[1]	投充之人私自为民,后经发觉,将同族之人攀为同祖,或本主因家奴之同族稍有产业,诬告为投充之子孙者,审明,将诬攀、诬告之人从重治罪。
乾隆三年[2]	带地投充之人等,虽有籍贯,年远难以稽查,均准开户,不得放出为民。
乾隆四年[3]	带地投充之人,原系旗人转相售卖,虽有籍贯,无从稽考,均应开户,不准为民。此内有实系民人,印契内尚有籍贯可稽者,照乾隆元年以前白契所买家人例,效力过三代后,准其为民。
乾隆五年[4]	带地投充者,亦历年久远,虽有籍贯,难以稽查……应仍遵照定例,止准开入旗档,不得放出为民。
乾隆二十四年[5]	带地投充之人将子孙改姓,潜入民籍者,照例治罪,仍断还原主。若有钻营势力,欺压孤幼赎身为民者,倍追身价,给还原主,将人口赏给外省驻防兵丁为奴。
道光八年[6]	八旗王公所属庄头及投充家奴人等,如因人口众多,情愿放出为民者,呈报宗人府查明,饬令该管佐领出具切实图结,该参领加具关防,并饬令族长、学长查明本族宗室人等并无争论,画押甘结,造册连结咨部,转饬各该州县给予执照,收入民籍。概不准私放出户。

资料来源：[1]《光绪会典事例》卷一五六，《户部》，"户口·投充人口"，第4页。雍正十二年，乾隆三十二年、五十三年修例时均保留，见《光绪会典事例》卷七五二，《刑部》，"户律·户役"，第2页；《读例存疑》卷九，"户律·户役·人户以籍为定"，第9页。

[2]《光绪会典事例》卷一一一三，"八旗都统·户口"，第4页。

[3] 同上。参阅《清通考》卷二〇，"户口二"，第5037页。

[4]《光绪会典事例》卷七五二，《刑部》，"户律·户役"，第3页。

[5]《大清律例统纂集成》卷八，"户律·户役·人户以籍为定"。

[6]《光绪会典事例》卷九，"宗人府·职制"，第7页。

四、顺治年间关于投充的辩论

八旗贵族入关以后，以征服者的姿态为所欲为，地方长官无权管治。有的汉族地主土豪、地痞流氓一类，则利用民族之间的不平等关系，把投充作为一种获利的机会。他们投充以后，虽然在满族主子面前是奴才，但在汉人乡里中却是另一副嘴脸。他们"介在旗民之间"，借着主子的威势，横行无忌。曾有地方官因为责惩了投充人，自己反而"因责惩旗人"被上司问罪。这样一来，"投充人益加横肆"①。所以有的投充人虽然身为奴仆，却是"人免丁徭地免税"②，"鲜衣怒马，称雄乡曲"③，放债构讼，鱼肉小民，"夺人之田，攘人之稼"④。甚至出现投充人与民人抗争田地，"被其攘夺者愤不甘心，亦投旗下，争讼无已"⑤的怪现象。当时人称，投充人和皇庄旗地的庄头一起"鱼肉骚扰，乡村小民不得安一日饮食之

---

① 光绪《大清会典事例》卷一五六。
② 姚文燮：《投人谣》，见《雄县新志》第10册，第36页。
③ 姚文燮：《雄乘·纪投充》，见《雄县新志》第3册，第2页。
④ 《国朝先正事略》卷九。
⑤ 《顺治实录》卷二五。

乐"①。汉官对此毫无办法。至于主子利用他们经商漏税、贩卖私盐，则触及了最高统治者的利益。总之，投充人为害，已成为当时一个相当严重的社会问题。

清廷于顺治三年虽曾宣布，"自次年为始，汉人投充旗下永行禁止"②，但实际上投充一事在顺治朝未尝制止。《雄县新志》关于投充地亩的统计说，"自顺治二年至十五年，节次投充各旗之田可秀等，市去本身、族人、外姓、并奉部断给房本高等地共六百一十八顷三十九亩一分七厘六毫一丝"③。这一资料证明，直至顺治十五年，雄县收留投充的活动仍在继续。

投充人中的狡横分子，借主子的权势，在乡里为非作歹，敲诈勒索，乡民反映十分强烈，皇帝也不得不进行干预，以缓和矛盾。顺治八年初颁谕，"投充人有生事扰民者，本主及该佐领如知情，皆连坐。前此，有司因责惩旗人曾经问罪，以致投充人益加横肆。嗣后地方官遇投充人有犯，与属民一例究治"④。宁夏巡抚李鉴赞颂说，这道谕旨使得"尊卑有分，残创有生"⑤，好像从此以后投充人为害便可制止了。其实全然不是。就在这道谕旨颁行前后，顺治八年闰二月兵科给事中王廷栋题称，"夫投充者，非大奸巨恶，即无赖棍徒，始冒人地投充，既倚投充而肆虐，诚有如圣谕，凌侮官员、欺害小民、任意横行者"。武清县陈其智、王加才等将屯地五百七十余顷投充正白旗下东山牛录，私行隐占三百余顷，并强霸接壤民地

---

① 《明清史料·丙编》第4本，第308页。
② 光绪《大清会典事例》卷一一一六。
③ 《雄县新志》第2册，第2页。
④ 光绪《大清会典事例》卷一五六。
⑤ 《明清史料·丙编》第4本，第308页。

一百余顷，该事被乡民赵仲义等揭告。①这个案件并非一例孤证。顺治九年，京师周围各县"小民与投充者纷纷评告，讼牒日盈于司徒之庭"②，官司往往打到皇帝那里去。顺治九年五月，福建道御史娄应奎上疏称，因投充"而奸猾蜂起，将合族之田皆开除正项，躲避差徭。是无益于国也。又有将他姓地土认为己业带投旗下者。一人投充而一家皆冒为旗下，府县无册可查，真假莫辨。是投充之有害于民也"③。王廷栋先上奏建议勒令清查投充人隐占土地归还原主，娄应奎后上奏建议将投充清档发当地地方官。他们两人的意见都没有涉及投充制度本身。十一月，发生清苑县王仪将路斯行等三百余人的房屋、地亩"占夺投充"一案，皇帝在处理路斯行等京控时，并没有按照八年谕旨对王仪及有关佐领进行任何处理。

就在这样的背景下，刑部尚书刘余祐、云南道试监察御史杨世学和户部左侍郎王永吉等三人先后上疏，对投充制度展开全面攻击。

刘余祐说，投充原为收投贫民作役使之用，"嗣后有身家、有土地者一概投充，遂有积奸无赖，或恐圈地而宁以地投，或本无地而暗以他人之地投。甚且带投之地有限，而持强霸占之弊百端出矣。借旗为恶，横行害人"，"以致御状、鼓状、通状纷争不已，狱讼繁兴"。投充成为旗人后，"一旗之人并不敢问所行之何事，而地方有司明知民冤，亦并不敢伸朝廷之一法。是投充旗下即为法度不能加之人矣"。而且投充"一人则朝廷少一徭役，带一地土则朝廷

---

① 参见中国第一历史档案馆藏题本，兵科敷陈类00010号。
② 《明清史料·丙编》第4本，第320页。
③ 《顺治实录》卷六五。

少一赋税"。因此,他建议"通查投充之人,总发于各州县","投充人带投地土一概清还版籍","各还原主领种,纳粮当差"。①

刘氏发难后,同年十二月初六日杨世学又题本"请尽革投充之弊"。这位监察御史认为,投充实质乃是对王公大臣"分土分民。是多一投充之人,皇上即少一百姓;多一投充之地,皇上即少一田土",他同意娄应奎的意见,"有将未投田地开入已投名下,及强带他人,开除钱粮,躲避差徭,是旗下仅得一投充人,皇上便失却数家百姓"。他也指出投充人利用有司不敢管理而荼毒百姓的现象。因此他建议"将已投充人或原无田而今有田者,与原有田来投者,乞命一一带去,使其仍归本籍,各事耕凿。将所退投充人之田地内共计有应纳钱粮若干,俱入正编州县,解入户部"。对于王公大臣则给予补偿:由户部"照依品级,于常俸外量行赐给"②。

七天后,王永吉上书陈投充五弊:一为"投充翼虎噬人",以致告讦纷争";二为"恶棍坐享丰腴,良民反遭冻馁","失畿辅百姓之心";三为"旗下多一投充,则皇上少一土地人民,减户口而亏赋税";四为诸王大臣"滥收投充,有并尊耦国之嫌";五为投充人"纵横乱法,督抚不敢问,有司不敢诘,废国家之成宪"。③他建议"敕禁王大臣滥收人投旗,以息诸弊"④。

连续三疏要求取消投充,事关重大,顺治帝命户都会同内三院九卿科道讨论办法。会议中,满汉臣僚发生争执。满臣认为,"投充缘由,原使穷民投充满洲,赖有衣食活命;又满洲得人驱使。彼

---

① 《请革投充疏》,见《皇清奏议》卷五。
② 《明清史料·丙编》第4本,第331页。
③ 《顺治实录》卷七〇。
④ 《清史稿》卷二三八。

时听百姓情愿,有地无地俱行投充,今有依靠投充人过活者,有因投充而卖旧人者,有因旧人逃亡将投充人随带出征者,亦有满洲旧家妇人配与投充人,亦有生子女者。若将投充人发出,满兵难照汉兵给养。若以留此投充为不便,则退出投充尤有不便之处。且系年来久定之事,难以复行退出"。他们完全拒绝刘、杨、王三疏的意见。

在满族王公反对之下,汉官只得承认失败:"满臣所议,情实可念,免其退还,恩出皇上",仅提出"严查投役之人有冒带他人地土,及顺治四年禁止投充以后收入旗下者,查出退还可也"。会议结果,题请皇帝决定。该本满文批红:"著按满官议。"于是一场争论就此结束,即使连汉官最后提出的那一点儿建议,也统统未在考虑之列。一切仍然照旧。

刘余祐、杨世学和王永吉三位反对投充,所打的招牌是有损朝廷财赋,其矛头所指实际上乃是八旗王公贵族和官僚;他们主要代表汉族地主(同时也包括农民)的利益。但投充一事,八旗既得增添奴婢壮丁供给役使,又得扩大土地赖以增加收入,利薮所在,当然不愿轻易放弃。其实,皇帝本人就是最大的受益者。所以,刘、杨、王三人在这场斗争中失败,乃是从一开始就已注定的。

辩论过后,有的投充人行为照旧。如顺治十二年正月都察院左都御史屠赖奏言中就反映:"近闻八旗投充之人自带本身田产外,又任意私添,或指邻近之地据为己业,或连他人之产隐蔽差徭。被占之民既难控制,国课亦为亏减。"[1]事实上投充人危害百姓的问题,

---

[1] 《顺治实录》卷八八。

清前期一直没有解决。康熙八年修订顺治八年令，"投充人生事害民者，本主及该管佐领连坐，本犯正法，妻孥家产入官。罪不至死者，本犯及妻孥入官。嗣后地方有司遇投充人犯罪，与属民一例责治"①。"本主及该管领连坐"后，原有"如知情"三字，修订时删去了。这意味着不论本主佐领知情与否均连坐。对本犯的处理，不论所犯之罪是否够判死刑，妻孥都要入官。这比顺治八年时的条例规定要严格得多了。可见，此时的投充人危害之剧，较诸二十年前不为或减，最高统治者不得不加以控制，以略为平息汉人土地所有者的愤懑。

康熙八年六月，刑部针对投充人入旗之后多以从前旧事赴衙门告理，并代亲属打官司，倚仗旗势欺压汉人百姓的现象，题请严加禁止投充人代亲属告状及将入旗以前之事控告。这个建议，康熙皇帝当时就批准了，律例馆于十九年才纂呈，二十七年会议颁行，直至雍正三年方才奏准附律。这一定例的立法过程前后历时五十六年之久。这也说明，在那半个多世纪中，投充人扰民现象迄未减少，定例仍有现实意义。

至少到雍正初年时，不仅早年投充人的子孙仍然保留着投充人身份，而且此时还有汉人投充入旗。雍正四年，雍正帝查出他的弟弟塞思黑拥有最近收容的"入档之投充民人"和"不入档之投充民人"达三十名之多。②这时距离宣布禁止投充命令的顺治三年已经整整八十年了。

---

① 光绪《大清会典事例》卷一五六。
② 参见《上谕八旗》雍正四年。

第三章
庄头和壮丁

清军入关以前,就已在东北广大土地上实行庄园制进行农业生产。入关以后,为了维持八旗生计,统治者以强行圈占和投充的暴力手段,在华北平原上为八旗掠夺了大量土地田庐,建立了大批旗地田庄。由内务府经营的为皇庄、官庄;其他庄则属王公大臣或一般八旗户下,称王庄、旗庄。这些田庄也采用庄园制,使用壮丁进行农业劳动,选派庄头管理庄务。庄头和壮丁实际上是庄田生产中的奴仆;但同为奴仆或壮丁,他们的身份又有许多差异。本章将对庄园中的庄头和壮丁的身份地位做一介绍。

第一节 庄头的法律地位

顺治元年,皇帝下令安置旗下庄头,管理庄园。庄头负责管理庄园中的一切财产,监督壮丁劳动,并于收获后向庄园所有者缴纳规定的贡赋。

八旗王公大臣和一般户下,其庄头直接对主人负责。主人间或通过贴身马甲监督庄头。皇庄及官庄则于若干庄设一名笔帖式或一名领催负责"催征钱粮，办理事务"①。领催，满语拨什库，原为八旗佐领下士卒品类之一，也是旗兵马甲最基层的小官，他们平日应会计、书写之役，有军事活动时则服从调遣。顺治开始，庄屯均设领催。在官屯中，有的领催直接督率壮丁进行生产。

一般说来，皇庄、官庄及旗庄中与生产者发生直接联系的是庄头。

皇庄，由会计司掌管的，有畿辅三百七十三庄，盛京六十四庄，锦州二百八十四庄，热河一百三十二庄，归化城十三庄，吉林打牲乌拉五庄，驻马口外十五庄，每庄各设庄头一人。由三旗庄头处掌管的皇庄，坐落于直隶五十三州县，有二百两庄头八名，一百两庄头二名，按地征银庄头七十名，投充人二十六名，并新编庄头二百四十七名，每庄头管一庄。这些庄头均由内务府指派充当。各庄头所领地亩无定额。内务府庄头可自有土地，有的也在开垦土地以归己有。雍正七年规定，口外庄头银"给地三十九顷"②。康熙九年定，"庄头领地不准缴回，令其永远耕种"③。庄头设庄地点是由内务府决定的，可以调动。如康熙九年南苑新设四庄，就于附近庄头内选调。八旗王公所属官庄庄头，有的由内务府派出，有的是王公自行指派。一般旗下庄田管理人员则由旗民自行安置。

自康熙中叶后，旗人原得土地大量转卖给汉民，买者或佣或佃，原有旗庄的经营方式比以前有了较大的变化。乾隆二十七、

---

① 《雍正实录》卷八。
② 乾隆《大清会典则例》卷一六〇。
③ 同上。

二十八年回赎旗地达两万余顷之多。这批土地回赎后，其中除三四千顷收由内务府设庄外，其余土地仍归旗众占有，也设庄头。但考虑到"此项地亩虽系旗人地产，但贫民耕种日久，借以资生，若改归庄头，于佣佃农民未免失业"，所以仍将土地由原耕者佃耕，由庄头负责收租。这时庄头的任务与以前管理奴仆壮丁进行生产时的任务显然有所不同。

在带投土地上充当庄头的，称"投充庄头"或"纳银庄头"。后来有愿意承领入官地亩设庄纳银的，也称"纳银庄头"。这种庄头若被革退，其子孙可以仍旧承种原地，交纳钱粮。

皇庄、官地、旗地的庄头，虽然都是管理庄田，但他们的身份视具体情况而有所差异。

（一）内务府所属皇庄庄头和承领官地庄头。内务府所属皇庄庄头自"庄头子弟"或"殷实壮丁"中遴选。不论他原来是否旗人，都可以充任。他们本来就不是奴仆。内务府所属承领官地庄头，不论旗档有名与否，都有参加考试的资格。雍正帝曾谕内府总管：凡为庄头之人，"如果有才能，朕自加恩录用"①。这种庄头可以得到顶戴。康熙五十五年定给庄头顶戴例："各庄输急公，毫无逋欠，经四五十年者，给庄头八品顶戴；输将二三十年无欠及经年无欠，因年老不能当差者，均给九品顶戴。"雍正十三年奏准，各等庄头"原有顶戴者各加一级，无顶戴者，以次赏给九品、从八品、正八品顶戴"②。文献记载中也确有庄头拥有八品顶戴的例证。可见皇粮庄头的身份不但不属贱民等级，有的甚至可入缙绅行列。但

---

① 《雍正实录》卷一四。
② 乾隆《大清会典则例》卷一六〇；乾隆《八旗通志》卷六八。

是庄头拖欠钱粮时，则要受到枷示、鞭责等体刑。

（二）宗室王公所属庄头。宗室王公官庄庄头一般均为王公家奴。"八旗大臣官员家下庄头壮丁，同为一主家奴，原无尊卑之分。"①《红楼梦》第五十三回中描写掌管宁国府黑山村庄子的庄头乌进孝进见贾珍时，呈送禀帖，院内磕头，称主人为"爷"，自称"小的"等等，都是奴才见主子的规矩，反映出其间的主仆关系。"庄头之所有产业悉自公家"②，庄屯所积粮谷全属主人所有，庄头无权粜卖。庄头也无权代表主子置买田产。定例："旗人置买田产，不许家奴及庄头、佃户人等出名。如有仍借家奴人等名色及清查后不行改名换契者，事后发觉，将所置田产一概撤出入官，仍追价治罪。"③他们除去经济上受剥削和勒索以外，也和其他奴仆一样受到主子的虐待。例如嘉庆间礼亲王昭梿将庄头程福海父子叔侄六人私自圈禁，用瓷片将程福海两个儿子的脊背各划百余道，以致二人流血昏晕。后来昭梿因其他事得罪了嘉庆皇帝，这件事才被列为罪状之一，得以揭露。庄头生有子女，须将母家姓氏注册上报宗人府。宗室王公等需要纳妾，则由该管包衣、庄头家挑选。《清史稿》中有这样一段记载：肃宁农民宋某"佃于势家为庄头，其主视若奴仆。生女四，女孙一，长，并有容色"。康熙三十四年，"其主将迫使为媵。五女一夕自尽死，以白县，县惮势家，不敢上闻"。④拥有庄头的"势家"，很可能就是王公、宗室之类，不但县官不敢惹他，就是以后记载这一事件的人也不敢点名直书，而以

---

① 《刑案汇览》卷三九。
② 同上。
③ 道光《户部则例》卷八。
④ 《清史稿》列传二九八。

"势家"为代称。这件事反映的就是自庄头家挑选媵妾所造成的悲剧。在律书中，注者明确指出："家下庄头即是家人"，肯定了庄头的奴仆身份。

事有例外：由内务府拨出到王公宗室户下管庄的庄头不具有奴仆身份；主家不得随意将其出卖。①这种庄头，自嘉庆十一年始，还可参加考试：凡"旗档有名者，归入汉军考试，旗档无名者，归入民籍考试"②。

（三）旗人官员的庄头也被视作奴仆。例如，乾隆四十四年二月，正白旗汉军侍卫兼佐领惟精屡被庄头王达子呈控得实，庄头王达子被判"以旗奴控主，发驻防兵为奴"③。

一般旗人的庄子，"若大家，则择一人为庄头，司一屯之事，群仆惟所指使"④，代替主人组织生产活动。

投充人充当庄头，其身份也不尽相同。

一般说来，投充旗下的汉民都是奴仆，带地投充者多半可以在所带土地上充当庄头，他们的土地归主人所有，但他们的身份并不因带来土地而提高。八旗户下带地投充庄头跟奴仆一样，其人身"典卖悉由本主自便"⑤；"无论旗档有名无名，均不准应试出仕"⑥。他们的子弟则可参加考试。投充庄头子弟考试，由满洲都统咨送，所以常在满洲额内入学中试。雍正十一年，经吏部奏准，

---

① 参见光绪《大清会典事例》卷一六〇。
② 光绪《大清会典事例》卷七五二。
③ 《乾隆实录》卷一〇七六。
④ 方拱乾：《绝域纪略》。
⑤ 光绪《大清会典事例》卷一六〇；道光《户部则例》卷一〇。
⑥ 《读例存疑》卷九；光绪《大清会典事例》卷三八七。

要求改属汉军额。乾隆三年，重申雍正十一年例，要求将以前误入满洲额者查清，以便核对，乾隆三年开始严格执行投充庄头子弟"注名另册咨送，归入汉军额内考试"①。

但投充至内务府的庄头不同。他们带来的土地变为内廷拥有的皇庄，本人即使"后经分拨各王公门上"为庄头，并不在内务府所属土地上当差，但只要他已入旗档，那么宗室王公就不能像对待直接投充到自己门下的投充庄头那样随意将他典卖。内务府各司所属大粮庄头、园头、投充庄头、蜜户……"亲丁内有情愿考试者，呈明各该处，查核丁档内有名者，方准报考，照例办理，咨送考试"②，其身份权利自不相同。但因拖欠粮银被革的庄头、园头的子孙照例不准考试。

由此可见，庄头是比较复杂的。其身份地位，与其作为庄头的条件有关：是遴选还是投充；同是王公属下，要分别是直接投充还是内务府分拨指派，等等。总之，他们的身份是否奴仆，或者说，他们所处的等级是否贱民，不能简单地由"庄头"二字判断，其中特别需要注意的是内务府所属庄头，他们不论是否投充而来，是否已被派拨王府，其身份均与一般庄头不同。

不过，即使如此，庄头，包括内务府庄头及王公庄头，只要他是住在庄屯的，有时又都被看作"下等旗人"，而非"正身旗人"。

旗庄庄头，包括身份低下（如投充庄头）的在内，有的依仗主子的势力，在地方横行霸道，无恶不作。皇庄粮头"名达宫廷，

---

① 《乾隆实录》卷八〇。
② 《刑案汇览》卷七。

气焰张甚"①。宗室王公所属庄头也"鱼肉骚扰,乡村小民不得安一日饮食之乐"②。顺治二年,满洲庄头及奴仆将"各州县庄村之人逼勒投充",百姓不愿者,他们"即以言语恐吓,威势迫胁,各色工匠尽行搜索,务令投充"③。雍正末乾隆初揭露,关外义州庄头高维屏"暴横无度,势倾民旗",竟将民人孔衍俊一家五十余口全部霸占为奴。④对此,"有司畏威而不敢问,大吏徇隐而不能纠"⑤。如前所述,有的庄头可以拥有顶戴,所以他们"公然敢与地方官对抗"⑥,甚至殴打在职官员。⑦这些情况,朝廷知道得一清二楚。康熙皇帝于康熙二十一年曾对即将赴任的直隶巡抚格尔古德说,"直隶旗下庄头与民杂处,朕闻所在凶恶庄头,自以旗下,倚恃其主,甚为民害"⑧。他有时也曾想对之加以制裁。例如,康熙二十二年定例,"庄头等依势害民,霸占子女,无故将良民捆打致死,把持衙门",被揭露后,要给其主子以降级处分。⑨康熙二十三年,直隶巡抚阿哈达赴任前,康熙又曾叮嘱:"皇庄及诸王大臣家人豪强扰害者甚众,尔之尽力者在此耳。"⑩看来,这位皇帝是很了解庄头之为恶的。

雍正初年,雍正帝通过直隶巡抚李维均了解情况,于雍正元

---

① 张廷骧:《不远复斋见闻杂志》卷一。
② 顺治八年闰二月,"宁夏巡抚李鉴揭帖",见《明清史料·丙编》第4本,第308页。
③ 《顺治实录》卷一五。
④ 参见《曲阜孔府档案史料选编》第3编第1册,第396—401页。
⑤ 《畿辅通志》卷一。
⑥ 魏际瑞:《四此堂稿》卷一〇。
⑦ 参见中国第一历史档案馆藏:《吏垣史书》雍正五年九月。
⑧ 《康熙实录》卷一〇一。
⑨ 参见光绪《大清会典事例》卷七二七;《畿辅通志》卷一。
⑩ 《康熙实录》卷一一六。

年、四年一再命令内务府、吏部等衙门给有势庄头以一定打击[①]，但相当困难。当时宛平县的李保住及其子侄，房山县的六哥，宝坻县的二焦，丰润县的陈扇坠子，滦县的李著伯兄弟，静海县的李大权等，大抵都是财产百万、富豪一时、为非作歹、横霸一方的凶恶庄头。他们都拥有大量田产房屋，开张当铺、印子铺、放高利贷以准折他人田房，勒买贫民妻女。有的更强奸妇女，窝藏妇女卖奸得利。有的敢于轻易打死壮丁、伙计。他们还包揽人命官司；当牵涉官司时，敢于"抗不赴审"。这些庄头"与内廷势要无有不交接往来者"，小小的地方官对他们自然无可奈何。

雍正帝意欲打击，也只能号令于一时，施惩于个别，对于大批豪势庄头，他没有办法对付。所以，庄头为害依然如旧。嘉庆道光间，奉天锦县知县陈昶不畏权势，曾以迅雷不及掩耳之势，对当地恣行无忌的皇粮庄头高林进行突然袭击，先行抄家问斩，然后禀报上司。禀呈之日，"中贵缓颊之书已达于该省大吏矣"。奉天大吏终以"擅杀"的罪名落县令陈昶之职。[②]庄头与内廷势要关系之密切，打击庄头之不易，此例可见一斑。

庄头为恶的程度往往并不完全决定于他本人的身份，而以主子的地位为根据。投充庄头尽管身为奴仆，但有的依仗八旗王公贵族的势力，对于百姓为所欲为。所以，作为奴仆的庄头，往往也成豪奴恶仆，并不因其身份低下而善良；反之，为恶的奴仆也不一定表明他的社会等级身份较高。

[①] 参见《畿辅通志》卷二。
[②] 参见张廷骧：《不远复斋见闻杂志》卷一。

第二节 所谓"壮丁"

清代文献资料中常常出现"壮丁"一词。但是不少资料中的"壮丁"所指并不是本书需要深入研究的作为农业劳动力的奴仆。因此,在分析记载"壮丁"情况的史料时应慎重辨别其含义。

清制,旗人的户口由八旗都统负责编审。每三年进行一次编审,称为"比丁"。所在册籍,以户为单位。户,亦称"另分户",通称"另户",包括两大类:一为旗人官员、兵丁及闲散,是谓"正身另户"或"正户";一为"户下之开户者",通称"开户"。这种户籍册要求登记各另户的户主与成员身份(注明本人及父兄等的官职或为闲散)以及家奴的姓名。奴仆不具独立户籍而附名于主人册后,故称"户下"。

八旗编审办法规定,"凡壮丁,以十六岁为准,及岁者皆入册。比较旧册,应增减者皆声明焉"[①],"以周知丁壮之数"。这就是所谓"丁系于户"。这种户口编审,也称"编查壮丁"。

可见,八旗编审户口册籍中所谓"壮丁"和"丁壮"是同一概念,凡十六岁以上男子,不论身份,都包括在内,并不是仅指奴仆。

其次,八旗编制中佐领所率"壮丁"也是指八旗丁壮。

八旗是一种军事组织,也是行政组织,所有旗众均被编制在这一系统内,没有例外。八旗都统负教养之责。八旗中,镶黄、正黄、正白为上三旗,由皇帝直接统辖;正红、镶白、镶红、正蓝、

---

① 光绪《大清会典》卷八四。

镶蓝为下五旗,则为王公僚属。每旗各设都统一,副都统二,下属参领五及副参领五,层层领导,以下各置佐领若干。

佐领是八旗组织基本单位的领导,在协领之下分理旗务。①旗众均分于各佐领;每佐领所属以一百五十人为率。这只是最初的大体规定,由于人口变动,实则常有上下。不足之余额,或户口滋生,则增设新的佐领。佐领是行政长官,管辖佐领下人。"夫佐领之管佐领下人,无异州县之于百姓"②,或谓"参、佐领犹如两司道府"③。佐领的任务是使所辖众"皆不失生计,不染恶俗,养之教之,使趋善"④。

佐领既是一级行政长官,"佐领下人"乃是旗众百姓,因此《大清会典》规定的"每佐领编壮丁一百五十人为率"⑤中所说的"壮丁"当然不能理解为奴仆。

由上可见,"壮丁"一词往往作为旗众出现。顺治元年规定,"定民间无主田房拨给八旗壮丁"⑥;乾隆二十七年要求八旗汉军都统清查"现在屯居壮丁开明旗分、佐领姓名、家口住址清册咨送户部",设"屯目"以管束⑦等资料所讲的"八旗壮丁""屯居壮丁",都属于上述含义,乃是指旗人中的"庄屯力作之家"。⑧史料中的"闲散壮丁",号"西丹"者,也属同类,是指没有担任职务

---

① 参见西清《黑龙江外纪》。
② 《上谕八旗》雍正五年。
③ 光绪《大清会典事例》卷三九九。
④ 《雍正实录》卷六〇。
⑤ 光绪《大清会典》卷八四。
⑥ 光绪《大清会典事例》卷一五九。
⑦ 参见光绪《大清会典事例》卷一五六。
⑧ 乾隆《八旗通志》卷八三。

的旗众百姓。他们虽然未被选中马甲、护军,但同马甲、护军一样具有被挑取为八旗最基层领导"领催"的资格。而这一资格不仅奴仆没有,就是已脱离主人的开户人也不具备。"八旗壮丁""屯居壮丁"或是"闲散壮丁"都有被略称为"壮丁"的,这种"壮丁"当然不应误解为作为奴仆的壮丁。

前述八旗编审将定居旗人所属奴仆壮丁均包括在本主户下,是为"户籍内人"①。与此同时,外任官员及各省驻防旗人的随任亲属及家丁也要开列上报。这种家丁作为奴仆,同样没有独立的户籍。

除此之外,还有许多皇庄,包括畿辅庄、盛京庄、锦州庄、热河庄、归化城庄、吉林打牲乌拉、驻马口外庄等,所属庄头、壮丁,每三年也要进行一次编审。这项工作也是前述比丁的一个组成部分,由内务府委所属会计司及有关将军、都统、总管进行,分别造册报府。编审时,将各庄"壮丁"自二三岁以上均登记入册,庄头自买的奴仆也包括在内。②这里所说的"壮丁"是指皇庄中从事生产的奴仆,和八旗都统负责的八旗编审中"壮丁"不是同一概念。

综上所述,八旗另户(包括上自王公、下至旗众兵丁)所属奴仆壮丁,外任官员及各省驻防旗人拥有的家人壮丁以及皇庄所属壮丁,均各有所隶。他们虽然没有独立的户口,不能成为另户,但都包括在编审壮丁册内了。

所以,清代文献中的"壮丁"有的是指在册的成丁旗众,有的

---

① 《清通考》卷二〇。
② 参见光绪《大清会典》卷九四。

是指奴仆劳动力。从载入册籍的角度讲，前者似可包括后者，但从性质上讲，二者绝不可以混淆；作为奴仆的"壮丁"和作为旗众的"壮丁"是不能相提并论的。

清代文献中还有用"壮丁"泛指青壮年的情况。如规定"广东沿海村庄自出壮丁守卫身家，如能拿获真盗，审无挟嫌诬害情事，量加奖赏，于关税、盐课盈余项下动支，报部核销"[①]，其中"壮丁"就是指成年男子，更与我们考察的奴仆壮丁无关。

根据以上对"壮丁"的理解，可以认为清代史料记载的劳动力壮丁并非清一色的奴仆。以官庄为例：

盛京内务府所属官庄壮丁名目甚多。除"庄头户下壮丁""寄养人丁"等属于奴仆外，另外许多壮丁不是奴仆。他们的祖先于清初设立官庄时拨归会计司，与庄头同入旗籍，同册注载，共垦官田。他们既可置买田产，也可参加考试。盛京户部也有档册有名、属于正身旗人的壮丁。

又有一些官庄开辟时，由其他地区调入壮丁以从事农业劳动。如乾隆二年令盛京将军从盛京派出四百名"能种地壮丁"前往黑龙江呼兰地方开垦荒地。其组织办法是每十丁编为一庄，每十庄设领催一名管理，共设官庄四十所。这批壮丁全家自盛京迁往呼兰。其办法规定，每家每名发给碾磨银五两，整备行装银二两；沿途各给口粮；拨驿站车辆及运粮船只将他们送到目的地。到达呼兰后，每丁发给冬夏衣帽。其家大口每月给粮二斗四升九合，小口半之。壮丁每名拨给土地六十亩。每开垦地六亩，给籽种二斗。每庄给牛六

[①] 道光或咸丰《户部则例》卷三。

只；如有倒毙，动支库存牛价银买补。此外各多给两只，令全出己力垦种，其中如有倒毙毋庸补给。每半月给牛料粮一石二斗。其家口粮给一年，牛料粮给两月。每丁所受之地，岁纳粗细粮三十石，第一年免输，第二年交半，第三年全纳。每丁给盖草房二间，委官兵采木建造，每间各给饭银四两，动支库银仓粮。可见参加呼兰官庄开垦的盛京壮丁，除土地官有外，初去时所需籽种、牛只、牛料等生产资料以至路费、房屋、口粮、碾磨、衣帽等生活资料全由官中供给。这些自盛京调往呼兰的"能种地壮丁"到底是什么身份呢？文件没有细说，我们从该件最后所讲的：这批官庄设置完竣以后，令盛京将军考虑"再于八旗开户人内询明有愿往呼兰垦种官地之人"，增设官庄若干的话中体味到，已去的和将去的人是一样的，"再"字意味着先去的"能种地壮丁"也是"八旗开户人"。①

四年以后，仍在呼兰增设官庄五所，壮丁来源是"将前设四十官庄之闲丁一百三十八名内选择五十名"。次年，即乾隆七年，又于附近增设官庄五所，仍从盛京"开户人"内选取。这两次的办法与乾隆二年所订全同。

《大清会典》载明，"户下之开户者亦为另户"②，其身份已不是奴仆。虽然开户人和主人间还保持着不平等的关系（下文将谈到），但他们自盛京调往黑龙江，已经远离主人，情况自当不同。他们被选到呼兰耕种官地，缴纳定额租赋，从文献所描述的情况看，他们的身份并没有下降到奴仆地位。至于另外的条例中所说的那些携带眷口给官庄纳粮当差的"盛京旗人"，就更可肯定不是奴

---

① 光绪《大清会典事例》卷一一一九。
② 《大清会典》卷八四。

仆。因此不能说这类官庄全是使用身为奴仆的壮丁劳动力进行垦种的。

当然，以上结论也并不意味着凡官庄都没有奴仆壮丁。例如，康熙中叶边外积谷，达尔河北地方官庄由内务府派"壮丁"前往耕种；呼儿河地方由五旗五等"庄屯人"前往耕种；席喇穆伦地方派"盛京人役"耕种，各地均派官员监督。①乾隆间，有的吉林官庄就是由"盛京旗人并旗下家奴携带眷口在吉林地方种地，共四十户，一百八十二名。内除正身旗人仍解回本处，照例办理，其盛京兵部、工部、内务府之壮丁，并王公崇室之家奴及旗下家奴，请入于官庄耕种，纳粮当差"②。显然，这类官庄中的劳动力，包括分属盛京兵部、工部和内务府系统的壮丁、王公宗室的家奴和旗下家奴等都是、奴仆壮丁，而非另户正身旗人。

还有一种官庄，以犯有流罪的发遣人犯（有别于为奴遣犯）为壮丁，充当开垦耕种的劳动力。黑龙江、吉林等地都有这类遣犯及其子女被拣送安插于官庄为壮丁，按照年例缴纳粮食。

例如，《宁古塔纪略》的作者吴振臣之父吴汉槎，因顺治十四年科场案戍黑龙江。到达宁古塔后，他住在郊区，开办塾馆为生。康熙初年，"逻车国"人骚扰，边界不靖，为抗击侵略，清廷下令组织发遣流犯：一部分参加水营兵勇，参加战斗；另一部分招募为庄头、壮丁，于黑龙江"立三十二官庄，屯积粮草"。其组织，"每一庄共十人，一人为庄头，九人为壮丁，非种田即随打围、烧炭。每人名下责粮十二石，草三百束，猪一百斤，炭一百斤，石灰二百

---

① 参见《康熙实录》卷一五三。
② 《清通考》，"户口"二。

斤,芦一百束。凡家中所有悉为官物。衙门有公费亦取办官庄"。

原来作为一般流犯,可以自谋生计,甚至可以雇用佣工。吴汉槎所遇到的是战备需要的特殊情况,必须于水军、庄头、壮丁中选择一项充当,带有强制性质。即使如此,"认工可代",吴汉槎即以认工太常寺衙门得免。其中有一无银认工,不得不到官庄充当壮丁的犯人,其子得任领催,后得实授八品笔帖式,并升县丞。①吴振臣的描写如若属实,那就是说,这批官庄是以遣犯为壮丁的,其组织和一般官庄一样:领催、庄头和壮丁。"凡家中所有悉为官物",说明壮丁的房屋、耕牛、种籽、农具,甚至部分生活资料都是官家供给。但不可忽略的是,这些壮丁的身份是犯人,他们跟那些作为私人奴仆的屯居壮丁以及内务府、王公宗室等所属壮丁都有区别。他们的儿子可以出仕就是一个重要的差别。

乾隆三十五年曾有一个定例反映官庄中遣犯壮丁和一般壮丁的差别:"官庄壮丁如有逃走,该管官即具报缉拿;获日照例惩治。至发遣人犯在官庄内者,如有逃脱,亦令报部缉获,究其有无行凶为匪,按其原犯罪名,照脱逃例分别议拟。"②这条定例说明,官庄内的遣犯充当壮丁,出逃被缉,乃是由于执行刑法和保证社会治安的需要,而不是因其作为壮丁的缘故。特别是流犯会赦,自然此时恢复了凡人身份;而这种机会,却是奴仆壮丁所得不到的。

雍正五年奏准,"凡拨发屯庄之犯,将伊妻及同居之子一并发往。其分居当差之子,准其存留",严禁私逃。乾隆二年规定,本犯病故,妻子可以回京。这也和奴仆壮丁大不相同。

---

① 参见吴振臣:《宁古塔纪略》。
② 光绪《大清会典事例》卷八六〇。

可见，分析官庄壮丁时，需考虑遣犯的这种特殊性。清代官庄中劳动力的组成情况很复杂。他们的身份各不相同，不能凡见官庄就认定是使用奴仆壮丁进行生产，需具体分析其劳动力来源，分别弄清他们的情况。忽视这一点，就可能混淆官庄中不同生产组织的性质。

第三节　奴仆壮丁的法律地位

清初，满洲八旗崇武习战，除围猎外，不事生产。"将佐居家皆弹筝击筑，衣文绣策肥，日从宾客子弟饮。"[1]畜牧、手工以及农业生产全靠奴婢进行；至于生活服役就更不消说了。清代统治者视此为当然，从不讳言。顺治帝说："向来血战所得人口，以供种地牧马诸役。"[2]康熙帝说："满洲藉家仆资生"[3]，又说，"八旗官兵皆依屯庄收获用以资生"[4]。乾隆帝也同意，"边地官员受田耕种，全赖奴仆力作"[5]。

总之，八旗贵族役使这些奴婢，"大事小事各得其力"[6]。他们不能想象，如果没有这些奴仆，"驱使何人？养生何赖"[7]？这些说法反映了一个事实：当时满族奴隶制的残余在生产关系中还占有相当地位。

---

[1]　金德纯：《旗军志》。
[2]　《顺治实录》卷九〇。
[3]　《康熙实录》卷一四。
[4]　《康熙实录》卷一四四。
[5]　《乾隆实录》卷八〇四。
[6]　魏际瑞：《旗丁所买小厮不宜与逃人同例》，见《四此堂稿》卷一〇。
[7]　《顺治实录》卷九〇。

八旗赖以养生的"壮丁"和前述作为丁壮的壮丁根本不同。这种壮丁是奴仆队伍的组成部分；但作为奴仆，又和在主人身边从事服役劳动的奴婢有别。他们屯居乡间，从事生产劳动，是生产者。所以我们称之为"奴仆壮丁"，以示其与丁壮、与服役奴婢有别。

那些因主人犯罪而被作为主人财产籍没入官、拨入皇庄劳动的奴仆，无疑是奴仆壮丁。

奴仆壮丁不属正身旗人行列，他们在庄头名下进行生产。乾隆四十四年，驻马口外革退庄头四名，及家属一百四十余口，"交该庄头张思载等名下充当壮丁"，张某不愿收留，呈称"无力养赡"。①可见有时壮丁是由庄头负责其生活的。正因如此，在清代文献中奴仆壮丁有时也被称为"庄头属下壮丁"②。

奴仆壮丁没有独立的户籍，只附属在主人户为"户籍内人"。如主人是兵丁，则为主人屯种。所有奴仆壮丁既"不应考试秀才，亦不准食饷披甲"③。清律中有关奴婢的律文对他们统统有效。他们是奴婢队伍的重要组成部分，清代前期尤其如此。

壮丁分有当差养家房地，"一壮丁予田三十亩"④。但这些土地的典卖"悉由本主自便"⑤，壮丁无权将其出典出卖。奴仆壮丁可以自己蓄有资财，甚至在主人败落的情况下，原属奴仆壮丁的资财仍可归自己保有。文献中有这样的事例：乾隆末年，三河县旗民何森"穷苦日甚"，将契买的"屯居旗下家奴"侯振极父子出卖。

---

① 《乾隆实录》卷一〇七六。
② 《刑案汇览》卷七。
③ 同上。
④ 金德纯：《旗军志》。
⑤ 光绪《大清会典事例》卷一六〇、一一一八。

买主侯阿林"贪图侯振极父子有资，应允承买，言定身价银两两次交足。立契钤印后，阿林随向侯振极声言契买缘由，即向侯振极索诈银两"。侯振极不给，阿林将侯某之子侯添禄殴打致死，酿成命案。乾隆帝批谕："［侯］阿林贪图侯振极父子资财，用银置买，其居心已不可问。及至索银不遂，将侯添禄捆殴致毙，情节甚为可恶。若论旗下殴毙家奴，原无拟抵之例。但阿林以甫经置买之人，起意勒索，以致捆殴伤命，实属贪很［狠］，将来定案之时，自应照平人例拟抵，方足以昭平允"，"以为贪暴不法者戒，不得以阿林系旗人稍从轻减也"。① 这一案例说明，第一，屯居家奴是可以拥有资财的；第二，奴仆壮丁的资财不与主人共有。奴仆壮丁人身被卖，其拥有的资财随身带走。主人可以出卖奴仆壮丁以得其身价，但不得卖其身而留其资财；第三，主人索诈自己占有的奴仆壮丁的资财是不合法的，乾隆帝为禁止这种行径，将犯者从重量刑。可见，从一定意义上讲，屯居奴仆壮丁可以拥有独立经济。此案发生于乾隆五十六年；至于一个世纪之前，即清帝国甫建之时是否也是如此，尚需资料证明。但无论如何，到乾隆年间，在一定条件下，奴仆壮丁的身份和经济水平可以背离，这个现象值得注意。正因为可以拥有浮财，所以他们才具有摆脱奴仆地位（赎身）、置买包括土地在内的生产资料等等的可能性。

奴仆壮丁可以被买进卖出。但清朝成立之初规定满洲壮丁只得在本旗范围内买卖，不得购买他旗壮丁，或将自己的壮丁卖给他旗属下。凡越旗买卖壮丁被人揭发首告，卖者所得身价银分作三份：

---

① 《乾隆实录》卷一三八一。

第三章　庄头和壮丁　117

一份赏给首告人作为奖励，二份没收入官；被卖的壮丁撤回本旗。此项交易，卖者所属佐领若不知情，则将该壮丁仍拨回本佐领下，另给贫苦旗民充当壮丁；如佐领原知情，则该壮丁拨归本旗其他佐领，以示惩戒。可见，买卖奴仆壮丁与买卖土地无关。他们不是当主人出卖土地时被作为土地的附属一道卖出，而是作为主人的一种财产单独出卖的。从这一点看，奴仆壮丁的身份具有浓厚的奴隶色彩。

清律规定的家长对"违犯教令"的奴婢"依法决罚""邂逅致死"无罪的律文，其适用范围包括奴仆壮丁。《清稗类钞·奴婢类》中描述康熙时，纳兰明珠"广置田产，命诸仆主之"，"立主家长一人综理家务，不法者，许主家长毙之杖下"这个故事是完全可信的。宗室王公对所属奴仆壮丁"随意苛征差银。有不允者，索拿到府，匪刑虐罚，增几倍而后已"；或者"偶有拖欠不齐者，立将壮丁索拿到府，任意虐待。当其冰天雪地之寒，以冷水灌顶之惨，夜时铁锁加头，螺泄［？缧绁——转引者］床沿，便溺不已，辗转尤难"①。看来，这可能是相当普遍的现象。

身在屯庄的壮丁，一般说来距家长较远，他们经常受到的虐待更多地来自庄头。雍正帝在给内务府谕中指出，"庄头"等役使壮丁，颇多暴悍非理，他命令，"嗣后［庄头］如敢肆行凌虐者，许壮丁即行控告。所告果实，止一二人，则另拨别处屯庄，至四五人，即将庄头革退治罪"②。这条史料明白无误地告诉我们，庄头虐待壮丁也是相当普遍的现象。

---

① 《奉天省公署档案》，转引自孔经纬文，载《历史研究》1963年第4期。
② 《雍正实录》卷二〇。

更能标志奴仆壮丁身份的是，他们和服役奴婢一样受惩治逃人的《督捕则例》的约束；甚至可以说，清初有关惩治逃奴条例的主要惩治对象就是他们。自康熙中叶督捕衙门撤销后，至乾隆中叶，逃人问题早已不像以前那样严重，但如奴仆壮丁逃跑还是要严惩的。乾隆三十五年定例，"官庄壮丁如有逃走，该管官即行具报缉拿；获日照例惩治"，"该管各官照逃人名数分别议处"。①这里所谓"照例"乃是按照有关惩治逃人的条例。

奴仆壮丁的子孙也只能充任壮丁。如嘉庆十七年谕：吉林官庄"所缺壮丁二百三十四名，准其以现存幼丁于五六年后添补足数"②。

奴仆壮丁是否可以充任庄头，则要看不同的情况。旗众，如宁古塔之"大家"，拥有若干奴仆壮丁屯居乡间耕种，有的就从这些壮丁中"择一人为庄头，司一屯之事，群仆惟所指使"③。但在皇庄、官庄之中，只有"庄头子弟"和"殷实壮丁"可以被派为庄头，而奴仆壮丁没有资格充当庄头。嘉庆间，某庄已革庄头屈三德之子屈天府接充庄头，有人因此向内务府揭发控告，说他"因属壮丁，不准挑充"④。

前面讲到奴仆壮丁有时属于庄头属下，但庄头属下的并不都是奴仆壮丁，还有"该庄头之伯叔兄弟"，有"异姓之另户"等，他们"既非出身下贱，又非有罪为奴"⑤，和原属俘虏的壮丁以及

---

① 光绪《大清会典事例》卷八六〇。
② 《仁宗睿皇帝圣训》卷六〇。
③ 方拱乾：《绝域纪略》。
④ 《刑案汇览》卷四六。
⑤ 《刑案汇览》卷三九。

"庄头契买之人"是不一样的。

　　就一个庄而言,庄头对主子负有缴纳产品和银两的责任。因之,庄内不论属于哪种类型的壮丁都得受庄头的约束。若壮丁"不服庄头管束,将壮丁治罪。仍不拆散支派,拨给善于管束之别庄头"名下管理。[①]庄头对同等身份的壮丁也好,对奴仆壮丁也好,彼此间的关系都是相当紧张的。庄头打死壮丁的事当不罕见。如李维均密奏宝坻县庄头焦同壁的罪状中就有"打死壮丁常柱、李三"之条。[②]旗人主子以庄头为鹰犬,对奴仆壮丁进行残酷的剥削和压迫,庄头依仗主子权势役使壮丁暴悍非理,甚至肆行凌虐,正是奴仆壮丁大量逃亡的重要原因。

---

① 参见乾隆《大清会典则例》卷一六〇。
② 参见《雍正朱批谕旨》第5册,第10页。

第四章
官衙中的奴仆

清代各级官员,特别是在外任正印官上任,必须依靠一套班子进行工作。这套班子包括四部分人,他们是:(1)幕宾,(2)书吏,(3)家人、长随,(4)衙役。其中幕宾、书吏身份属于凡人等级,而家人、长随和衙役则属于贱民等级。家人、长随和衙役是特殊的奴仆,和一般奴婢的情况有所不同,本章专门介绍他们的状况。

第一节 家人和长随

"家人"一词,在清代官方文献中有两种用法。一种是指现任官员随在任所的男性亲属及奴仆。如《大清律例·刑律·受赃》中,"家人求索"律规定:"凡监临官吏家人于所部内取受求索借贷财物用役使部民"者,有罪。律注写道:"家人,是一家之人;如父兄、弟侄、子孙、奴仆之类。"① 家人的另一个用法是专指奴仆。如定

---

① 《大清律例增修统纂集成》卷三一。

例"家人、衙役恐吓索诈，该管官照失察衙役犯赃例处分；家人之主照约束不严例降一级调用"。乾隆五年，大学士张廷玉认为，此处"家人"二字专指长随、奴仆，不包括官员的兄弟子侄。①实际上，清代文献中的"家人"一词，往往是第二种用法，即作为一种奴仆的专称使用。"家丁"与"家人"同义，都是指随主人赴任、主要从事公事服役的奴仆。

官员上任时，自己原有的家生奴仆或价买奴仆不敷使用时，便收用长随（或称"隶身长随"）。长随往往随主人解任而辞去，故带有临时性质。这种奴仆的服役项目跟家人一样，但就对主人的关系而言，又跟家人有所不同。

家人既是奴仆，其身份，红契所买者同"红契奴仆"，白契家人同"白契所买之人"。

长随，是做官者上任前后；或由亲友嘱托，或由上司、同僚说荐而来的随官服役的奴仆。他们事无常主，与契买奴仆不一样，很大程度上具有雇佣性质。但他们与奴仆同为贱民②，被称"微贱下流"③，他们与主人间有主仆名分。早年法律规定，隶身长随和主人的关系有两种情况，一种是，他在主家"若恩养三年以上，或未及三年配有妻室者，如有杀伤，各依奴婢本律论"④。所以，一旦主人获罪被朝廷查抄，"如有随主外任多年及意存狡诈希冀漏网之长随，均照家奴之例，入官招买"⑤。另一种是，"倘甫经典买，或

---

① 参见《定例续编》卷三。
② 参见光绪《大清会典》卷一七；汪辉祖：《学治臆说》卷上。
③ 《请禁上司勒荐私人疏》，见《皇清奏议》卷三二。
④ 《大清律例统纂集成》卷二八。
⑤ 《户部则例》，转见《大清律例纂辑便览》卷八。

典买隶身未及三年,亦未配有妻室","平日起居不敢与共,饮食不敢与同,并不敢尔我相称,素有主仆名分,并无典买字据者,如有杀伤,各依雇工人本律论"。①雍正五年时规定,隶身长随如在限内逃匿,也按典当雇工人治罪,即责打三十板后交还本主。但后来,第二种情况的长随的雇工人身份被取消了。乾隆四十七年议准,"长随如有无故潜投他处者,即照旗下逃奴之例一律办理"。该条是根据这样一种看法规定的:"虽长随非契买家奴可比,但平时倚托衣食所资,即与奴仆无异。"②不过,有人认为,长随与主人的关系还是"轻于家奴"③的,总而言之,长随的法律地位和奴婢很接近,但也有差别。长随和法律上的雇工人也不能等同,因为雇工人的法律地位虽然很低,但不属贱民等级,而长随则属贱民等级。

一般地说,长随和奴仆一样无权通过应试或捐纳而出仕。如乾隆三十二年云南案,原宝庆府知府徐以丰的长随彭先,捐充典史,被革职,并因之罪杖一百徒三年。④嘉庆二十年陕西案,长随刘焜本人改名捐官,又指使他的侄子冒籍考试,因而被拟发往黑龙江为奴。⑤道光十一年,曾任长随的罗应庚当上了陕西的一名知州,结果被参革职。⑥

充当武弁的长随则不受此限。清代武官千总、把总向例由督抚拨补。督抚往往将身边的家人、长随补用千总、把总。雍正五年二

---

① 《大清律例统纂集成》卷二八。
② 光绪《大清会典事例》卷一一一六。
③ 《刑案汇览》卷七。
④ 参见《大清律例统纂集成》卷八。
⑤ 参见《刑案汇览》卷七。
⑥ 同上。

月,雍正帝曾指责督抚往往补用"家人、长随及私自效力、请托夤缘之人",以致"老弱不堪之人得授千、把总者甚多",这些人无能任职,连"所管汛地道路远近俱茫然不知。而兵丁内年力精壮、技勇可观者,转不能得一官职"。他斥责督抚"徇情面而无公道",下令将这类千、把总尽行沙汰革去。①在执行他的旨意过程中,出现将家人、长随补用的千、把总一律革去的情况,雍正帝又解释道,上次谕旨的重点在于沙汰千、把总中由情面关系而得任的不称职的人,"并非谓由长随出身者悉行黜革也"。他说:"武弁之长随多有披坚执锐,效力行间,而渐次立功,有用至大员者,亦为兵丁一体,非文官所雇觅游手坐食之长随可比,安得以其出身而弃置之。"雍正帝决定,"倘千、把总中有人材可用,而该管上司因其长随出身而革退者,著仍补还原职"②。可见,武弁长随不仅可以出仕,而且可以用至大员,并不受出身卑贱的影响。

  长随之子也不得应试出仕。如乾隆十六年,原云南布政使宫尔劝的长随杜七之子杜时昌,虽已过继给杜冕为嗣,捐选四川叙州府同知,被革职,并处杖一百徒三年;代求出结之人均受惩。③嘉庆二十一年,一长随之子报捐主簿,被拟杖一百徒三年。④嘉庆二十五年,长随凌廷选为子捐监,除其子监生被斥革外,凌某本人拟杖一百徒三年。⑤道光十一年,东城正指挥罗汉保,因其父曾充当长随而被革职。陕西总督杨遇春保奏将罗起复,准其应试出仕。

---

① 参见《雍正实录》卷五三。
② 中国第一历史档案馆藏:《起居注》卷四三"雍正五年十一月十五日谕"。
③ 参见《刑案汇览》卷一七。
④ 同上。
⑤ 同上。

谕称"若令其出仕应试,则凡属仆隶人等皆得与身家清白者同登仕籍,何以区别流品",杨遇春的保奏不但未得获准,还被"传旨申饬"。[①]实际上,"长随之子虽有军功不准出仕"。当然,这仍是指文官长随。

家人、长随的生活费用全由本官负责,朝廷没有这项开支。他们以奴仆身份为主人服役。他们的职务分工甚细:在本官宅门内有"门丁"(负责司阍传达),有"签押"(管理印鉴),有"管厨"(采办饮食);在宅门外有"仓场"或名"司仓"(管理仓务),有"办差"(管理驿务),有"税务"(管理税收)等。此外还有介乎内外之间的"跟班",主人在署时他们左右侍候,主人出门时,跟随听从使令。跟班工作较为辛苦,多选少壮者充当。各类差使不止一人而已,其下更有精细的分工。此外,还有"号件""书禀""小班"等等。督抚衙门中使用家丁管理事务者,号为"堂官"。还有的家人被本官派往上级衙门所在地常驻,与上级衙门中的家人、长随或书吏等相互勾结,打探官场消息,以便闻风而动,遇事先行。这种家人被称为"坐省家人""坐府听差"。长随人数无规定,故无法统计。有人记载,乾隆中叶,一个"州县,长随多者数百人矣"[②]!

从所任职务就可以看出,家人、长随实是本官贴身使唤,听从公务差使之人。外界与本官接触,本官联系外界,都需通过他们。幕友、书吏也不能不与之拉拢勾结,否则难于办事。他们正是利用这种上下传达、内外交往的咽喉位置,上下其手,大发横财。

条例规定,"长随求索吓诈得财舞弊者,照蠹役诈赃例治罪,

---

① 参见《刑案汇览》卷一七。
② 阮葵生:《茶余客话》卷四。

并照窃盗例,初犯以'赃犯'二字刺臂,再犯刺面。其有索诈婪赃托故先期予遁,及本官被参后闻风远飏者,拿获之日,照到官后脱逃例各加二等治罪,仍追原赃。其各衙门现任大小官员如有收入犯案刺字长随者,交部议处"①。但这种规定丝毫不能阻止长随索财。

涉及财税的衙门里的家人、长随,近水楼台,敲诈勒索更是无厌。如道光十三年时,有人上奏揭发说:江南商船要道浒墅关的常关监督,近年来以兼督理织造为借口,平日常驻府城,并不亲到浒墅关管理税务。该关日常税务,由他委派家丁办理。"该家丁指使签手、差役讹诈商船,其所得钱文名曰'标礼'。每货物百担,完正税十二两,除加饭食、火耗及一应使费,共银五两八钱,尚勒索'标礼'制钱十三千四百四十余文,与正税相等。至有'一关两税'之目。'标礼'之外,又有'查船谢仪',自数千文至数十千不等。"商人如果不能使之满意,家丁、差役们竟敢"将货物践踏,再加重罚,甚至将商人拘押关亭,锁住船只",填其欲壑而后方予放行。而税关监督"唯知联络家丁,取好上官,不敢查问",上下勾结,各得好处。其结果自然是官员、家丁肥己,而"商民裹足,关税亏短"②。

这只是一时一地一例而已。史料中记载家人、长随勒索、受贿之事,比比皆是。实则,贪婪地攫取财富是他们充当家人、长随这一贱役的主要目的,所以有的家人、长随拥有数字惊人的财产。雍正三年,大将军年羹尧被赐死,他的家人魏云耀被抄"家产数

---

① 《大清律例增修统纂集成》卷三一。
② 《道光实录》卷二三〇。

十万金"①。乾隆二十七年,江苏布政使安宁家人李忠随任"所婪赀产至三万两"②。乾隆四十六年,陕甘总督"勒尔谨家人曹禄名下抄出银一万数千两,并有金器等物";这些财富"俱系在伊主任上所积门包营运生息"。③乾隆五十一年,两广总督富勒浑家人殷士俊所居"常熟地方,于住房内查出见存并借出银钱共二万余两,田六百三十余亩,房屋三所"④。乾隆后期,大学士和珅"家人刘全倚势营私,家赀丰厚","和珅治罪后,查办刘全家产竟至二十余万之多","并有大珠、珍珠手串"。⑤正如上谕所说:"若非纵令需索,何得如此丰饶!"⑥

家人、长随极尽搜刮之能事,贪得无厌,欲壑难填。以上述富勒浑家人殷士俊为例,他积累了那么多的财富,用了多少时间呢?据记载,这些财产都是他跟富勒浑任浙江布政使和湖广总督两职期间所得。富勒浑任浙藩,自乾隆三十四年三月至三十五年十一月共一年又九个月,任湖督自乾隆四十四年十二月至四十五年六月共七个月。两任相加共计两年又四个月;除去路途所需时间,实际只有两年。

家人若因主人坏事而入官,其所属财产似乎并不尽数没收。雍正二年"噶礼、石文桂等入官家人中富户,愿为园头壮丁者,百计钻营,希图挑取,赂遗园头,请人代役,偷安暇逸。又彼此相倚为

---

① 《雍正实录》卷三九。
② 《乾隆实录》卷六七二。
③ 《东华续录》"乾隆"九三。
④ 《东华续录》"乾隆"一〇三。
⑤ 钟琦:《皇朝琐屑录》卷二六;薛福成:《庸盦笔记》卷三。
⑥ 《史料旬刊》第6期,第182页。

奸，营谋取利，贿赂该管官员，拨给膏腴之产"①。他们用钱进行贿赂，用钱雇人代替自己去园中劳动。

正因如此，有人多方钻营，谋求充当官员的家人、长随。"带肚家人""带肚长随"应运而生。

清代得以选放各级官员的人，自京赴任，需整饬行装衣冠，准备车马舟楫，打点贿上礼物，拨发用人开支，全部筹备，所费不赀。而且迫于程限，必须在规定日期内到达任所，因而一定要在短期内付出相当可观的一笔现银。素封之家固不必为此发愁；对于一个穷候选来说，资斧维艰，难于支付，不得不多方设法筹措。这时就有富人放债。他们根据急需上任的官员得官地点的远近，该缺肥瘠程度，以不同的利率，借给银两，立即取得利息，称为"扣头"。借百两者实付七十两、八十两，重利甚至仅付六十两、五十两。②这种专门放给做官人的高利贷，叫作"放京债"。此外，另有放京债者除提供现银外，同时自愿充当家人、长随，他们可以提供的银子"盈千累百，随意使用，多多益善"，选官"先出借券，折扣称贷，加息倍偿"，或者利息并不算高，但有条件：本官于到任后，派债主为司阍、典签、税契、仓卡等类职务，"计假贷之多寡，酬执事之轻重"③，他们以本官债主的身份，利用本官贴身服役的地位，自可"数年而清偿子母，佣值必加丰"④。本官到任之后，这些家人继续设法使主人向他借钱。他们"煽其（主人）酬应上司衙门，盛办供张，一时不能取办，仍向该丁挪借，务使其辗转缪

---

① 《雍正实录》卷一八。
② 参见赵翼：《陔余丛考》卷三三。
③ 黄陵道人：《采菽书牍》。
④ 徐珂：《清稗类钞·奴婢类》。

葛，相依为命，而后能资［恣］所欲为"①。这种家人、长随称作"带肚家人""带肚长随"。《清稗类钞》说，这种情况原称"'带驮子'，盖取马骡负重之意。世人讹'驮'为'肚'"②。其所以有的记载称"带肚"③，或"带渡"④，大概是因为"驮""肚""渡"三字浙东乡音相近而随意使用的缘故。

  显然，若不是由于充当家人、长随可以"什佰其偿"，甚至"千万其偿"的厚利，那些人也不会"挟赀为仆"，像丁日昌等人所说，甘愿"买主翁而自为之奴"⑤的。总之，他们"既有挟而来，必揽权以逞"⑥。

  乾隆十四年，给事中葛峻起就外任官员借债赴任之弊一事上疏，建议严禁，定以治罪之条。乾隆帝不同意，认为如若严禁，"势必称贷无门，于人事多所未便"，必然"转致阳奉阴违，有名无实"。所以谕令，用预支养廉银的办法解决。九卿奉旨议定，外任官员"引见得缺后，吏部汇行知照户部，有情愿借支者，即持凭赴部具呈取县连名互结，札库照发。不愿者听。知照该督抚，到任后于应得养廉银限一年内分作四季扣定"⑦。规定可以借支养廉金额，距京最远的如云南，道府为1000两，州县为600两，同知通判400两，州同、州判为200两，在部领凭之佐杂等官为60两；最近的

---

① 黄陵道人：《采菽书牍》。
② 徐珂：《清稗类钞·奴婢类》。
③ 蓝鼎元：《棉阳学准·闲存录》，见徐栋：《牧令书辑要》卷二；钟琦：《皇朝琐屑录》卷二。
④ 翁祖烈：《宦游随笔》卷三。
⑤ 蓝鼎元：《棉阳学准·闲存录》，见徐栋：《牧令书辑要》卷二。
⑥ 汪辉祖：《学治臆说》卷上。
⑦ 《乾隆实录》卷三五四。

直隶，道府为300两，州县为150两，同知、通判为100两，州同、州判为60两，佐杂等官为30两，其他各省分等有差。①借支官员到任后，各项开支浩繁，又需于一年内还清偿大一笔债，款项何来？倒不如向"带肚"家丁、长随借高利贷，到任后听凭他们自去搜刮取偿。因此，外任借支养廉例制定后，"带肚家人""带肚长随"并不因此而减少。

清代的有些官僚既然在经济上依赖家人，从而政务上也受家人挟制。家人贿赂公行；受贿与否及多少，主子听之任之。旗人官僚的家人"朋谋结党，串通生事"的现象，尤其引起雍正帝的注意。他指出，"凡属旗人，一入大臣之列，即有一出名之管家，于同类中辗转纠合，结党营私"。这批家人，以其对同类关系的好恶，影响乃至支配主子之间的关系，"入伊等之党者，则于伊主之前称扬赞美，令其主人亦互相交好。不入伊等之党者，则于伊主之前离间陷害，令其主人亦互相倾轧"，雍正帝特别发出谕旨，要求八旗及内府佐领不得纵容。满汉官僚都是离不开家人的，谕旨要求的内容很难做到。有清一代纵有好官想"有亲民之心"，也总有"家丁隶役横亘于中，遂至上下隔绝"。②时人哀叹，官欲与百姓接近，因受制"而不敢行"，"呜呼，何以为官哉"。③

家人、长随中有一种专管上下内外传达的，叫作"门丁"，俗称"门房"，同伙们尊称之为"门政"。门丁专为内外文职衙门长官服役，通报传达，交通内外，并且有"稽察家人出入之责"④。在

---

① 参见《乾隆实录》卷三五四。
② 谢金銮：《居官致用》，转引自徐栋：《牧令书辑要》卷一。
③ 同上。
④ 汪辉祖：《学治臆说》卷上。

同一衙门里，门丁名目繁多，各有分工。除执帖传话、交通内外的"门签"以外，还有"钱漕""稿案""传差""书差""书禀""值堂"等等。这样，一个衙门的长官可有门丁七八人至十数人之多。具体使用多少名，要由所管辖地方范围之大小，事务之繁简，该官员经济负担能力等等决定。学衙供役使者，负责生员们的伙食，其职务既有执帖传话，还要管理廪膳粮仓，兼管门子和斗子事务，故称"门斗"。

清代许多讲求吏治的论者，每每强调慎用门丁，防其为害。但是毫无作用。各级衙门长官以之"传宣使令，任用为官喉舌"[①]。外面呈进的各种公事文件，下属要求谒见官长，都需通过门丁；只有门丁才是可以直接入内的长官亲信。因此，他们利用所处地位满其所欲。他们往往交接幕友、差役，左右公事。嘉庆末年、道光初年任四川保宁府知府刘衡讲过这样一个故事：某县实收税金本来超过原额数倍。有一位新县官到任，门丁曾某欺骗县官，称本县年年短税，需要赔补。县官甚为着急，向他求策。曾某说，你只有把此事交给管税的户书包办，他不答应，也要强迫他办，他自有办法补齐。县官无奈，只得同意这个办法。早和曾某串通好的该书吏佯不承应。若干天后，县官通过门丁强迫他，书吏方才勉强答应包办。税额按规定上交后，县官以为幸免赔累，对门丁曾某甚为感激，礼待有加。其实，大量的超额税款皆被门丁、书吏中饱瓜分。[②]所以，"门丁可以私意干幕友，而又能以私言告胥吏，故官为幕制，而门

---

① 福建《省例》卷二九。
② 参见《刘太守政稿》。

丁可以乘便耳"①。

门丁可以"内有所发而寝搁,外有所投而留难","揽权婪诈,无所不为","勾通司印,伺隙舞弊"。②他们"内通于幕,外通于绅,又通于书役。事有不禀之官但告之幕而竟行焉者"③。关键在于"贿"字,"门包"早成为传统的办事规矩;这一规矩,至少从后汉时就已有了。有事上呈,如不送门包,则官虽在内,门丁也可诡称主人外出;状再冤枉,他也可以拖延拒递,谁也无可奈何。许多地方"上控呈状,每牵及门丁"④。本官宅内如"有兴作及制物等类",门丁"先定贿于市人,使昂其价值,然后引之进门。倘主人斥去,令他改招别人,虽易数家,其价递倍。主人无奈,率依初价"。原来门丁可以从中得到回扣,俗称"底儿钱"。不如此,市人休想做成这笔买卖;而官长则很难绕过门丁自行联系。⑤总之,他们内以挟制长官,外以朘削百姓,与幕友、书吏、衙役等狼狈为奸,同为一蠹。

门丁皆由家人、长随充当,属于贱民范围之内。⑥他们的子孙也同奴仆子孙一样不得报捐考试。如咸丰年间,山西河东盐道黄经的门丁夏云龙把持行盐而成巨富,为其子捐京职,自己也出资捐官,被派往陕西为参将。户部郎中倪人垓的门丁贾升改名报捐知县。后夏、贾二人均于咸丰十一年十二月被御史华祝三揭发参奏而

---

① 《书训饬部臣上谕后》,载《申报》光绪四年十月二十八日。
② 汪辉祖:《学治臆说》卷上。
③ 《书训饬部臣上谕后》,载《申报》光绪四年十月二十八日。
④ 福建《省例》卷二九。
⑤ 参见《燕京杂记》;徐珂:《清稗类沙·奴婢类》。
⑥ 参见《仁宗睿皇帝圣训》卷八六。

革职。①又如光绪三年，曾在广西怀集、灵川、贺县等县衙门当过门丁的牛升，冒入桂林县籍，使其子牛光斗考试得中举人。后被查出，牛光斗举人衔被革斥并按律惩办。②再如广东番禺县何炳南，曾充广东南海、番禺、东莞等县门丁，令其子何伯麒蒙考入学，并捐主事之职，令其次子何骏声改名何瑞荣，冒入顺天籍考试，得中举人。后来，二子均被查出斥革，何炳南被按律惩治。③

由于门丁所处咽喉地位，下级官吏办事时对之不无所求，往往与之交通，门丁本人则因之得以周旋于官场。如同治二年某宅喜事，曾任安徽巡抚王植门丁的陈小山，冠带陪坐，与官员相酬酢，并不自认为贱。这是等级制度所不能容许的。故御史孟传金揭发此事。同治帝批谕："仆隶下人分居卑贱，何以蓝顶貂裘，俨然与长官对抗，殊骇听闻"，饬令查明惩处。④

第二节 衙役、捕役和仵作

清代内外官衙都有一批听差使、服杂役的人，总称为"衙役"。朝廷定制，内外各衙署衙役有定额，召良民充当。"其府州县额设祇候、禁子、弓兵，于该纳税粮三石以下、二石以上户内差点"，"又有快手、皂隶、门卒、库子诸役，皆按额数召募"。⑤在

---

① 参见《同治实录》卷一三。
② 参见《光绪实录》卷四八。
③ 参见光绪《大清会典事例》卷三四〇。
④ 参见《同治实录》卷五四。
⑤ 《清通考》卷二一。

役期间,"按季给以银米,多寡各殊"①。五年役满而退。额外滥充者叫作"白役",按规定是禁止的。但是地方衙门差役繁重,非增白役不能完成,所以虽历朝屡禁而终不能止。胥役"各有门户,有名籍者一人,无名籍而隶其下者且数十人"。在巡抚衙门,衙役分旗牌、舍人、承差等三班;在州县衙门则分壮、快、皂三班。衙役亦称"差役""差人"或"隶卒",俗称"快手"。它包括皂隶、祗候、捕役、番役、禁卒、仵作、弓兵以及轿班等。京师各衙署不在定制之内的杂役名堂甚多,有人在描述衙役勒索时列举:大堂有大堂听差、堂皂、堂小马、车轿班;承参厅有茶房、看厅、长差、小马、皂役;本司有茶房、皂役、传事、长差、小马、听差、看司、知会、厨房、当月巡逻;头门有门皂、门小马,乃至所谓"送知会者""送请进署带禀见者""赏皮衣者"等等。②此外还有可以选代经制定额的"书识"以及跟从书吏学习业务的"贴写",也都是在经制定额以外的人员,是公开存在的。③康熙时"各直省大小衙门衙役蜂拥,或改换名色,或几人朋充,未尝遵定额也"④。雍正二年"挂名吏役,其数甚多",府厅州县等衙门"一差而数人共当"⑤。三年,户部议复条奏称,州县"私增白役等至数百名"⑥。乾隆二十八年时,湖南州县"正差一人而副差、帮差常至数人","衙役之多动至数百"。⑦乾隆中叶,福建衙役、贴写、白役之类,

---

① 《清通考》卷二一。
② 参见雷震:《新燕语》卷上。
③ 参见《清通考》卷二一。
④ 《皇清奏议》卷一九。
⑤ 《清通考》卷二三。
⑥ 《雍正实录》卷三四。
⑦ 陈宏谋:《培远堂偶存稿·文檄》卷四八。

"一邑之中盈千累百"①。嘉庆十一年，"正定一县各邑吏役至九百余名之多。直隶一省统计有百余州县，差役不啻有十余万之多"②。"浙江仁和、钱塘两县正身、白役不下一千五六百名。"③道光六年、十年都曾经因州县衙门吏役过多，谕令限额，禁革白役，但并不解决问题。道光十七年时，各直省"于正额之外，私添白役多至十余倍不止"④。同治中叶，州县大者，胥吏及衙役加在一起，"每至二三千人"中等州县六七百人，较小的州县也不下三四百人。⑤光绪中叶，大县各种执事"或用至百余人，小县亦数十人"⑥。光绪三年，浙江钱塘县"皂快各班不下四百余名"，其中"实在当差者为数无几"，其余皆挂名白役。⑦光绪十一年，"天津衙门设有八班头，其散役以千计"⑧。光绪二十年，湖北沔阳州城内外差二百四五十家。⑨光绪间，全国府厅州县共计一千五百一十九处，如以大中小平均每处衙役、白役六百人计算，全国共计近一千万人。督抚衙门以及中央机构所属尚不在内。这是多么庞大的队伍！

正式在册的衙役有定额收入，由官款开支。无额白役的工食费用，应由该衙门主管官员自行筹措。但实际上尽索于县官，县官则派役向百姓勒取。如广东省康熙间"上下衙门人役工食，有每县派至千两、数百两者"，正所谓"穷民卖儿鬻女之赀，恣供贪蠹如狼

---

① 李殿图：《敬陈病农之弊端疏》，见徐栋：《牧令书辑要》卷三。
② 《仁宗睿皇帝圣训》卷七九。
③ 同上。
④ 《条例各款》卷二五。
⑤ 参见饶玉成：《皇朝经世文编初续》卷二四。
⑥ 《生财新论》，载《申报》光绪十六年八月二十六日。
⑦ 参见汤肇熙：《出山草谱》卷二。
⑧ 《字林沪报》，光绪十一年七月初八日。
⑨ 参见李辀：《牧沔纪略》卷下。

似虎之腹"。①

"隶卒为贱"是载诸《大清会典》的正式规定。在当时人看来，衙役人等"无非备供差使伺候奔走之人，名分秩然，不容紊越"②。《大清律例·礼律·仪制门》定例："公堂乃系民人瞻仰之所。如奴仆皂隶人等入正门、驰当道、坐公堂者，杖七十徒一年半"，"若六部、都察院，在京各衙门人役接奉批差，敢有似前越礼犯分者，许所在官长实对参奏，照律治罪"。

有的家族规定，族人投身衙役皂隶，则为"丧名败节"，家谱削名，不得入宗庙。与皂隶出身门户互通婚姻，父母受辱。③广东新安旧族族规，子孙"为公役者不得入祠"④。

隶卒及其子孙"概不准冒入仕籍"，也没有资格参加考试。早在顺治年间就有衙役本人混入缙绅行列而被参奏革职的事例。⑤衙役的后代，即使已被过继给良民为子，仍然不准应试。乾隆五十八年，安徽盱眙县一皂隶的孙子参加武科乡试，有人反对。县官杨松渠认为，该武童的父亲早在其祖父充当皂役之前就已出继他人，故该皂役的贱民身份与这个武童无关，应批准他参加考试。两江总督书麟批驳了县官的意见，认为即使情况如此，该武童参加考试"究属违例"，将县官杨某咨参。经礼部议，这位县官被"降一级调用"。⑥嘉庆元年，江西某衙役之子，已出继给良民为后，打算参加

---

① 李士祯：《李大中丞政略·抚粤政略》卷五。
② 雅尔图：《心政录》卷一，中国社会科学院经济研究所图书馆藏钞本。
③ 参见《曲阜孔府档案史料选编》第3编第1册。
④ 嘉庆《新安县志》卷二。
⑤ 参见《切问斋文钞》卷一三。
⑥ 《大清律例汇辑便览》卷八。

考试，结果仍因"终系下贱嫡派，未便混行收考"，如果他赴考的话，"拟以照例杖革"①。直至光绪二年，仍规定，曾为皂役养子的民人，归宗之后仍不得捐考，"如本宗实系身家清白，其子孙准其报捐考试"②。

清代后期因参加镇压起义的军功而获得品级功牌和赏给顶戴者大有人在；其中也有隶役。这些隶役尽管已授顶戴，但他们还是受歧视。如咸丰初年至同治初年镇压云南回民起义，滇抚徐之铭因军功而给赏下属二品顶戴不下百余人。有人劾奏，其中"甚至舆台贱役无不滥膺顶戴"。这被认作是"等威凌替，厮役混淆，坏乱法纪"，终于被一律注销作废。③

良民被召募为衙役就改变身份，由良入贱④，其中道理清人也讲不出。法学家沈家本写道："惟古之隶皆有罪之人，贱之可也。若今之隶皆良民充当，在官府既不能无此等之人，募以充此役，既任用之而又贱视之，其理安在？"⑤恐怕只能解释为习惯形成的传统，难以改变。

任职衙门差役，论其社会地位甚为低贱，计其正式收入又为数甚微，"应领工食皆不足以敷一口"⑥。但是各地衙役却常常额满，很少是被迫而来的，有人宁愿花钱争充白役，甚至身在黉门的青衿秀才也争取"窜入公门，甘为胥役"，"为人役而不辞"。⑦这是为了

---

① 《大清律例汇辑便览》卷八。
② 光绪《大清会典事例》卷三八六。
③ 参见《同治实录》卷九六。
④ 参见光绪《大清会典事例》卷三八六。
⑤ 沈家本：《历代刑法考·分考》卷一三。
⑥ 裕谦：《勉益斋续存稿》卷五。
⑦ 李渔：《资治新书二集》卷三。

什么呢？究其缘由如下：

有些人是为了逃避差徭。因为充当衙役期间可以"免杂派差役"①，所以有人争充挂名吏役，"钻营入册，冀免徭役"②；"其名在官，实不当差，不过指称名色，躲避差徭"③。不过，仅仅为了逃避差徭而充当衙役的，毕竟还是少数，其中更多的是为了以此求得更大的利益。一般地讲，"凡良善之民，鲜有充当胥役者，其奸胥猾役，率皆本处之地棍土豪为之"④。这种人"稍有蝇头，死岂不顾"⑤，何况充当差衙"护身有符"⑥。譬如巡抚衙门的三班衙役，"上班在辕，即便招摇生事；及至下班回籍，又可武断乡曲，出入衙门，与地方官颉颃"⑦。充当衙役好处多端，所以有些人宁入贱籍也趋之若鹜。这就不难理解为什么像河南抚辕的三班衙役历来都是武进武举、考职州同、贡监武生以及吏员们来承当的了。⑧这些人充当此役，并不意味着衙役身份地位的提高。

充当衙役（包括白役）利之所在，就是敲诈勒索本衙所属的老百姓。所以有人总结说，"差役一项，大都狐假虎威，以索诈为生涯，以恐吓为能事"⑨，他们得到本官任何差遣，均可大做手脚，"腰有一牌，便声生势长，鱼肉细民"⑩。

---

① 《清通考》卷二一；《乾隆实录》卷六九七；《清史稿》卷一二一。
② 《乾隆实录》卷六九七。
③ 《清通考》卷二七。
④ 《皇朝经世文编》卷二三。
⑤ 戴兆佳：《天台治略》卷一。
⑥ 《河东宣化录》卷三下。
⑦ 《抚豫宣化录》卷四。
⑧ 参见《抚豫宣化录》卷四。
⑨ 《学治续录》卷一。
⑩ 乾隆《常昭合志》卷一。

例如捕役承票缉贼，"往往将票内无名之人捉影捕风，到处吓诈。甚则商令伊伙报窃案，迨经奉缉，又将伊等平日豢养之贼及曾经犯窃旋即改悔之人捉送到官，教令诬扳某人接买赃物，某人知情同伙，遂至一案辗转波连十数人至二三十人不等。层层剥削，良善破产倾家不可胜数"①。

再如民间经常发生的户婚田土案件，也是衙役发财的良机。俗语说，"衙门六扇开，有理无钱莫进来"②。除长官、书吏借讼贪索外，"即为书差之利阶"。他们索取的有起发路费、盘费、送牌费、盘子费、检卷费、值堂费、散班费、听刑费、具结费，以及买票、车钱、鞋钱、差账等等。③差役之外，与案件无涉的"门号及军牢、轿班等，皆有开销"④。事主为了争取打赢官司，不敢不贿。同治初年，湖南打一场官司，"其费自十千至数十千或百余千不等"⑤。光绪中叶，江苏昭文县差役索贿"种种名目，少或数十元，多则数百元"⑥。一讼破家的记载俯拾即是。即使事主双方愿意停讼，也还要拿出一笔"和息钱"以付差役，才得罢休。

管仓胥吏衙役，也以朘削压迫农民以致富。康熙间太仓唐孙华的诗句中有云：官仓收粮时，"胥使仓夫如使奴，指麾总奉胥为主；民间粒米重如珠，载向官仓贱如土。早时贱价胥折乾，尽剜穷民骨

---

① 刘衡：《刘太守政稿》。
② 汪辉祖：《佐治药言》。
③ 参见恽世临：《官书摘钞》；御史田翰墀片，载《申报》光绪五年十二月二十七日。
④ 汤肇熙：《出山草谱》卷五。
⑤ 恽世临：《官书摘钞》。
⑥ 《常昭时事》，载《字林沪报》光绪十三年二月初八日。

血补;胥富全看金谷轻,民穷甘受鞭笞苦"①。

缉私当然也是衙役的美差。例如,江西吉安府属万安县,是广东经赣州北上的水陆必经要道之一。那里向来设置查盐快船,由差役巡逻,以防盐枭过境。道光十年有人揭发:当时"差役等,于私盐船只,每得钱卖放;而于过往客船之船,查无盐斤,辄将衣箱货物倾囊倒箧,任意盘折,箱内银两,肆行抢夺。复向每人各索'查看钱'数千至十数千不等"。如果客商去县衙控告这些差役的非法勒索行为,这些差役就预先把"私盐安置县堂,诬指夹带",而且"众役一词,不容分辩"。②

至于查娼、抓赌、禀奸、禁烟、征粮、比租,分派差徭等等差使,衙役们无不借以鱼肉乡民,发财肥己。为了取得这些美差,他们愿下本钱,"买号谋签,乞恩赏票"③。"凡有差票到手,视为奇货可居。登门肆横,索酒饭,讲差钱"④,所有花费,自可以勒索所得加倍补偿。

这批城狐社鼠,狐假虎威,声焰俱赫。对待事主"指东话西,大言恐吓","稍拂其意,辄咆哮詈辱",甚至敢于使用"扑脑后、捶脚趾、磕膝头"等非刑,或设立"伙房"将原告被告及证人押入,"作践勒索,低头弯腰","零碎打骂"。因此,对于衙役,"里巷妇子畏之如蛇蝎","小民但期无事,惟有吞声受之而已"。⑤他们是百姓头上最为直接的恶势力之一。

---

① 《东江诗钞》卷一一。
② 《道光实录》卷一七五。
③ 裕谦:《勉益斋续存稿》卷五。
④ 《清通考》卷二四。
⑤ 裕谦:《勉益斋存稿》卷五。

京师各部衙役，更要勒索在京候选或引见官员，"衙署之稍阔者，其开销须达百吊左右。叩之，则曰照例云尔。每署司员多者数达千外，或累年不得一差，而杂役之需索自若也"①。

清代名儒纪昀尝假借冥吏之口做如是分析："其最为民害者，一曰吏，一曰役，一曰官之亲属，一曰官之仆隶。是四种人，无官之责，有官之权。官或自愿考成，彼则唯知牟利。依草附木，怙势作威，足使人敲髓洒膏，吞声泣血。四大洲内，惟此四种恶业至多"②，信哉斯言！

衙役是官员不可或缺的工具，干着官员们不能代替的工作，"地方公事，如凡捕匪、解犯、催征、护饷之类，在在皆须其力"。这些任务能否完成，都涉及官员考成的好坏，官员对于衙役"亦何可不得其心"③！因此，官员多受衙役的挟制，对衙役的罪恶行径只能一目蒙眬一目眇。下级官吏对上级衙门中的衙役又绝不敢得罪，故"从来督抚衙门三厅门皂人等竟有敢与地方官抗衡来往者"④。

对于衙役作恶情况，清朝历代皇帝尽皆知情，但迄无有效的对策。直至光绪三十二年，御史俾寿奏请酌裁各州县衙役，光绪帝谕令："著各省将军督抚严饬各属速办警察，将所有差役人等分别裁撤。"⑤这时已是清之将亡了。

衙役之中，捕役、番役和仵作，是地方官侦破和审讯刑事案件

---

① 雷震：《新燕语》卷上。
② 《阅微草堂笔记》卷六。
③ 同上。
④ 雅尔图：《心政录》卷一。
⑤ 金蓉镜：《痰气集》。

的重要助手。

清代缉捕盗贼的衙役有两种：属于地方衙门的是捕役；属于内务府慎刑司和步军统领衙门的是番役。

捕役，也称"捕快"或"马快"，其职责主要是缉捕盗贼。他们往往与盗贼相通。"若不与盗贼相通，不能为捕役矣。盗贼不投拜捕役门下，又断不敢入其境矣。"①所谓相通，就是说，"所有境内盗贼皆其包庇，平日坐地分赃；遇案缉拿，则潜通信息，令其先期远遁"。所以，用捕役捕盗，十无一获。当然，全然不能拿获盗案是无法交差的。他们除真的破获少数案件外，另有搪塞官府的办法。办法之一就是挟仇栽害，冤枉好人。"藉起贼赃为名，诬指铺户居民，任意妄拿，勒索钱文，私行拷掠，致无辜良民辄受冤抑"，屈打成招以后再送官审理。②这样，他们对上既可以冒称擒获盗贼邀功，又可以肆意抢掠，饱填私囊。捕役同时兼有镇压任务："地方遇有横肆刁民哄堂不法，自应立即擒拿，勿使漏网。"③所以，百姓视捕役为虎狼。

"番役"分别属于内务府慎刑司番役处和步军统领衙门两个机构。番役也叫"番子"，俗称慎刑司番役为"内大班"，步军统领衙门番役为"外大班"。番役的职务是缉拿盗贼，访拿逃亡及娼赌凶棍。番子名称沿自明代厂卫爪牙，他们在人家左右刺探活动称"挂桩"，也是沿袭明代厂卫特务"打桩"之名。清代番役虽不像明代厂卫珰头、番子那样以访查缙绅私事的特务勾当为主，但其骄横则

---

① 田文镜：《弭盗要法》，见徐栋：《牧令书辑要》卷九。
② 参见《仁宗睿皇帝圣训》卷八三；《清通考》卷二七。
③ 《乾隆实录》卷六八六。

同。番子还私用俗称"圆扁子"的私役为爪牙。这些"圆扁子"往往索诈滋事，或诱人犯法，大为民害。道光二十年禁食鸦片，番役就以此名目在京师缙绅中进行讹诈，无人敢于开罪他们。干起私刑拷掠、挟仇栽害等等勾当来，番役和捕役难分高下。

　　捕役虽然来自良民，但以役贱，其身份属于贱民，这明确地见诸《大清会典》。相应的，《学政全书》也写明，"凡系缉捕盗贼者，皆不准考"①。光绪三年，两江总督沈葆桢疏称，马快捕盗，其危险与军兵临阵同，不精武艺是不行的。"屏之于不足齿数之列"，不会有出类拔萃之才前来充当。因此他建议将马快"照经制营兵一体出身"。但他的建议未见结果。

　　番役身份原不十分明确。如依《学政全书》所讲"凡系缉捕盗贼者皆不准考"的规定，照说番役也属于这一类。不过，清代步军统领衙门往往因番役拿获要犯而为之奏请赏给顶戴。如乾隆末嘉庆初，番子头目马凯曾得赏守备职衔，杜威德曾获七品顶戴。番役子孙也有应试出仕者。这种情况说明，同为捕盗，番役和地方衙门中捕役的待遇有着显著差别。对此，似乎顺治、康熙、雍正、乾隆各朝均无异议。嘉庆七年十月，给事中恩治提出了这个问题，嘉庆帝就吏部议复谕内阁："番役一项，专司缉捕盗犯，原与隶卒无异，凡各衙门皂役人等，例不准其为官，其子孙亦不准其应试。则番役自应比照此例，以归画一。"过去已得赏顶戴的番役，"只准暂留顶戴，不准以实缺补用。其子孙应试，曾经进学及中试者，留其举贡生员，不准选用官职，此后亦不准再行应考。如现有出仕者，概令

---

① 《大清律例汇辑便览》卷八。

撤回"。并规定,"嗣后步军统领衙门遇有番役缉捕勤奋,只准量加奖赏,即实有拿获要犯者,亦只可从优加赏,毋许给与顶戴。倘再行滥请,即以违制论"①,即杖一百。对番役及其子孙应试出仕做这样的清理,其目的是"别流品而重名器",划清良贱界限。

仅隔一年,即嘉庆八年十一月,步军统领衙门禄康向上提出,不准番役子弟应试出仕,也就是把番役列于贱民队伍之中,那么良民就不肯踊跃充当番役。他建议,如不便准其充当文官,可以给之以武官职称,以示鼓励。这项奏议受到御史王麟书的弹劾。嘉庆帝完全同意王麟书的意见,坚持上一年做出的规定。他驳斥禄康说,不论文官还是武职,其名器之尊重是一样的,如果准给番役武官职称,日后必致渐及文职,无法限制,如果准番役子孙居官,难道也要准隶卒子孙居官?况且去年刚刚规定禁止,"今未及一年复请准令入仕,予夺靡常,成何政体"②,令将禄康及有关人员均交部议,给以处分。所以在光绪《大清会典》中这样写道:"步军统领衙门番役缉捕勤奋者,止准该衙门酌加奖赏,毋许奏给顶戴;其子孙不准应考出仕。"③

嘉庆十一年五月,步军统领衙门所属番子头目杜威德身故,禄康又上奏要求选役充补杜某所遗七品顶戴虚衔。嘉庆帝说,杜某顶戴是在嘉庆七年以前所得,按照规定姑准暂留的,"岂有沿为缺额之理"?他拒绝批准禄康的要求。不过,嘉庆帝对番役的政策有所放松,他规定,"嗣后番役或果有能事出力之人擒获紧要案犯者,

---

① 《仁宗睿皇帝圣训》卷八八。
② 同上。
③ 光绪《大清会典》卷一〇。

朕酌量加赏顶戴，不得作为定例，亦不准该衙门奏请赏给"①。嘉庆二十五年，因番役内现有身任守备等官，故准其子孙应试武场出仕武职，但不准由文途考试出仕。这个条例，于道光七年，因御史沈巍皆上奏反对，故而取消，再次规定番役"除著有劳绩特旨奖赏录用外，该番役及其子孙均不准其应试武场、出仕武职"，以"清流品"。②

可见，虽然光绪《大清会典》称番役为贱役，但尚不能简单地说番役是贱民。可以这样讲，清前期一百五十八年间，番役本人可获赏顶戴进入缙绅行列，其子孙可以应试出仕，具有凡人政治权利。嘉庆七年起，被确定为贱民；不过其中已经得到顶戴者仍保留顶戴。嘉庆十一年以后，仍有番役可能获得顶戴，但其子孙不得应考。换言之，后一百零九年中，番役一般地说属于贱民等级，但其中有人得以升为缙绅。所以，即使称番役为贱民，也是一种比较特殊的贱民。他们跟地方各级衙门的捕役相比，地位是不一样的。

官府审理带有死伤情节的案件中，负责验尸验伤的衙役，在清代称"仵作"。仵作验后所填的尸格、伤格对死伤刑事案件的侦察和审理起着重要的作用，是判案重要依据之一。因之，仵作本是地方衙门必不可少的差人。

清代最初没有关于仵作的定制。有的州县仵作长期缺额，只当死伤刑名案件发生后需要检验时，从邻近州县暂借使用。地方衙门对仵作工作并无赏惩办法，只知有事时役使而已。至雍正六年，正式制定了关于仵作的制度；确定定额，州县大者三名，中者二名，

---

① 《仁宗睿皇帝圣训》卷九〇。
② 光绪《大清会典事例》卷三八六。

小者一名，此外再各招募一二名跟随学习，预备顶补；工作三年无弊，免其本身徭役，依州县事务之繁简分等赏银。①

尽管有了制度，各省地方并不认真补设仵作。为解决这个问题，乾隆五年再做硬性规定："嗣后直省州县将额设仵作并不照数募补者，照编排保甲不实力奉行例降二级调用。道府失察，照巡缉官失察例罚俸一年，督抚罚俸六个月。如将仵作不行补足，私侵工食银两者，照乾没侵欺例革职提问，道府失察，降一级调用，督抚不参，罚俸一年。"②

验尸验伤工作，在当时被人们视作不屑于干的下贱差使。仵作名列衙役之内，有时他们兼任皂隶的差使，或者皂隶兼验尸验伤。所以，仵作"系衙门应役之人，与皂快等役名异实同"，因而也属于贱民等级。他们的子孙也跟皂隶、禁卒等衙役的子孙一样，"一概不准考试"③。

光绪三年，两江总督沈葆桢上奏建议解除仵作的贱民身份。他说，由科甲及幕友而做官的人都知道，验尸验伤所据的《洗冤录》一书很难掌握，做一名称职的仵作颇为不易。仵作为贱民，稍有专长的人，谁愿终身自弃，并使自己清白的子孙都成贱民而甘愿充当仵作呢？他还说，仵作既被列做贱民，他就不会自爱，这种人去验尸验伤，就会不负责任，颠倒是非，长官根据他们检验的结果去断案，被错判者"含冤其谁诉乎"？如果认为仵作往往借其职务之便勒索事主从而贱之，那么，生监中有的包揽词讼，弁勇中有的骚扰

---

① 参见《清通考》卷二三。
② 《定例续编》卷二。
③ 《大清律例汇辑便览》卷八。

间阎,难道也因此把全部生监、兵勇都列为贱民吗?因此,沈葆桢建议,将仵作看成和刑科书吏一样为吏,不以衙役贱民对待。①他的奏折被发交部议,我们暂未查到其最后结果,很可能是没有下文,不了了之,所以后来又有人重议此事。

光绪二十七年,护理云贵总督沈秉堃奏折指出,他曾调查,云南各厅州县的仵作文化水平极低,对《洗冤录》一书不能认真学习掌握;在检验中,他们"误执伤痕,颠倒错乱,不一而足";"若遇开检重案,无不瞠目束手"。他说,究其原因,由于仵作一役"曩昔视为卑贱,工食亦极微薄,自好之辈多不屑为;而身充其役者,又皆滥竽充数"。所以,沈秉堃建议对仵作需"提高品格,设立学堂"。培养验检人才,提高其技术水平,毕业后给予文凭,到衙门服役。解除仵作的贱民身份,改称"仵书",优给工食,比照刑名师爷那样"一体给以出身"②。我们对这一建议的结果也不得其详而知。不过,这时距离清朝灭亡已为时不远,所以大体可以说清代的仵作一直具有贱民身份。

与仵作相类的是应役官媒。清代视验奸为贱业,遇有奸情案则由官媒进行检验,故官媒与仵作同属贱民。接生被视作是一件正当的职业,所以稳婆(即收生婆)属于凡人。但是,如果一名稳婆曾被地方官传令验奸,那么她"迹类仵作",便属贱民了,从此,她的子孙必"以报官改业为始,下逮四代方准捐考"。③

---

① 参见《皇朝道咸同光奏议》卷二四。
② 《清朝续文献通考》卷二八。
③ 《大清律例汇辑便览》卷六;《刑案汇览》卷七。

第五章
清代的奴婢买卖

奴婢的地位在全社会是最低的。其他等级的人若沦为奴婢，对他个人来说，当然是件影响子孙后代的严重事件。对于朝廷来说，奴婢制度也是一项重要的政策。清军入关前就存在奴婢制度，八旗旗众也蓄有奴婢。所以，清王朝对奴婢问题的基本态度是奴婢制度必须存在，但不能随意地把良民抛入贱民队伍。清廷在这方面的政策大体上是：第一，任何人都可以占有奴婢，官府保护这种权益；第二，不准强迫良民为奴婢；第三，人口买卖合法，规定买卖手续，并予以管理。这样，清代社会各个等级的成员都可买卖奴婢、占有奴婢。所以，除前文所述各类奴仆之外，契买奴婢成了清代奴婢队伍中的重要组成部分。

第一节 有关买奴的规定

一、准许凡人占有奴婢

在明代，存在着大量官、私奴婢，尤其是明中叶以后，用奴仆、僮奴、家奴耕种、纺织、经商、服役的现象相当普遍,这在明代文献记载中屡见不鲜。但是,按照当时的法律,庶民之家是不准存养奴婢的。明律规定,如果庶民之家存养奴婢,事发到官,不但要把他的奴婢放出从良,而且还要刑杖一百①,这是相当严厉的惩罚。其所以如此,《琐言》一书的作者雷梦麟注释说:"庶民之家当自服勤劳力作,故不准存养奴婢。"②《大明刑书金鉴》上写着:"存养奴婢者,重在'庶民'二字","庶民之家当自服勤劳,安得存养?故以禁之"。③在这里,"庶民"是被作为一个等级处理的,属于这个等级的人,不论其财产状况如何,都应自食其力,自我服务,没有价买和役使奴婢的资格。

明代初期,朱元璋曾赏赐给功臣许多奴婢。因此,功臣之家得以蓄奴,是不言而喻的。嘉靖间曾任兵部尚书的苏祐说:"今祖制,惟公〔功〕臣家有给赏奴婢。"④万历间的左都御史吴时来说:"功臣家方给赏奴婢。"⑤可见,当时得到国家正式认可的私奴婢,只有赏给功臣之家的奴婢。这一部分奴婢以及官奴婢的来源,主要是战俘、罪臣、犯人及其妻孥家属。

至于功臣、庶民以外的官僚缙绅之家是否有权蓄奴呢?有资料说,"洪武二十四年更定官员役使奴婢之例:公侯之家不过二十人,一品不过十二人,二品不过十人,三品不过八人,而不叙及四品以

---

① 参见薛允升:《唐明律合编》卷一二,万有文库版,第238页。
② 转引自上书,第240页。
③ 《大明刑书金鉴·户律》,"户役·立嫡子违法律附辨议",上海图书馆藏钞本。
④ 《逌旃璅言》,转引自《古今图书集成》经济汇编,《祥刑典》卷九四,"律令部"。
⑤ 转见沈家本:《历代刑法考·分考》卷一五。

下,亦不言四品以下官员不得役使奴婢"。"若以前例推之,当是四品可用六人,五品可用四人,而六品部官以下,或从四人例,或从士庶家义男例也。"①可见,官僚缙绅之家是有权蓄奴的。不过这个问题,法典既未规定,又没有赐奴的事例说明,总还是含糊不清的。《大明刑书金鉴》说:"若有官而上者,皆所不禁也。"该书作者认为,法律中诸如奴婢殴家长、奴婢为家长首、冒认他人奴婢等有关规定,"岂尽为功臣之家言哉""但功臣之家有给赐者,而有官者皆自存养耳。问刑者每于奴婢之罪,遂引雇工人科之,其差误甚矣"。②但这也只是一家之言,在法典上对此做出明确的规定还是必要的。

在蓄奴盛行的情况下,吴时来认为,不许存养奴婢的条文是针对庶民之家而言,"初未言及缙绅之家也"。他看到了官僚缙绅实际上大量蓄奴,但又不具有法律根据的情况,指出,"缙绅之家固不得上比功臣,亦不可下同黎庶,存养家人,势所不免"。同时,他显然也注意到那些既非功臣又非官僚缙绅的庶民有力之家也在"财买"奴婢役使。这些现象应该得到法律的承认,但又不能把功臣、官僚缙绅和庶民放在具有同等的役使奴婢特权的地位上。于是,这位左都御史想出了一条办法来解决这个矛盾。他提出如下条例草案:"无论官民之家……若财买十五以下恩养已久,十六以上配有室家者,照例同子孙论;或恩养未久不曾配合者,庶人之家以雇工人论,在缙绅之家比照奴婢论。"③事实上,以雇工人论庶民之家的奴仆,不是吴时来的发明。早在此前,已有人做如此诠释。如龚大器

---

① 管志道:《从先维俗议》卷二,"分别官民家奴婢义男因以春秋之法正主仆议"。
② 《大明刑书金鉴·户律》,"户役·立嫡子违法律附辨议"。
③ 转引自沈家本:《历代刑法考·分考》卷一五;谈迁:《国榷》卷七四,北京:北京古籍出版社,1958年。

所刊《招拟指南》首卷就曾写道："律中诸条称奴婢，指功臣之家给赐者而言；若庶民之家，止称义男，凡有所犯，比雇工人论。"此书刊行于万历五年，早在吴时来建议之前。而吴时来实际是要把前已通行的诠释求得正式的承认，变为法律条文，固定下来。吴时来的这一提案得到明万历皇帝的批准，定为"新题例"入律。但正式入律的条文对草案有所修改："今后，官民之家……财买义男，如恩养年久配有室家者，照例同子孙论，如恩养未久不曾配合者，士庶之家依雇工人论，缙绅之家比照奴婢论。"①

以吴时来的建议草案和正式通过的"新题例"相比较，可以发现一些值得注意的地方：

第一，"新题例"中的"义男"一词，在此以前的《招拟指南》中也曾出现，但在吴时来建议中是没有的。他的建议中只称官民之家"财买"十五岁以下、十六岁以上的人，根据不同情况，"照例同子孙论"，"以雇工人论"或"比照奴婢论"。"比照"为比附之意，"比照奴婢论"的人并非就是奴婢。至于财买而来的这种人有何名称，原建议并未明确指出。"新题例"把这种人称为"义男"。所谓义男，原意是乞养他人所生之子为己儿。此子若为异姓，本非同宗，如果改其姓以为己嗣，则将乱宗，有碍该宗血统的纯正，这是违法的；但若不改其姓，不继嗣，则法律不禁，称为义男或义子。②万历十三年舒化辑《问刑条例》所载条例，比较清楚地摆明了义子的法律地位："凡义子过房，在十五岁以下，恩养年久，或十六岁以上曾分有财产，配有室家，若于义父母及义父之祖父母、

---

① 《明律集解附例》卷二〇。
② 参见《大明刑书金鉴·户律》，"户役·立嫡子违法律附辨议"。

父母有犯殴、骂、侵盗、恐吓、诈欺、诬告等项，即同子孙取问如律。若义父母及义父母之祖父母、父母殴杀、故杀者，并以殴杀、故杀乞养异姓子孙论。若过房虽在十五以下，恩养未久，或在十六岁以上不曾分有财产、配有室家，及于义父之期亲并外祖父母有违犯者，并以雇工人论。"①义子之妇与义子具有同等身份。②这种"义男"，其本意与奴仆无关。"新题例"把上述"义男"名称引进后，使"义男"具有了第二种含义，即特定条件下的奴仆。在"新题例"中，"义男"乃是非功臣之家用价买进的人口，是为了区别庶民和功臣、缙绅的差别而给价买人口所起的另一名称。所以，其后人们解释说，"家长之临奴婢有二格，在卿大夫之家名曰奴婢，与勋臣为一律"；"在士庶之家名曰义男"。③这种义男的身份，亦及其妻，所谓"家人为义男，妻为义妇，分虽主仆，恩同父子"④。

第二，原建议中"恩养未久不曾配合"的义男，在"庶人之家"依雇工人论，在"新题例"中改为在"士庶之家"依雇工人论。这说明"新题例"的制定者考虑到除功臣、缙绅和庶民之外，还有"士"即"衿"，那些有功名（学衔）而未仕的人物，他们的地位问题在原建议中也未曾加以确定。"士庶之家"的提法，把"衿"和"缙绅"区别开来，放在和"庶民"同等的地位上了。

第三，应看到，以雇工人比义子，既不是吴时来首先提出的，也不是当时刑部官员提出来的。在此大约半个世纪前，即嘉靖十四年十一月，刑部曾题准一例："凡殴杀、故杀义子，若曾蒙恩养及

---

① 《问刑条例》卷六，北京大学图书馆藏善本。
② 参见管志道：《从先维俗议》卷二。
③ 同上。
④ 史典著，李仲麟重辑：《愿体集》卷四，"戒邪淫·仆妇"。

配有室家分有财产者,依殴杀、故杀乞养子孙律;其恩养未久、不曾配有室家分有财产者,依殴杀故杀雇工人律各科断。"①吴时来原建议中把财买对象"十五以下恩养已久,十六以上配有室家"作为"同子孙论"的界限,这是以年龄大小、在主家服役时间长短,以及主人为之婚配与否的三个条件作为标志的。"新题例"改为不论年龄,只用后两条为标志。这可能是考虑到年龄因素在这里并无意义的缘故吧。

根据"新题例",一个被价买的人如与主人发生诉讼案件,在大堂上,根据他在主家服役("恩养")时间的长短不同,主人为之婚配与否,特别是其所属主人的身份差别,而被置于不同的法律地位上。事情的另一面是,法律正是用同为财买义男而各具不同法律身份的办法,强调了士、庶之不同于缙绅,士、庶、缙绅之不同于功臣。这样,在形式上既保留了过去只有功臣之家才有权蓄奴的原则,又在实质上承认了士、庶、缙绅实际上大量蓄奴的客观事实,并给以保障其主仆关系的法律依据。

这一条例的制定,是在万历十六年正月,即在洪武建国后二百二十年、《大明律》正式颁发后一百九十一年。"新题例"的产生说明,当时庶民拥有奴婢的事实已大量存在,以至于需要在法律上有所反映。虽然庶民的奴婢还只能被称为"义男",或者在某些条件下庶民对奴婢的统治关系只相当于对雇工人的那种较弱的统治权;但是,"新题例"毕竟使得庶民财买人口和在实际上拥有奴婢一事不再非法,"若庶民之家存养奴婢者杖一百,即放从良"的法

---

① 《嘉靖新例·刑律》,"斗殴·奴婢殴家长",天一阁藏本。

律，从此成为具文。这可能是明代后期奴仆劳动有所发展的原因之一。

清代凡人存养奴婢受到法律的保护。清代的法律，基本上继承明律，许多条文照搬照抄。《户律》"立嫡子违法"条的正文部分也和明律中该条相同。但顺治三年颁布的清律对明律这条律文的最后一句："若庶民之家存养奴婢者杖一百，即放从良"做了一点小小的却非常重要的修改，即在"存养"二字后加上"良家男女为"五字小注，使这句话成为："若庶民之家存养（良家男女为）奴婢者，杖一百，即放从良。"①

如前所述，明律这一条文规定的原意是要强调功臣的特殊地位，行文的重点是"庶民"二字。也就是说，要用禁止庶民存养奴婢的办法突出功臣领受钦赐奴婢的特权。清律加上五字小注后，意义则完全不同。行文的重点由"庶民"转为"良家"二字，条文所要突出的不再是禁止庶民拥有奴婢，而是不准变良为奴婢。该律律注中写道："庶民之家存养良家男女为奴婢，压良为贱，杖一百，即放从良；若非压良为贱，不在禁限。"②关于这一点，清代著名法学家沈之奇在他的权威性著作《大清律辑注》中解释了这一规定的理由："谓其身等齐民，压良为贱，越分实甚也。"③根据这一解释，本来具有奴婢身份的人，并非"身等齐民"，庶民买卖他们不算压良为贱，不为"越分"，当然是可以容许的。换言之，只要不压良为贱，则庶民有权拥有奴婢，朝廷承认庶民主仆之间关系的合法性。

---

① 《大清律例》卷八，《户律》，"户役・立嫡子违法律"。
② 同上。
③ 转引自《唐明律合编》卷一二。

清人对"义男""义子"的解释是:"义子多系异姓,律有乱宗之咎,本不应以父子称","名为义子,实则主仆也"。①与明代相比,这时的所谓"义男""义子"已大多与乞养承祧毫不相干了。"律有庶民之家不得存养婢女之文,故买奴婢者,其身契多写'义子'、'义女'"②,所以有的刑名师爷明确地认为"买养义男,契载'服役'字样,即照奴仆问拟。③在随嫁物中出现了"随嫁义男"的现象。④也因此,有的地方,不是作为奴仆的乞养义男,也被亲友乡邻看作奴仆,其所分的财产"屡被侵夺,竟有公然控指为仆者,以致考试则被攻阻,齐民之家羞与婚媾"⑤。既然如此,庶民所有的奴婢与主人间的诉讼判决,不必再做任何比附,所有关于奴婢的法律对他们统统适用。这就把庶民拥有的义男,至少是"恩养未久不曾配合"的义男的身份大大降低,把有力蓄奴的庶民的地位相对提高了。既然庶民如是,绅衿和缙绅当然更加不在话下,"但言庶民,则士夫之家在所不禁矣"⑥,说的就是这个意思。

其后,雍正六年二月间,一份得到皇帝批准的礼部议奏也清楚地肯定这一点:"嗣后庶民之家照例不许存养良家男女为奴仆,其印契典卖奴仆,应其自便。"⑦不仅如此,连富有资财的奴仆家人也可拥有奴婢,法律在所不禁。⑧奴仆之奴,早已出现。元代,"婢役于

---

① 薛允升:《读例存疑》卷三七,《刑律》,"斗殴下·殴祖父母父母条注"。
② 同上。
③ 参见《大清律例统纂集成》卷二八,《刑律》,"斗殴·奴婢殴家长条下",某刑名师爷注。
④ 参见张履祥:《杨园先生全集》卷九,揭文。
⑤ 《湖南省例成案》卷五,《户律》,"田宅·典买田宅"。
⑥ 转引自《唐明律合编》卷一二。
⑦ 梁懋修:《定例续编》卷五。
⑧ 参见乾隆七年修《八旗则例》卷三,"户口·家奴设法赎身"。

婢者，俗谓之'重台'"①。清代仍有，例如《红楼梦》中的晴雯原来就是贾府家人赖大买来的。②

总之，就存养奴婢而言，明清时代的法律规定并非日益严格，相反，却逐步地使更多的人具有了蓄奴的合法权利，从而也给了他们以役使和残害奴婢的法律保障。这显然是逆历史发展的。清代初期，皇庄、官庄、旗地是以奴仆壮丁为主要剥削对象的，八旗兵丁和一般旗民也拥有奴婢。旗人固不必说，江南中产之家的妇女一般都要"坐役仆妇及婢女数人，少亦一二人"。自称"吾家寒素，敝衣粗食，颇能内外共之"的桐城方苞，也是家中"妇人必求婢女"。③可见蓄奴已为成风之痼习。法典正式承认庶民蓄奴的合法性，正是修改法典，使之适应落后生产关系的结果。

二、买奴的规定

清王朝准许庶民存养奴婢，这不等于它希望任何人都可以随时变成奴婢，从而造成等级界限的混乱状态，造成社会的不安。所以定律禁止"压良为贱"，以防止豪强逼迫良民为奴婢、成贱民；同时，还禁止将满族人、蒙古人、灶丁和逃犯卖为奴婢。

首先，清律规定禁止压良为贱。与前述"立嫡子违法"律的立意相一致，清律"略人略卖人"律也有禁止压良为贱的规定："凡设法略而诱取良人（为奴婢），及略卖良人（与人）为奴婢者，皆（不分首从、未卖）杖一百流三千里。……被略之人不坐，给亲完

---

① 陶宗仪：《辍耕录》卷一〇，"重台"。
② 参见《红楼梦》第77回。
③ 方苞：《甲辰示道希兄弟》，见《切问斋文钞》卷九。

聚。"《大清律例》卷二五,《刑律》,"贼盗下"。杖一百流三千里,在清代刑制中是除死刑外最重的刑罚;不分首从、不论已成未成均同等处刑,也是量刑从重的方式。对略卖人立法之峻,可见其立意是严禁这种行为。同时,对略卖子孙、亲属卑幼及妻妾为奴婢者,均各处刑有差。①

就该律的立意来看,除禁止压良为贱而外,还在于禁"略"卖。所谓"略人"的"略",是"设方略",即用计谋、诱引,并兼有哄骗他人被卖的意思。所谓"略卖人"的"略",是指"不以道取",即劫略、掳略,并兼有威劫的意思。②采用略卖手段和一般的价卖不同,"阴行诡计,欺罔无知,离散其骨肉,贱辱其身体,其情重,其法应严"③,用当时人的道德观点看,也是不能容许的。因此,即使被卖的不是良人而是他人奴婢,略卖者也要受到很重的处罚。

立法虽严,然而社会上略人、略卖人的现象从未禁绝,而且"犯者颇多"。统治者认为这是由于对略卖良人子女罪的惩治还不够严,处刑"皆不致于死"的缘故。"法轻不足以蔽辜",所以在康熙十六年正月,刑部根据清帝的旨意制定了如下条例:"嗣后凡犯诱取典卖,或为妻妾等事,不分所诱良贱,已卖未卖,为首者立绞,为从者系旗人枷责,系民人杖流。如止一人,即以为首论。被诱之人和同者,俱如为从之罪,非和同者不坐。不知情而典买者免罪,

---

① 方苞:《甲辰示道希兄弟》,见《切问斋文钞》卷九。
② 同上。
③ 《大清律例》卷二五,《刑律》,"贼盗下"。

追价给还。其以药物等项诱取者,俱如略诱人例治罪"①,通行。

规定的处刑加重了,略卖良人的事并不减少,法重也还"不足以蔽辜"。例如,雍正二年,河南"各处奸民专意串谋略诱,或活拆其夫妇,或骗其子女,或招为佃户而强行奸占,或假意周恤而遂致拐逃,甚至谋杀本夫,杳无下落,冒亲伙卖,得财分赃。种种不法,难以枚举"②。这反映了略卖现象的普遍性。

其实,清代略卖人口现象之不能消灭,根本原因并不是法轻,乃是由于他们所维护的那种奴婢制度的存在。清廷在准许奴婢买卖、人口买卖的条件下要禁绝"略卖",禁止压良为贱,当然是徒劳的。

应该看到,尽管法律有着这些规定,但压良为贱实际乃是清代奴婢队伍得以建立、补充、扩大的重要手段。大批的俘虏,是早期八旗奴仆的基本队伍。其后,官兵在战争中掠卖良民子女、官府公开组织招领孤儿,特别是八旗贵族大量接受投充等等,都是清政府公开的、合法的大规模地压良为贱的行为。在一个通行以势以力进行人身压迫的社会里,压良为贱和略卖良人现象禁不能止,是毫不奇怪的。

其次,禁买满洲、蒙古人口。为了维护民族统治,清政府不准把满族人、蒙古族人及其家人卖给汉人为奴,也不准卖与由汉人组成的汉军旗下为奴。康熙前叶一再制定条例申禁。如七年定例载:"满洲、蒙古人口不许卖与汉军、民人,亦不许私自相赠。违者,将所卖人并价入官,买主卖主系官革职;系护军、领催,披甲当差;

---

① 《康熙实录》卷六五;《清通考》卷一九六,"刑二·刑制";《清朝通典》(以下简称《清通典》)卷八〇,"刑一·刑制"。
② 田文镜:《严禁诱拐逃荒子女以全骨肉以息争讼事》,见《抚豫宣化录》卷四。

闲散旗人枷号两月，鞭一百；系民人枷号两月，责四十板。该管佐领骁骑校知情者革职；领催鞭一百，收税官亦革职。"①因此汉民无人敢买旗人为奴。雍正初，苏州织造李煦因亏空三十八万两被处分，其家属及家仆"男女并男童幼女共二百余名口，在苏州变卖"，宣布将近一年，"南省人民均知为旗人，无人敢买"。后解送北京，雍正帝决定令年羹尧从中挑选了一部分，其余交崇文门监督变价。②

康熙二十二年又定，"满洲、蒙古家人"也禁止卖与汉军、汉人。③同年，又对蒙古人与内地人相互诱买为妻妾奴仆者严加禁止。犯者，为首拟绞。④尽管禁止，蒙古人口卖与边民及将弁的还是很多，雍正十二、十三年达两千四百余口。雍正十三年再定新例："该地方官务须严禁边民不得娶买乞养蒙古人口。倘有故违定例私自典卖者，一经查出，从重治罪，并将该地方官一并严加议处。"⑤

再次，禁灶民卖身。灶户即为设灶煎盐的盐户，为四民之一。明末"灶户民户皆王民也，灶田民田皆王土也"⑥。灶户与民户同是良民百姓，考试另设专额。所不同者，灶户籍隶于官，他们在负担赋役方面，"既当里甲［县役］，又当栅甲"，"在县既纳粮差，在场又纳税盐"，较民户为重。⑦清代变化不大。灶户中承担盐役缴盐的丁壮称灶丁，灶丁由灶头管理，总辖于盐运大使，从事食盐

---

① 光绪《大清会典事例》卷一一一六，"八旗都统·户口·旗人买卖奴仆"。
② 参见《关于江宁织造曹家档案史料》，第208—209页。
③ 参见光绪《大清会典事例》卷一一一六，"八旗都统·户口·旗人买卖奴仆"；道光及咸丰《户部则例》，均见卷三，"民人奴仆"。
④ 参见《古今图书集成·经济汇编》，《祥刑典》卷六二，"律令部"。
⑤ 《雍正实录》卷一五八。
⑥ 康熙《新安县志》田赋志卷六；《艺文志卷》二〇。
⑦ 同上。

生产。贫穷灶户，受场商高利贷剥削，往往逃亡。直隶渤海沿岸的长芦盐区的灶户逃往关外的很多，他们无以为生，以致投身旗下为奴。这当然影响盐的生产和盐课收入，为此清政府加以禁止。康熙三十九年定例：有犯者，"将卖身人枷三月杖一百，回籍著役，保人枷两月杖一百，仍行文该地方官，追取身价交还原主。如不能偿，著保人代偿"①。乾隆六年规定："盐灶户民逃在关外卖身旗下者，该盐大使出具印甘各结，详该盐政核夺，行文该将军查提解送，不得令灶头自行持票出关查拿。"②

最后，禁止买卖逃犯。康熙十五年题准定例，"若在地方犯罪逃出卖身者，保人系民，枷三月杖一百；系旗人，枷三月鞭一百。原价追还给主。卖身人递解本地方官，枷三月杖一百，仍照所犯罪依律究治"③。

以上各条禁令都曾一再重申，可实际上这类买卖活动从来没有禁绝，特别是贫穷的蒙古人和灶户卖身为奴，在清前期的奴婢买卖中始终占有一定数量。

第二节 奴婢买卖

一、准许买卖凡人为奴婢

有清一代，贫苦农民由于还租、偿债或病丧等意外，生活无

---

① 光绪《大清会典事例》卷一一一六，"八旗都统·户口·旗人买卖奴仆"。
② 《乾隆实录》卷一四九。
③ 光绪《大清会典事例》卷一一一六，"八旗都统·户口·旗人买卖奴仆"。

着,走投无路,因而插标卖身、售妻鬻子以解一时之危的事,不仅在水旱蝗雹之年是普遍现象,就是"在平时亦有之"①。民间"因家无衣食,将子女入京贱鬻者不可胜数"②。赋税之滥征,也可逼得自耕农民售卖妻子。③甚至有人为逃避徭役而卖身旗下,因为,定例"凡卖身旗下之人,有丁徭者即开除丁粮"④。因此,每年都有许多人由于各种原因卖身为奴婢,从凡人等级降入贱民等级。清代的执法者和法学家从不把这种交易认作是"压"良为贱,或是"诱"卖、"略"卖,而绳之以法。他们认为,"赤贫之民饥寒待毙,困于计无复出,于是鬻卖以各全其生,此等情形岂能目之以诱?既不为诱,则不当治以诱卖之罪矣"⑤,这种交易乃是卖者"本人之情愿,非官长所可禁止者"⑥。所以"穷民当饥寒交迫之时,将妻妾子女售卖与人,原非得已,向所不禁"⑦。人口买卖行为既然得到政府允许,前述"略人略卖人"律自然也就起不了多大作用了。正如清代法学家解释这条律文时所评论的:"世情变态日滋,或遇灾荒之岁,而赤贫之民若限以禁律,转恐难保其生全,故例听其卖而不论。然既听其卖,则略卖亦所勿论矣。"⑧

对于这种人身交易,政府不但允许,而且予以保护。康熙十九年定例:"流移之民有情愿卖身者,在何处卖,许在本处官用印。

---

① 《雍正实录》卷一〇三。
② 《康熙实录》卷八二。
③ 参见《皇清奏议》卷一。
④ 《读例存疑》卷五三。
⑤ 《刑案汇览》卷二〇。
⑥ 《雍正实录》卷一〇三。
⑦ 乾隆二十四年通行,湖北臬司条奏。《刑案汇览》卷二〇。
⑧ 《大清律例统纂集成》卷二五。

若故意掯勒不行用印，发觉，交与该部从重议处。"[1]这一条例表明，"情愿"卖身不属于被压为贱，官方在卖身契上盖印，认可这种买卖的合法性。这就是为什么卖身契上都要写明"情愿"字样的原因。至于这"情愿"二字是买者用何等残酷的手段逼迫，卖者用多少血泪写下的，官府并不置问。假若该管吏对此发生怀疑，不予立即盖印，被上司发觉的话，还可能被认作"故意掯勒"，受到从重的处分。

康熙二十一年时，江南因有人以假姓名、假籍贯冒充中保，卖人与旗下，用印成交后，被卖者潜逃他往，中保无处可觅，故后来规定，先行提询媒保之两邻及保甲，取具甘结后方予用印。[2]可见，官府不但准许买卖人口，而且还定有保证买者利益的严格措施。

试图禁止人口买卖的官员，反而受到皇帝的申斥。雍正九年，河南省祥符、封丘等州县逃荒的贫民将子女卖给来河南贸易的山西、陕西商人。河南山东总督田文镜准备把进行这类交易的中保媒人拘拿惩治。雍正帝大不以为然，对田文镜提出如此建议，表示"深为骇异"。他认为此举是由于田某不能妥善安插灾民，又怕承担所属地区居民离散的责任而为。雍正帝说，禁止卖鬻子女是断绝灾民的生路，"岂为民父母所忍言乎"[3]！可见，皇帝把容许灾民卖儿卖女，当成朝廷救荒的措施之一了。

由官府协助把被典卖为奴婢的灾民赎出，变贱为良，也不是最高统治者所感兴趣的事。乾隆四年，河南、山东、江南等地被灾，

---

① 《古今图书集成·经济汇编》，《祥刑典》卷五九，"律令部"。
② 参见于成龙：《严饬旗下买人檄》，见《于清端公政书》卷七。
③ 《雍正实录》卷一〇三。

河南巡抚雅尔图于五年十二月通饬河南省："如有遇荒暂当之人，遇丰向赎者，劝令该主谅情放赎，不得拘定年限掯留。"①乾隆六年二月，他建议皇帝颁旨，令河南、山东、江南三省被灾穷民典卖的人口"不拘年限，不拘常例，俱准照原价取赎"②。当时荒年刚过两年，农村元气未复，灾民中很少有人具备回赎子女的经济能力，所以说，这种命令如能颁布，其作用可能很有限。但即使下这样一道谕旨，乾隆帝也不愿意，"此在汝等督抚自行劝谕于本省则可，岂可以朕旨勒令数省皆然乎"③！

嘉庆朝也有同样情况。嘉庆二十年，给事中申启贤建议"将民间因荒契卖子女"，"饬下各督抚广出示谕，许依契买原价赎还"。嘉庆帝认为"民间年岁荒歉，将子女契卖"，"或带往他乡，存亡不一，其听赎与否，只可从民之便。若一概官为出示准令回赎，恐因此藉词索诈，转滋讼端。所奏不准行"。④

乾隆后期，清王朝再次肯定了买卖贫民子女的合法性。乾隆五十三年，发生了这样一件事：旗人参领经文和协领德明等奉委照料哈萨克来使。他二人借出差的机会，沿途于直隶、山西、陕西、宁夏等地购买贫民子女十人。被揭发后，经文等被革职，沿途有关督抚均受申饬。乾隆此举并不表示他反对价买良人为奴婢。在谕旨中讲得很清楚，贫乏灾黎把子女卖给本地民户及过往客商，从来都是容许的，各省赴京引见官员沿途价买携带，也是"尚属可行"的。经文等之所以受处分，是由于"系由驿站行走，理宜简便，若

---

① 雅尔图：《心政录》卷五。
② 《乾隆实录》卷一三七。
③ 同上。
④ 《仁宗睿皇帝圣训》卷一三。

沿途买带子女，则拣择看视，说合讲价，既不免等候需时，而买定后沿途携带又需多用车辆夫马，必致扰累驿站，贻误差使。且此等买带子女之人未必尽系自行使用，或为人代买，或复行贩卖，更易滋别项情弊，而带领来使之人，尤为外藩所笑"，所以"不可不严行查禁"①。总之，经文等受处分是因为耽误时间、扰累驿站、易滋流弊、贻笑外藩，而不是因为买人。

乾隆帝的思想和雍正帝是一致的。他也认为前述雍正九年田文镜的建议，"其意不过为讳灾起见"，若概行禁止灾民将其子女出卖，"则灾黎贫乏不能自存，又无以养赡其子女，必致归于饿毙，岂轸恤灾黎之道。自不若听其卖鬻，则贫民既可得有身价，借以存活，而其子女有人养育，亦不至有冻馁之患，岂非一举两得，又何必强为禁止耶"。至于贫民将子女卖得的几文钱能够存活几日，被卖为奴婢的子女沦为贱民遭受非人待遇又何尝能免冻馁之患，则不在封建统治者考虑之内了。

由于经文事件的发生，四月二十九日乾隆帝发出谕旨，制定一条例文："嗣后，著各该督抚等遇有灾祲地方贫民卖鬻子女者，除本地民户、过往客商及并非驰驿官员，各听其便，毋庸禁止外，其有派委差使由驿行走之人，俱应禁止，民人不得私行售卖。并随时查察此等官员，如有违禁私买携带者，即行严参治罪。将此通谕各督抚等，并谕伊犁将军及新疆办事大臣一体严察，勿得仍前因循，致于咎戾。"②

由此可见，准许买卖民人子女政策，自康熙至乾隆都是一致

---

① 《乾隆实录》卷一三〇三。
② 同上。

的。嘉庆以后也未尝或改,直至光绪、宣统间大量的人口买卖,都可证明:这乃是有清一代的传统政策之一。

二、人贩与人市

清代既然准许凡人贫民卖鬻子女,那么,转卖奴婢当然更是"例所不禁"[1]。再说人口买卖并未限制数量,故而出现专门贩卖人口,以图厚利的人贩子。清政府曾多次下令打击人贩子。例如,顺治九年令,"外贩人口者,或将旗下妇女圈哄贩卖者,或掠卖民间子女者,更有强悍棍徒托卖身为名得银伙分者","著严行禁止","如故违,发觉,治以重罪"。[2]

康熙十九年下令禁止将诱来人口隐藏在家贩卖[3],并定例,"有贩卖人者,所卖之人及价银一并入官,人贩子处绞"[4]。康熙二十七年议准,"人贩子不得在市贩卖,如有仍前贩卖者,所卖之人及价银一并入官,人贩子处绞。其牙子若带到伊家转卖,或留在别处出卖者,不分旗下民人,俱发宁古塔给与穷披甲之人为奴"[5]。

乾隆二十四年据刑部复湖北按察使沈作朋条奏定例,"兴贩妇人子女转卖与他人为奴婢者,杖一百流三千里。若转卖与他人为妻妾子孙,杖一百徒三年。为从各减一等。地方官徇匿不报,别经发

---

[1] 薛允升:《读例存疑》卷二二,兵律,关津,按语。薛氏认为,"关津"有关禁止贩奴出关的规定,是"专为图利转卖者而设。若转卖与原价值相当,似可无庸科罪"。
[2] 《古今图书集成·经济汇编》,《祥刑典》卷五〇,"律令部"。
[3] 同上。
[4] 同上。
[5] 嘉庆《会典事例》卷六五八。

觉,交部议处"①。贩卖人口的罪刑,由绞死改流徙,较前大为减轻。清代法学家薛允升解释说,"兴贩妇人子女转卖,谓非由自己设计诱拐,是以拟罪从轻"②。

即使朝廷有这些惩治贩卖人口的定例,但兴贩妇人子女的事也从未间断,"拐带人口以贩卖于人者,凡繁盛处所皆有之"③。有的贩卖规模相当大。康熙十九年,巴天容、巴世忠等自山东海丰、乐安等六七州县诱拐人口至京师贩卖一案,被拐人口达八十人以上。④

康熙中叶,"吴中之民多鬻男女于远方。男之美者为优,恶者为奴;女之美者为妾,恶者为婢,遍满海内矣"⑤。

乾隆年间福建关于"媒馆"的记载写道:"闽俗竟有一种无赖棍徒,惯作媒人,私开媒馆。无论士庶之家,欲将婢女遣嫁,概系送至馆中,引人看卖"⑥,"私开媒馆,招人观看"⑦。

道光年间,湖北荆州府"有等不法之徒,在于往来要路假以歇店为名,实以囤贩为事,串同奸匪,诱拐良家妇女,送入伊家,辗转嫁卖"⑧。

清季,贩卖人口的活动尤其猖獗。

光绪四年,奸人"挟赀纠党,向晋、豫荒区贩卖妇女南下,

---

① 《读例存疑》卷三〇。
② 同上。
③ 徐珂:《清稗类钞·棍骗类》。
④ 参见《康雍乾时期城乡人民反抗斗争资料》,北京:中华书局,1979年,第370—372页。
⑤ 唐甄:《潜书》下篇,"上·存言"。
⑥ 《福建省例》,台湾文献丛刊第199种,第6册,第865—867页。
⑦ 《福建省例》卷三一,上海图书馆藏钞本。
⑧ 裕谦:《禁保甲包庇条约》,见《勉益斋偶存稿》卷三。

每次有贩得一二百人或三五百人者。而价值之贱,更不待言。其在直隶之天津、河间等属,拐匪又借年谷不登,流亡载道,乘间诱拐童男女,载归南省贩卖。虽经地方官访拿惩办,而轮船往来易于藏匿,故此风仍未绝也"①。

"豫省被灾以后,闻有奸徒乘荒掮贩妇女,自正阳关以至周家口,沿途船只连樯东驶,大都略卖他省。"②

河南周家口人贩子季长和被捕时,"起出妇女四十余人"③。

苏北清江将坎地方私贩"沿河而下,或数十人,或数百人,内有难妇小病,即投入河中,恐传瘟疫与别人也"。"贩卖之徒俱将难女轮流取欢,然后卖去。"④"私贩之徒俱用炮船护送,习以为常,不知凡几,曾未有人敢于截下。""自春至秋,每日路过清江者,有数十人,有百数十人不等。更有绕越而过者。由此观之,其数何可计耶。淮安板闸子有'人行'三家,大发其财。"⑤

光绪九年,直隶、山西、河南水旱为灾,"蚁棍水贩辈亦且挟持巨资,分道前往。每到一处,与其地痞谋,辄以贱价购其幼男少女,挈带而归。竟有一人而携至数十人,一船而载至十百人者"。被卖人口"堕落蚁棍水贩之手,威逼势胁,辗转售卖,男不为优即为仆,女不为婢即为娼。宦裔夷为贱役,良家流入烟花"⑥。

光绪二十年,四川重庆以下十三县大旱,船只由川至宜昌"带

---

① 《论禁贩人口》,载《新报》光绪三年六月初四日。
② 《苏抚院收赎妇女告示》,载《申报》光绪四年七月二十三日。
③ 《光绪实录》卷八〇。
④ 《照录清江来信》,载《申报》光绪四年十月初四日。
⑤ 同上。
⑥ 《字林沪报》,光绪十一年八月十四日。

下女孩极多,招人承买。十岁者不过六七串,十五六岁之好女子不过二十串"①。

从灾区以极低的价格买来,或者不花本钱拐骗到手的男女,运至城市贩卖,立获高价。巨利所在,犯罪亦无所惧。土豪地痞趋之若鹜而外,甚至有官员参加这种活动,"有职人员亦做此勾当,取其发财之易",没有他们参加,怎会有"炮船护送"呢!②官方立法虽严,查缉关卡甚多,但这种贸易仍旧具有相当大的规模。这是因为关卡人员与人贩子联手分利,"非惟绝不过问,甚且从而袒庇之,盖得其贿也"③。《清稗类钞》的编著者描述了清末上海的情况:"所拐妇孺,先藏之密室,然后卖与水贩,转运出口。妇女则运至东三省者为多,小孩则运至广东、福建等省者为多。""其上汽船也,更有人为之保险,船役亦有通同保险者,视此为恒业,与各处侦探相交通,故绝无破案事也。"④人贩子如果不把所获的血腥银子适当地分给职官吏胥、船主店家,是无法进行这种罪恶滔天的勾当的。清末如是,当然可以推及此前。这幅血泪斑驳惨不忍睹的历史画卷,径直展至新中国成立为止。

清代,与黑市人贩猖獗的同时,还存在着合法的人市。

我国古代一直有将奴婢像牛马牲畜一样公开买卖的人市。不必追溯过远,在元代,江南州郡就"处处有人市"⑤。明代山东集市"百货俱陈,四远竞凑,大至骡马牛羊,奴婢妻子,小至斗粟

---

① 《申报》,光绪二十年八月十九日。
② 参见《照录清江来信》,载《申报》光绪四年十月初四日。
③ 徐珂:《清稗类钞·棍骗类》。
④ 同上。
⑤ 《续资治通鉴》卷一九一。

尺布，必于其日聚焉，谓之赶集"①；至清代早期仍如此。②康熙二十七年议准，"各旗买人，俱令赴市买卖，写档之时，该翼确查明白，给付执照，人贩子不得在市贩卖"。这个条例的内容反映了清代人市是合法存在的。③

顾炎武曾描述了清初关中地区上市卖人的情况，"自鄠以西至于岐下，则岁甚登，谷甚多，而民且相率卖其妻子。至征粮之日，则村民毕出，谓之人市"④，这是农民无银交税而出卖骨肉者，以致形成人口市场的惨状。甚至帝辇之下的京师也有人市，清初著名的史学家谈迁《北游录》曾记："顺承门内大街骡马市，羊市，又有人市。旗下妇女欲售者丛焉，牙人或引至其家递阅。"⑤

清代人市有人牙⑥为中介。成交后，有官员负责登记档案，登给买人执照和查缉人贩子。清初规定"旗下官兵许令买人"⑦。旗人只准在本旗人市买卖人口："旗下买卖人口，赴各该旗市交易。若越至他旗市，被执者，身价二分入官，一分给拿获之人。"⑧康熙十九年规定，旗人买卖人口必须"赴市买卖"，由牙子从中说合。一笔交易做成，经官写档，"该翼确查明白，给付执照"⑨。这说明各旗都有自己的人口市场，官家对这种市场派有管理人员。

在人市进行的，毕竟是奴婢买卖的一部分，更多的人口交易并

---

① 谢肇淛：《五杂俎》地部。
② 参见张心泰：《粤游小志》卷三。
③ 参见嘉庆《大清会典事例》卷六五八。
④ 《皇朝经世文编》卷二九。
⑤ 谈迁：《北游录·纪闻下》，"人市"。
⑥ 人牙是合法存在的，其限制是不准逼勒妇女卖奸。
⑦ 嘉庆《会典事例》卷六五八。
⑧ 《古今图书集成·经济汇编》，《祥刑典》卷三九，"律令部"。
⑨ 同上。

不通过市场。

道光初年开始,更"有汉奸向雷[州]、琼[州]等府贩卖年幼女子",运到广州,卖给英国及其他外国人为婢。[①]

以上所述是私人之间的人口人市交易,除此之外,清代还有官卖奴婢。所卖人口,主要是籍没叛逆等项罪犯的家属、奴婢,贪污、拖欠钱粮官员抵帑的奴仆,以及其家缘事抄产入官的奴婢。这些人口,有的就地发卖,任人认买,有的集中北京,由内务府会计司发交崇文门监督鬻卖。此项入口立有定价。乾隆四十一年议准,"各旗入官人口变价银数,自十岁以上至六十岁,每口作价一十两;六十一岁以上,每口五两,九岁以下幼丁,按年岁作价,未满周岁,免其作价"。[②]甚至规定,八旗官兵认买此项入官人员可以分期付款:"八旗官兵指俸饷认买入官人口,价银十两至三十两者,定限一年扣完;三十两至六十两者,定限二年扣完;六十两以上者,定限三年扣完。"[③]

需要补充的是,这里主要谈的是奴婢的买卖,实则人口买卖。除与人为奴婢者外,还有大量妇人和幼女被诱拐卖身为娼妓。"奸徒将人拐骗,设置窑子,隐藏私卖者甚多。"[④]清律中虽有多条严禁,但皆乏实效。这类事实,历朝不断,在此不作重点叙述。

---

① 参见《广东贸易夷人日增,请敕严定章程以彰国威》,载《史料旬刊》第10期。
② 光绪《大清会典事例》卷一一一六。
③ 咸丰或同治《户部则例》卷二。
④ 《康熙实录》卷一一六。

第三节 红契奴婢与白契所买之人

清政府规定了买卖人口的手续：如果所买之人原是旗下奴仆，买主先到本旗佐领处呈报，经右左翼验明发给印照；如果所买之人为汉族民人，由买卖双方及亲邻中证写立卖身契约，在京师的，赴五城司坊官及大兴、宛平县衙门，在外地的，赴各该地方官挂号钤印。

经过衙门注册加盖印章的卖身契约，称为"红契"。红契奴婢（或称印契奴婢）无例外地属于贱民的范围之内。持有红契的主人在和该奴仆发生互相侵犯的刑事案件时，官方承认他在主仆关系中享有家长所具有的一切特权，受到法律的特殊保护。法典中关于奴婢的一切条文对红契奴婢都适用。他们的子孙就是"家生子"，这种"家生奴婢，世世子孙皆当永远服役"，即使年久身契遗失，只需"众证确凿，不必复以身契为凭"，都是当然的奴婢。①《红楼梦》中的丫鬟鸳鸯、小红等都是因此而进荣国府的。②

汉族民人经官印契所买奴仆，"俱照八旗之例，子孙永远服役"③，"俱系家奴"，"婚配俱由家主"④。

红契奴仆的女儿，因属主人所有，其父母不经主人同意自己做主把女儿嫁人者，要受严厉处分。"国初定，凡家仆将女子私嫁与人，不问本主者，鞭一百。不论年分远近，生子与未生子，俱离

---

① 参见《大清律例统纂集成》卷二八；赵翼：《陔余丛考》卷三八"家生子"条。
② 参见《红楼梦》第24、46回。
③ 道光或咸丰《户部则例》卷三。
④ 光绪《大清会典事例》卷八一○。

异,给予本主。"康熙八年、十二年、十九年,嘉庆六年,均有条例,陆续改为罚银,或赔偿妇女一口等。①

未曾经官用印的卖身契称为"白契"。白契所买之人(或称白契买身之人),跟红契奴婢不具有同一法律身份。持有白契的主人,在法庭上不一定享有持红契的家长那种特权地位。清政府对于白契的法律效力做了具体规定,并多次修改。白契持有者是否拥有家长对奴婢的特权地位,决定于当时起作用的条例是怎样规定的。

清廷对白契人身交易的态度,在康熙十一年发生了重大变化。此前,顺治十年规定,八旗民人买卖人口须注册钤印,"如不注册、无印契者,即治以私买私卖之罪"。这就是说,在康熙十一年出现新规定以前的十九年中,官府不但不承认白契具有任何法律效力,而且要对买卖双方加以惩治。

康熙十一年起,不再限制白契人口买卖活动,清政府承认了某些白契人口买卖的合法性。康熙十一年以后的历次条例大多包括两方面内容,一是规定某些条件下的白契所买之人与红契奴仆处于同等地位;二是规定不同红契奴仆的白契所买之人的地位或处置办法。这使白契所买之人的地位发生变化。

首先,从规定某些条件下的白契所买之人与红契奴仆处于同等地位方面来考察。有关条例内容的发展大体经过两个阶段。

第一个阶段从康熙十一年到乾隆二十三年,共计八十六年。这一阶段中有三点值得注意:

(1)都是以一个特定的年代作为判断标志。康熙十一年和

---

① 参见光绪《大清会典事例》卷七五六、八一〇;《古今图书集成·经济汇编》,《祥刑典》卷五九;《读例存疑》卷三六;《寄簃文存》卷八;等。

十九年二条例规定顺治十年为界；康熙二十二年规定以当年为界；康熙五十三年规定以康熙四十三年为界；雍正三年规定以康熙六十一年为界；雍正五年规定以当年为界；雍正十三年规定以雍正十二年为界；乾隆五年规定以雍正十三年为界；乾隆七年规定，奴仆以雍正十三年为界，婢女以当年为界。凡在上述特定年代以前确立的白契，朝廷承认它具有与红契同等的法律效力。

（2）雍正三年开始，增加一个新的标志，即虽在上述年代界限以后订立的白契，还要看买主是否曾为卖身人婚配。如果买主曾为之婚配，衙门也要判定该卖身人同红契奴仆。相对以前的规定，白契卖身之人等同红契奴婢的可能性增大。

（3）对地位同于红契奴婢的白契所买之人的规定越来越明确：康熙十一年规定"断与原主"；二十二年规定"照逃人例治罪"；五十二年刑部规定"白契卖身之人所生之子，若在买主家长大年久，即当'家生子'，可以披甲者亦令披甲"[①]，身份传及下一代；雍正三年规定不准赎身；五年更明确这种人"系家奴，世世子孙永远服役"，白契所买之人具备了红契奴婢的主要特征。

第二个阶段是从乾隆二十四年到清末。在这一百五十二年中，除乾隆五十三年条例通行的十三年以外，白契所买之人处于与红契奴婢同等地位的条件是，"杀伤家长及家长缌麻以上亲"。这一原则和过去以立契时间和婚姻状况为标志的立意完全不同。按照这一规定，白契所买之人只要不去伤害家长及其家族有服成员，就可不被判为红契奴仆。例意的实质可以理解为用条例来保证家长及其家属

[①] 《古今图书集成·经济汇编》，《祥刑典》卷八一，"律令部"。

的安全，瓦解白契所买之人对主人及其家族的武力斗争。

其次，从关于不同红契的白契所买之人的地位或处置办法方面考察，康熙十一年后的历次条例对那些不够同红契奴仆条件的白契所买之人的处置有四个阶段：

第一阶段从康熙十一年到康熙五十二年，规定白契所买之人"断出为民"；第二阶段从康熙五十三年到乾隆六年，规定"赎出为民"或"俱准赎身"；第三阶段从乾隆七年到乾隆五十二年，规定"以白契定拟"；第四阶段从乾隆五十三年到清亡，规定杀伤不同红契的白契所买之人，"以杀伤雇工人论"。

以上第一、二阶段没有明确规定在司法过程中不同红契奴仆的白契所买之人的身份地位；第三阶段规定了"以白契定拟"，由于法律并没有为白契规定特定的地位，从而他们的身份仍然不明。乾隆五十三年开始确定，家长杀死不同红契的白契所买之人"以杀伤雇工人论"。不同红契奴仆的那部分白契所买之人的身份，在历来条例的文字上虽是逐渐明确了，但整个说来，在实质上没有发生过根本性的变化。因为在清代法庭上，对这种人一直是当作雇工人看待的。乾隆七年，刑部侍郎张照说："白契即同雇工"，"历来成案"，"家主致死白契所买家人，则照雇工人科断"。① 这是有判例可以说明的。

例如，康熙四十五年，清苑县旗民寡妇关氏殴死家人刘六一案，"刘六系束鹿县人，曾写白契买与关氏为仆"，关氏令家人马二黑将刘六殴打、捆绑致死。法庭在判语中写道，"关氏合依家长殴死雇工人律杖一百徒三年"②。康熙四十五年是在上述第一阶段；当

---

① 《刑案汇览》卷二九。
② 《古今图书集成·经济汇编》，《祥刑典》卷七四，"律令部"。

时的条文并没有规定其同雇工人,而实际司法过程中就是照雇工人科断的。可见张照之语是有根据的。

根据以上分析,可以得出这样的结论:康熙十一年以前,清政府禁止白契买人。康熙十一年开始,准许白契买人。严格地说,在清代,不能说凡卖身之人其法律身份就是奴仆。白契卖身之人分别情况具有不同的身份:其中一部分与红契奴仆同,另一部分与雇工人同。区分二者的标志的变化大体上分为三个阶段:雍正三年以前是以特定的年代为标志;雍正三年到乾隆二十三年是以特定的年代以及买主曾否为之婚配为标志;乾隆二十四年以后则以是否杀伤买主及其有服亲族为标志。

乾隆二十五年,署理步军统领、大学士傅恒认为,白契卖身之人往往不安主家,要求赎身他去,乃是由于白契例准赎身、治罪轻于红契的缘故。针对这一原因,他建议白契所买之人有"酗酒犯上,滋生事端,及拐带逃走等情,俱照红契一例办理",并获得皇帝批准定例。①白契所买之人的法律地位显著下降。

特别应该注意的是婢女的情况。乾隆七年,婢女金玉白契卖身只半年,就被买主安氏杀死了。按照当时的规定,乾隆元年以后白契所买之人未经主人给予招配者,应以白契定拟。如果按照这一规定办理,那么安氏应做杀死雇工人的律文处理,即绞监候。但是法庭并非这样判处,而是把金玉当作奴婢,安氏不处死刑,按律只杖六十徒一年了事。司法者的这种做法既不是偶然的疏忽,也非有意开脱安氏的罪行。我们注意一下前面提到的历年条例,就会发现

---

① 参见傅恒题本,转见《康雍乾时期城乡人民反抗斗争资料》,第489—490页;《大清律例通考》卷八,吴坛按语。

一个共同的特点：这些条例都是为男性奴仆规定的。康熙十一年、十九年条例用"买民""买人"；康熙二十二年条例用"白契卖身之人"，康熙五十三年，雍正三年、五年、十三年，乾隆五年、七年等条例，均用"白契所买之人"，都不用律文上使用的"奴婢"一词。在涉及婚姻状况时，雍正三年、十三年以及乾隆五年例所用的"买主配给妻室者"，"单身及带有妻室子女之人"，乾隆七年条例所用的"婢女招配者"等等，都是以男性为主体，没有例外地都不曾提及婢女。在司法过程中，"历来内外问刑衙门于白契所买婢女"，"俱作红契定拟"，所以，安氏案的判处，与"旧案果属相符"，并不违法。①

刑部侍郎张照认为这样立法有偏颇之处，对婢女是不公平的。乾隆七年，他指出了"旗人所买婢女自来俱不印契，民人亦多不印契者"这一普遍现象，认为应该为婢女规定和男性奴仆一致的办法，买时需经官钤印，问刑时分别红、白契定拟。②他的建议经刑部会议、乾隆皇帝批准后定例如下："契买婢女务照价买家人例。旗人，将文契呈明该管佐领先用图记，自赴税课司验印；民人，将文契报明本地方官钤盖印信。至旗人契买民间婢女，在京具报五城，大、宛两县，在外县报该地方官，用印立案。倘有情愿用白契价买者，仍从其便，但遇殴杀、故杀，问刑衙门须验红契、白契分别科断。再，旗民所买婢女已经配给红契家奴者，准照红契办理。"③

这一定例使得白契所买的女性有机会进入雇工人这一等级。之

---

① 参见《刑案汇览》卷三九。
② 同上。
③ 光绪《大清会典事例》卷八一〇。

所以在清代建国已近百年时才提出这样的问题,薛允升评论说:"益可见买婢者多而买奴仆者较少。古今风气之不同,此其一端也。"①

附表二　清代关于确定白契所买之人身份的条例

定例年代	同红契奴婢的白契所买之人	不同红契奴婢的白契所买之人
顺治十年[1]	[八旗、民人买卖人口须注册钤印]	"如不注册、无印契者,即治以私买私卖之罪。"
康熙十一年[2]	"凡在顺治十年以前买人未用印信,当时中证明白者,断与原主。或无中证文契,本人自称卖身是实者,亦断与原主。"	"自顺治十一年以后买人,虽有中保,未曾用印者,断出为民。"次年题准,"旗人买民,查系白契断出为民者,即递原籍"。
康熙十九年[3]	"顺治十年以前买人,虽无中证,失落文契,所买之人伊身称系所卖是真,亦断与所买之人。"	"买人之人不带本人并保人,由正印官当堂验明,取供挂号,即与白契无异,将卖身之人不给买主,断出为民。"
康熙二十二年[4]	"康熙二十二年十月以前,有白契卖身之人,审问本人自供情愿,中证明白者,断与买主。此断过之人逃走,照逃人例治罪。"	——
康熙五十三年[5]	"[康熙]四十三年以前白契所买之人,俱断与买主。"	"[康熙]四十三年以后者,照原价赎出为民。"
雍正三年[6]	"康熙六十一年以胶各旗白契所买之人,俱不准赎身。若有逃走者,准递逃牌。""雍正元年以后白契所买单身……若买主配给妻室者,不准赎身。"	"雍正元年以后白契所买单身及带有妻室子女之人,俱准赎身。"

---

① 《读例存疑》卷三六。

续表

定例年代	同红契奴婢的白契所买之人	不同红契奴婢的白契所买之人
雍正五年[7]	"雍正五年以前白契所买","系家奴,世世子孙永远服役"。	——
雍正十三年[8]	"凡雍正十二年以前白契所买之人,一体不准赎身,逃者准递逃牌。""雍正元年以后白契所买单身……若买主配给妻室者,不准赎身。"	"雍正元年以后白契所买单身及带有妻室子女之人,俱准赎身。"
乾隆五年[9]	"凡雍正十三年以前白契所买之人,一体不准赎身,逃者准递逃牌。""乾隆元年以后白契所买单身……若买主配给妻室者,不准赎身。"	"乾隆元年以后白契所买单身及带有妻室子女之人,俱准赎身"。
乾隆七年[10]	"民人于雍正十三年以前白契所买家人,照八旗之例,准作为家奴,永远服役,倘其主殴杀、故杀,俱照红契一例拟断。""其乾隆元年以后","婢女招配者,亦照旗人配有妻室不准赎身之例,作为家奴"。	"乾隆元年以后,除婢女招配者"外,"其余白契所买之人,俱以白契定拟"。
乾隆七年[11]	"乾隆七年定例以前旗民白契所买婢女,俱准为红契。""旗民所买婢女,已经配给红契家奴者,准照红契办理。"	乾隆七年以后,"倘旗民情愿有白契价买者,仍从其便。但遇有殴杀、故杀之案,问刑衙门务须验讯红契、白契,分别科断"。
乾隆二十四年[12]	"白契所买奴婢,如有杀伤家长及家长缌麻以上亲者,均照红契奴婢一体治罪。"	"家长杀伤奴婢,仍分红、白契办理。"

续 表

定例年代	同红契奴婢的白契所买之人	不同红契奴婢的白契所买之人
乾隆二十五年[13]	"凡八旗白契所买家奴,如本主不能养赡,或念有微劳,情愿令其赎身者,仍准赎身外,如本主不愿,概不准赎。其有酗酒干犯、拐带逃走等情,俱照红契家人一例治罪。如有钻营势力倚强赎身者,仍照定例办理。"	——
乾隆五十三年[14]	"凡白契所买,并典当家人,如恩养在三年以上,及一年以外配有妻室者,即同奴仆论。"	"凡白契所买,并典当家人","倘甫经典买,或典买未及三年,并未配有妻室者,仍分别有罪无罪,照殴死雇工人本律治罪"。
嘉庆六年[15]	"白契所买奴婢,如有杀伤家长及杀伤家长缌麻以上亲者,无论年限,及已未配有室家,均照奴婢杀伤家长一体治罪。其家长杀伤白契所买恩养年久,配有室家者,以杀伤奴婢论。"	"其家长杀伤白契所买","若甫经买未配室家者,以杀伤雇工人论。"
嘉庆六年[16]	"雍正十三年以前白契所买","系家奴,世世子孙永远服役,婚配俱由家主,仍造册报官存案","如有干犯家长及家长杀伤奴仆,验明官册印契,照奴仆本律治罪"。	——

资料来源:[1][2]光绪《大清会典事例》卷一一一六,"八旗都统·户口·旗人买卖奴仆",第1页。

[3]《古今图书集成·经济汇编》,《祥刑典》卷五九,"律令部",第770册,第24页。

[4]同上书,卷六二,"律令部",第770册,第38页;《康熙实录》卷一一三,第8页。

［5］光绪《大清会典事例》卷一一一六,"八旗都统·户口",第2页。
［6］光绪《大清会典事例》卷七五二,《刑部》,"户律·户役·人户以籍为定",第1页。
［7］光绪《大清会典事例》卷八一〇,《刑部》,"刑律·斗殴·奴婢殴家长附条例",第2页。
［8］［9］光绪《大清会典事例》卷七五二,《刑部》,"户律·户役",第1页。
［10］光绪《大清会典事例》卷八一〇,《刑部》,"刑律·斗殴·奴婢殴家长附条例",第2页。
［11］光绪《大清会典事例》卷一一一六,"八旗都统·户口",第3页;见《定例续编》卷一一,《刑部》,"诉讼·奴婢犯罪验契审断",第19—20页。
［12］光绪《大清会典事例》卷八一〇,《刑部》,"刑律·斗殴·奴婢殴家长附条例",第2页。
［13］光绪《大清会典事例》卷七五二,《刑部》,"户律·户役",第4页。
［14］光绪《大清会典事例》卷八一〇,《刑部》,"刑律·斗殴",第2页。
［15］同上书,第2—3页。
［16］光绪《大清会典事例》卷八一〇,《刑部》,"刑律·斗殴·奴婢殴家长附条例",第2页。

第六章
清代奴婢脱离主家的法律

第一节　奴婢赎身

所谓赎身，就是奴婢向主人缴纳自己原得的身价，换取脱离主家的权利。清代满人的奴婢赎身以后，一是留在旗内成为开户人，另一种是同时获得准许脱离旗分转入民籍；汉人的奴仆赎身后，自然属于民籍了。关于赎身的定制，红契奴婢与白契所买之人各不相同。

一、红契奴婢赎身的条件

红契奴仆和家生子是经过官府认可的、真正意义上的奴仆，他们要想赎身是很困难的。虽然康熙十七年曾有"满洲、蒙古家人，其主愿令赎身在本佐领及本旗下者"[1]和"康熙二十一年用印契所买之人准令赎身为民"[2]的规定，但实际上并未实行过。乾隆

---

[1] 《古今图书集成·经济汇编》，《食货典》卷一七，"户口部"。
[2] 《乾隆实录》卷七〇。

四十四年的有关文献说,"印契置买奴仆并无缴价赎身之例"①可证。又,官方拟订的关于白契所买之人不准赎身的规定中,有时就用"准作家奴"或"准作为印契"的提法。可见,清代印契奴仆和家生子是不准赎身的。这种规定并非仅指旗下奴仆,汉人拥有的印契奴仆也是一样:"汉人家奴仆,印契所买奴仆","男属世仆,永远服役,其女婚配悉由家主。仍造清册呈明地方官存案"。②如"苏松所属地方,豪族以侈靡争雄长","其风俗多收奴仆,世隶之,而子孙永不得脱籍"。③就是指这种情况,其中所谓"收"主要是买。

但这是就一般情况而言,并不是绝对的。清初历年条例中也规定在下列条件下准许印契奴仆赎身。

一是该奴仆年老病衰,"不堪驱使"。康熙二十一年定例,"旗下印契所买之人及旧仆内,有年老疾病,其主准赎者,呈明本旗,令赎为民"④。乾隆五年定例,"驻防旗人置买本地家奴,本主因其不堪驱使、情愿准其赎身者,亦准放其为民"⑤。准许年老有病"不堪驱使"的印契奴仆赎身,理由很明显:主人已经不能再从该奴仆身上剥削到任何东西,与其继续花费赡养之资,直至死去,不如令其赎身,更可捞回当初购买该奴仆所付出的身价银两,从劳动者身上榨出最后一滴血汗而后弃之。

二是本主养赡不起。乾隆二十四年定例,八旗户下家人,不论

---

① 《大清律例统纂集成》卷八。
② 光绪《大清会典事例》卷一五八。
③ 钟琦:《皇朝琐屑录》卷三八。
④ 《清通考》卷二〇。
⑤ 光绪《大清会典事例》卷七五二。

远年旧仆及近岁契买奴仆,"本主不能养赡,愿令赎身为民者,呈明本旗咨部,转行地方官收入民籍"①。定此条例,显然是因为当时八旗生计日蹙,一些穷困的旗民已无力蓄用许多奴仆的缘故。

三是准许奴仆的后裔赎身。雍正三年定例,旗下奴仆"若果系数辈出力之人,本主念其勤劳,情愿听其赎身为民,旗部有案可稽,州县有案可据,为民者仍归民籍,旧主子孙不得藉端控告"②。这要出于主人的"恩典"和"慈悲",不是奴仆所可奢望的。"数辈"究竟是几辈,数辈之后,旗部是否还有案可稽,州县是否还有案可查,都是未知数。因此,根据这一条案例,到底有多少奴仆能获得自由,是很成问题的。何况这一条例所适用的对象是红契奴仆的子孙,即家生子,而非红契卖身者本人。

这些条例皆有一个共同的特点,即都以主人情愿为必要条件。

年迈力衰、不堪驱使的奴仆,主人当然情愿让他们赎身。主人无力蓄养奴仆,则不得不准许奴仆赎身。在这两种情况下,甚至可能奴仆想不赎身而不可得。但是一个身强力壮、聪明能干的奴仆,即使凑足了赎身银两,如果得不到主人的允许,仍然不能赎身。而这种奴仆,恰是富有的主人不情愿他们离开。特别是"八旗户下家奴如有钻营势力欺压孤幼赎身为民者,倍追身价给还原主,将人口赏给各省驻防兵丁为奴"③的规定,更增加了家奴赎身的困难。因为赎身之后,如果主人声称并非情愿,因而提出控告的话,该奴仆所受的惩罚是相当严重的。

---

① 光绪《大清会典事例》卷一一一六。
② 光绪《大清会典事例》卷七五二。
③ 光绪《大清会典事例》卷一一一六。

作为规律性的现象,主人绝不会自动放弃剥削奴仆的任何机会,也不会赡养不能劳动的奴仆;否则,对他来说就失去了蓄奴的意义。对这些条例的分析可以认为,当红契奴仆丧失劳动能力时,在法律上,主人没有继续赡养的义务;当他们还能够为主人劳动时,想要赎身而去,那是相当不易的,甚至只有他的孙辈、重孙辈才有这种可能性。作为维护奴婢制度的法律,它给予主人以决定红契奴仆(包括家生子)去留的绝对权利。盖有官府大印的卖身契,其法律效力在时间上是没有限制的。

此外,还有两种特殊情况。其一,即"官兵家下厮役"在战争中立功,可以获得赎身机会。康熙三十五年谕:"官军之厮役人等,有能逾鹿角营而进击者,作何给还本主身价,令其出户,以示劝励",令领侍卫内大臣集议。集议结果建议"官军家下兵丁厮役,或骆驼营,或鹿角营,或于旷野,贼兵对敌之处,有能首先跃入""之家下兵丁厮役及其父母妻子,俱拨在佐领,立为另户,照例计其人口,给还伊主身价"。建议得到康熙帝的首肯,并补充:"其第二、三前进者亦著照此例行。"①这种赎身机会,只有在战争中随主出征的官兵家奴中的极少数人可能获得,在承平年代则没有这种机会。

其二是卖身灾民,有时可以获赎。如乾隆四年,江苏嘉定县碑示:"雍正十年奇灾后卖身者","应听回赎"。做出这一规定的理由是,他们卖身乃因"救死情迫,与自甘下贱者不同"②。

---

① 《康熙实录》卷一七〇。
② 光绪《嘉定县志》卷二九。

附表三　清代关于印契奴仆赎身问题的条例

定例年代	印契奴仆赎身条例
康熙十七年[1]	"满洲、蒙古家人，其主愿令赎身在本佐领及本旗下者，听。若违禁放出为汉军、民人者，照买卖例治罪。"
————[2]	"康熙二十一年用印契所买之人准令赎身为民。"
康熙二十一年[3]	"旗下印契所买之人及旧仆内，有年老疾病，其主准赎者，呈明本旗，令赎为民。若将年壮旧人借名赎出者，照买卖例治罪。"
康熙三十五年[4]	"官军家下兵丁厮役，或骆驼营，或鹿角营，或于旷野，贼兵对敌之处，有能首先跃入，众人接踵继进，以致杀败敌寇，其首先跃入之家下兵丁厮役及其父母妻子，俱拨在佐领，立为另户，照例计其人口，给还伊主身价。〔得旨：依议。其第二、三前进者，亦著照此例行。〕"
雍正三年[5]	旗下奴仆"若果系数辈出力之人，本主念其勤劳，情愿听其赎身为民，旗部有案可稽，州县有案可据，为民者仍归民籍，旧主子孙不得藉端控告"。
乾隆五年[6]	"驻防旗人置买本地家奴，本主因其不堪驱使，情愿准其赎身者，亦准放其为民。"
乾隆五年[7]	"远年印契所买奴仆之中，如内有实系民人印契卖与旗人，契内尚有籍贯可查，照乾隆元年以前白契所买家人之例，三辈后准其为民，仍将伊等祖父姓名籍贯一体造册，咨送户部查核。"
乾隆二十四年[8]	"凡八旗户下家人，不论远年旧仆，及近岁契买奴仆，如实系本主念其数辈出力，情愿放出为民，或本主不能养赡，愿令赎身为民者，呈明本旗咨部，转行地方官收入民籍，不准求谋仕宦。至伊等子孙，各照该籍民人办理。倘有借他人名色认买，私自出旗，或将子孙改姓潜入民籍者，照例治罪，断归本主，有钻营势力，欺压幼孤，赎身为民者，倍追身价给主，将人口赏给各省驻防将军、副都统为奴。如系本身得银放出，潜入民籍者，止科其不行呈报之罪，仍准为民。"

第六章　清代奴婢脱离主家的法律

续 表

定例年代	印契奴仆赎身条例
乾隆二十五年[9]	"凡八旗白契所买家奴，如本主不能养赡，或念有微劳，情愿令其赎身，仍准赎身外，如本主不愿，概不准赎。其有酗酒干犯拐带逃走等情，俱照红契家人一例治罪。如有钻营势力，倚强赎身者，仍照定例办理。"
乾隆四十四年[10]	"印契置买奴仆，并无缴价赎身之例。其入官变卖家奴，具呈认买，自应照印契家奴一律办理。"
乾隆五十六年[11]	"八旗户下家奴如有钻营势力欺压孤幼赎身为民，倍追身价给还原主，将人口赏给各省驻防兵丁为奴。"

资料来源：[1]《古今图书集成·经济汇编》，《食货典》卷一七，"户口部"。

[2]《乾隆实录》卷七〇，第27页。未见例文。此系乾隆三年六月丙申议政大臣尹泰等议覆赵国政条奏内引用。

[3]《清通考》卷二〇，"户口二"，第5041页。

[4]《康熙实录》卷一七〇，第10—11页。

[5] 光绪《大清会典事例》卷一一一三，"八旗都统·户口"，第4页；卷一一一六，第2页；卷七五二，《刑部》，"户律·户役"，第2页。据《大清律例通考》，"此条据雍正三年怡贤亲王条奏删定，乾隆五年入律，乾隆三十二年修定"（卷八，第6页）。

[6][7] 光绪《大清会典事例》卷七五二，《刑部》，"户律·户役"，第2页。

[8] 光绪《大清会典事例》卷一一一六，"八旗都统·户口"，第3页。

[9] 光绪《大清会典事例》卷七五二，《刑部》，"户律·户役"，第4页。

[10]《大清律例统纂集成》卷八，"刑律·户役·人户以籍为定律眉引户部改"。

[11] 光绪《大清会典事例》卷一一一六，"八旗都统·户口"，第4页。

二、白契所买之人赎身的条件

在清代，白契卖身之人是否可以赎身呢？回答是，有的可以，有的不可以。

一般说来，清政府是不承认不到官府办理买卖手续的奴仆买卖的；当发生刑事案件时，问刑衙门不承认主人对白契所买之人具有像对红契奴仆那样的家长权。但一则由于这种私下的奴仆买卖行为是大量的,二则这种契约一旦建立以后,在实际生活中,主仆关系也就随之形成,而且不是可以随意解除的。因此,清政府长期以来并不禁止白契买卖,也不要求解除这种主仆关系,而是有条件地承认这种关系的合法性,把某些白契所买之人当作红契奴仆一体看待,不准他们备价赎身。

  清政府历年条例中关于白契卖身之人不准赎身的规定,一是划定一定的时间为界限。清代早期定例,"康熙二十二年十月以前白契卖身之人俱断与买主"①。康熙五十三年定例,"康熙四十三年以前白契所买之人俱断与买主"②。其后,随时间的推移,老一辈的白契卖身之人逐批死去,所以清政府多次修改规定的年限:雍正三年定为康熙六十一年以前;雍正十三年定为雍正十二年以前;乾隆三年定为乾隆元年以前;乾隆五年定为雍正十三年以前。各条例有效期内,定限以前白契卖身之人不得赎身。这种以时间为限的规定无道理可言,可以理解为只是官府承认既成事实罢了。正如薛允升在分析乾隆五年定例时所讲的:"此条分别雍正十三年以前及乾隆元年以后,以例文系乾隆五年修改,故以此二年明立界限也。"这种以定限为界的办法,直至清末也没有再修改。对此,光绪年间薛允升曾说,"第现在不特无雍正十三年以前白契所买之人,即乾隆元年以后白契所买及配给妻室者已经数辈,均与此例不符"。他也疑惑为什么"二百年来从无改正"③。

---

① 《古今图书集成·经济汇编》,《祥刑典》卷八一,"律令部"。
② 光绪《大清会典事例》卷一一一六。
③ 《读例存疑》卷九。

另一规定是看奴仆的婚配状况如何。白契所买之人是否带有妻子,并不影响他的身份。但单身的白契所买之人如果接受了主家配给妻室,即使在上述时间定限以后买进的,也不得赎身。雍正元年规定,"白契卖身之人经买主配与妻室者不准赎身"①。雍正三年规定,"雍正元年以后白契所买单身","若买主配给妻室者,不准赎身"。②乾隆五年规定,"乾隆元年以后白契所买单身","若买主配给妻室者,不准赎身"。③乾隆七年规定,乾隆元年以后民人白契所买家人,"婢女招配者,亦照旗人配有妻室不准赎身之例,作为家奴"④。奴仆一般是没有经济能力自行娶妻的;也没有良家女子愿意嫁给他们。婢女人身是属家长所有的,具有红契奴婢的身份,她们的婚姻由家长全权决定。为婢女指配,为奴仆娶妻,不论他(她)们是否愿意,都被认作是家长的"恩情"。买主把自己拥有的婢女配给白契所买之人为妻,要求白契所买之人以终身隶属作为对这种"恩情"的报答。本可赎身的白契所买之人由于接受主家配给的妻室,降低到同妻子一样低下的身份地位。

那些在按照上述各条例规定时限以后卖身,而又没有接受主家为之婚配的白契卖身之人,是准许赎身的。如康熙五十三年规定,康熙"四十二年以后〔白契卖身〕者,照原价赎出为民"⑤;雍正三年规定,"雍正元年以后白契所买单身及带有妻室子女之人,俱准赎

---

① 光绪《大清会典事例》卷一一一六。
② 光绪《大清会典事例》卷七五二。
③ 同上。
④ 光绪《大清会典事例》卷八一〇。
⑤ 光绪《大清会典事例》卷一一一六。

身"①；乾隆三年规定，"乾隆元年以后白契所买之人，未入丁册者，准照例赎身为民"②；乾隆五年规定，"乾隆元年以后白契所买单身及其带有妻室子女之人"和无族人可归的"八旗绝户家奴"，"内有乾隆元年以后白契所买奴仆，情愿赎身为民者"③，准照例赎身。

规定在某些情况下容许赎身，这就是白契卖身之人和红契奴仆的重要差别之一。

但需特别注意的是，乾隆二十四年开始，白契卖身之人赎身规定有了较大的改变。该年定例："近岁契买奴仆"，"有钻营势力，欺压孤幼，赎身为民者，倍追身价给主，将人口赏给各省驻防将军、副都统为奴。如系本身得银放出，潜入民籍者，止科其不行呈报之罪，仍准为民"。④例中"契买奴仆"并未申明包括白契所买之人，严格地说，该例是不适用于他们的。但在实际司法过程中却用于白契所买之人了。

乾隆二十五年，正白旗满洲二等侍卫武三泰的白契所买之人双德"缘稍有蓄积，遂起意赎身"，托人向主人说合；另一家奴不给他向主人回报，双方争吵〔按：并非双德本人和主人武三泰争吵〕，因而赎身不成，反被呈控，双德被判"枷号二个月，满日鞭八十，交与刑部发往外省驻防地方给兵丁为奴"。这大体上是乾隆二十四年条例的运用。

根据这个案例，署理步军统领、大学士、忠勇公傅恒认为，由于白契所买之人例准赎身，犯罪时仅按雇工人对待，所以"近年

---

① 光绪《大清会典事例》卷七五二。
② 同上。
③ 同上。
④ 光绪《大清会典事例》卷一一一六。

以来，有等无籍游民，白契投身充当仆役，迨稍有积累，则不安服役，百计设法赎身。……彼此效尤，名曰'跳官头'"。他推论说，像武三泰这样的旗人官宦之家还发生这样的事件，一般人家"势必常受厮役之玩侮"。他认为，"究其根由，总有恃白契有赎身之例，而治罪又轻于红契家人，是以往往无所忌惮"，为了"正名分"起见，傅恒建议："请嗣后凡白契所买之人，如本主不能养赡，或念有微劳，情愿令其赎身者，仍准其赎身外，如本主不愿准其赎身者，悉照雍正十三年以前白契所买家人之例，概不准赎。其有酗酒犯上，滋生事端，及拐带逃走等情，俱照红契家人一例办理。若设法赎身及倚强赎身者，俱照上年户部奏准之例，除治罪外，分别给主，及赏给外省驻防将军、副都统等为奴。"傅恒的这份奏章上奏于乾隆二十五年六月十二日，当日就获旨批准。①

这就是说，从乾隆二十四年，或者说，至少从乾隆二十五年六月开始，改变了此前以特定时间界限或者是否接收主家为其婚配的赎身条件的规定，此后，所有白契所买之人都跟红契奴仆一样，备价赎身的可能性完全建筑在主人意愿的基础上。

这一条例确实使得某些白契卖身之人求赎不得，反而吃了苦头。例如，乾隆五十四年刘成案：刘成夫妇二人白契卖身至张邦杰家，还"未及一年"。他"因在主家受苦"，就提出了赎身的要求，但张邦杰不准。刘成"赴坊呈控，希图官断准赎"。按照规定，他是可以缴价赎身的。谁知官府竟认为刘成的行动"实与钻营势力欺压赎身无异"，结果刘成不仅赎身未成，反被判"发烟瘴少轻地方

---

① 参见中国第一历史档案馆藏：《内务府来文》，傅恒题本；《大清律例通考》卷八。

充军"。①

乾隆五十六年,这一条例又得再度重申。

总之,清代的白契卖身之人有一部分是可以赎身离主的。但是,朝廷制定的有关条例,从18世纪60年代开始,发生了重大变化,自那时以后,白契卖身之人得否赎身,只凭主人意愿决定,从而其赎身条件几乎和红契奴仆相仿。这一现象,在等级关系的发展上,乃是一次逆转。

附表四 清代关于白契所买之人赎身问题的规定

定例年代	不准赎身的白契所买之人	准许白契所买之人赎身的条件
_____[1]	"康熙二十二年十月以前白契卖身之人俱断与买主。"	——
康熙五十二年[2]	"白契所买之人,若在买主家长大年久,即当义子,可以披甲者亦令披甲。"	——
康熙五十三年[3]	[康熙]"四十三年以前白契所买之人,俱断与买主"。	[康熙]"四十二年以后者,照原价赎出为民"。
雍正元年[4]	"白契卖身之人,经买主配与妻室者,不准赎身。"	——
雍正三年[5]	"康熙六十一年以前各旗白契所买之人俱不准赎身。""雍正元年以后白契所买单身""若买主配给妻室者,不准赎身"。	"雍正元年以后白契所买单身及带有妻室子女之人,俱准赎身。"

① 《刑案汇览》卷七。

续表

定例年代	不准赎身的白契所买之人	准许白契所买之人赎身的条件
雍正十三年[6]	"雍正十二年以前白契所买之人,一体不准赎身。"	——
乾隆三年[7]	"乾隆元年以前白契所买之人,既准作为印契,仍照例在本主户下挑取步甲等缺","不准赎出为民"。	"乾隆元年以后白契所买之人,未入丁册者,准照例赎身为民。""乾隆元年以前白契所买之人","俟三辈后,著有劳绩,本主情愿放出为民者,呈明本旗,咨报户部,册档有伊祖父姓名者,亦准放出为民,仍行文该地方官查明注册,止许耕作营生,不准考试"。
乾隆五年[8]	"雍正十三年以前各旗白契所买之人俱不准赎身。""乾隆元年以后白契所买单身""若买主配给妻室者,不准赎身"。	"乾隆元年以后白契所买单身及带有妻室子女之人俱准赎身。"
乾隆五年[9]	——	"八旗绝户家奴,如无族人可归者","如内有乾隆元年以后白契所买奴仆,情愿赎身为民者,照例赎身。其身价银两,照绝户财产入官例办理"。
乾隆七年[10]	"民人于雍正十三年以前白契所买家人,照八旗之例,准作为家奴,永远服役","其乾隆元年以后[白契所买家人]","婢女招配者,亦照旗人配有妻室不准赎身之例作为家奴"。	[除左项外]"其余白契所买之人俱以白契定拟"。

续 表

定例年代	不准赎身的白契所买之人	准许白契所买之人赎身的条件
乾隆二十五年[11]	"八旗白契所买家奴","如本主不愿,概不准赎","其有酗酒犯上,滋生事端,及拐带逃走等情,俱照红契家人一例办理,若设法赎身及倚强赎身者,准照上年户部奏准之例,除治罪外,分别给主,及赏给外省驻防将军、副都统等为奴"。	"八旗白契所买家奴,如本主不能养赡,或念有微劳,情愿令其赎身者,仍准赎身。"
乾隆五十三年[12]	"乾隆元年以前白契所买之人,既准作为印契,仍照例在本主户下挑取步甲等缺。"	"乾隆元年以后白契所买之人,未入丁册者,准照例赎身为民。""乾隆元年以前白契所买之人","俟三辈后著有劳绩,本主情愿放出为民者,呈明本旗,咨部存案。若汉人,则令本主报明本籍地方官,咨部存案,俟部核复,准入民籍"。

资料来源:[1]《古今图书集成·经济汇编》,《祥刑典》卷八一,"律令部"。不著定例年代。

[2]光绪《大清会典事例》卷一一一六,"八旗都统·户口",第2页;《古今图书集成·经济汇编》,《祥刑典》卷八一,"律令部",作"白契卖身之人所生之子,若在买主家长大,即当家生子,可以披甲者,亦令披甲"。

[3]光绪《大清会典事例》卷一一一六,"八旗都统·户口",第2页;《古今图书集成·经济汇编》,《祥刑典》卷八一,"律令部",所引为"将五十二年以前白契卖身之人俱断与买主,五十三年以后白契卖身之人,若还原价,仍准出为民"。

[4]光绪《大清会典事例》卷一一一六,"八旗都统·户口",第2页。

[5][6]光绪《大清会典事例》卷七五二,《刑部》,"户律·户役",第1页。

[7]光绪《大清会典事例》卷七五二,《刑部》,"户律·户役",第2页;卷一一一六,"八旗都统·户口",第2页。

[8]光绪《大清会典事例》卷七五二,《刑部》,"户律·户役",第1页。

[9]同上书,第2页。

[10] 光绪《大清会典事例》卷八一〇,《刑部》,"刑律·斗殴",第2页。

[11] 中国第一历史档案馆藏:《内务府来文》,傅恒题本,转引自《康雍乾时期城乡人民反抗斗争资料》,第489—490页;《大清律例通考》卷八,"户律·户役",作乾隆二十六年入律。

[12] 光绪《大清会典事例》卷七五二,《刑部》,"户律·户役",第2页。据《读例存疑》卷九,"户律·户役",此例"系乾隆三年例,五十三年修改,嘉庆十一年改定"。

三、赎身奴婢及其子孙的法律地位

如前所述,不论红契奴仆还是白契卖身之人,赎身机会都很难得。不过一旦得到主人允许,并办理了一切必要手续之后,他们是可以离开主人自去谋生的。如康熙初年崇明县吴某家贫,四个儿子都卖给富家为奴。"及四子长,愈能成立,各自赎身娶妇",兄弟四人均在县为坐贾,"伯开花米店,仲开布庄,叔开腌腊,季开南北杂"。①但是赎身奴仆是否由贱入良,和家长处于平等的法律地位呢?在一个"家主殴死家人"的案件中,乾隆皇帝曾批示:"若业已赎身,则与现在服役者不同,拟议自当区别,何得概照主仆成例,致情罪不得其平?"②由此看来,奴婢赎身与否,其法律地位应有很大差别。但仔细分析律例情况还是比较复杂的。

首先,赎身奴仆和他原来的主人("旧家长")在刑律面前地位仍不平等。法律规定,赎身奴婢"如有谋杀旧家长者,仍依谋杀家长律科断"③。赎身奴婢殴旧家长及家长殴赎身奴婢,处刑也不得同凡人论。④例如,凡人之间相互斗殴致死,犯者处以绞候。

① 寄云斋学人编:《日记故事续集》卷上,第11页;《切问斋文钞》卷九。
② 《乾隆实录》卷六八〇。
③ 《大清律例》卷二六。
④ 参见《读例存疑》卷三七。

家长殴死"无罪奴婢",处杖六十徒一年,比殴死凡人罪轻六等;旧家长殴死赎身奴婢,判杖一百徒三年①,较殴死凡人罪轻二等。赎身奴婢骂旧家长者,仍依骂家长本律论,绞监候,不得同凡笞一十。②直至宣统二年改定的《核定现行刑律》还规定赎身奴婢干犯家长依雇工人本律减一等治罪。可见,赎身离主的奴婢,只在经济上摆脱了家长的剥削和奴役,而在法律上,其地位虽然有所提高,但并不因此而取得和主人平等的身份。

其次,赎身奴婢和旧家长的家族成员的法律地位也是不平等的,关于这一点,法律原无详细规定。乾隆四十二年专门就此定例:"家长之期亲,若外祖父母,殴死赎身奴婢者,处杖一百徒三年","故杀者拟绞监候"。"大功亲殴死赎身奴婢者,杖一百流二千里;小功、缌麻递加一等。(故杀亦绞监候)"这和凡人殴杀人者、凡人故杀人者判斩监候相比,显然都是从轻的。而且赎身奴婢和旧家长及其亲属间,仍有所谓"干名犯义"的问题。"若赎身奴婢干犯家长期亲以下亲者,俱依雇工人律科断";赎身奴婢"干犯家长大功以下亲、以良贱相殴论"。③乾隆四年,江苏嘉定县立"申明放赎奴婢定例"碑刻道:奴婢赎身之后,"仍存主仆名分,如有违犯,照雇工人科罪"。④赎身奴婢的低下地位,在这里,有时反映为"依雇工人律科断",有时又反映为"以良贱相殴论"。清律中"雇工人"和"贱民"的地位不是等同的。这一条例说明法律并没有给赎身奴仆规定一个明确的特定身份;但无论如何,他在法律面前,不能和旧

---

① 参见光绪《大清会典事例》卷八一〇。
② 参见《大清律例》卷二九。
③ 光绪《大清会典事例》卷八一〇。
④ 光绪《嘉定县志》卷二九。

家长整个家族中的任何有服成员地位平等。

不仅如此,赎身奴婢甚至和旧家长已出五服的亲属都不能平等相处,因为条例还规定,无服亲属的已赎身奴婢,"如有杀伤干犯,各依良贱相殴本律论"①。

由此可见,奴婢即使赎身,也不能摆脱家长及其家族统治的巨大阴影。

奴婢已经赎身,仍和旧主家族不具平等法律身份,乃是由于奴仆赎身以后与家长"仍存主仆名分"②;或者说,"仍存上下之分"③。如上所述,清代法制的规定,奴仆能否赎身,其决定权全在家长手中。允许奴仆缴价赎身这件事本身就是家长对奴仆的一种"恩典"。奴婢获得赎身,就是接受了主人这份"恩典"。所以,赎身奴仆虽然已不再为主人服役,但和主人之间"主仆恩义犹存"④,"义未绝也"⑤;这"犹存"的"恩义"决定他再也不能摆脱名分的约束,他和主人之间永无平等可言,"即名赎而终不得与比肩"⑥。

赎身奴仆和主人及其家族的这种关系,甚至影响后代,奴仆赎身前在主家时所生的子女也受这种名分的约束。定例,赎身奴仆"在主家所育子孙,仍存主仆名分,不许开豁为良"⑦;雍正六年又重申了这一点。⑧不过,这时的定例指的是"在主家所育之子

---

① 光绪《大清会典事例》卷八一〇。
② 道光《户部则例》卷三。
③ 《定例续编》卷五。
④ 《大清律例》卷二六。
⑤ 《读例存疑》卷三七。
⑥ 《研堂见闻录》。
⑦ 道光《户部则例》卷三。
⑧ 参见《定例续编》卷五。

孙"，就是说不是赎身奴仆的全部子孙，"不在主家所育之子孙"是"准予豁免为良"的。①

乾隆三十八年和四十二年定例关于赎身奴婢的子女与旧主及其家族成员间相犯的处刑规定，几乎把赎身奴婢的子女置于和其父母同等低下的地位上。如家长及家长期亲、外祖父母殴死赎身奴婢子女，"杖一百徒三年，故杀者拟绞监候"；"赎身奴婢之子女干犯家长及家长期亲、外祖父母，亦以雇工人论"；"干犯家长大功以下亲，以良贱相殴论"等规定，都是和对待赎身奴婢本身一样的。所不同处仅赎身奴仆子女和旧家长的无服亲属之间是平等的凡人关系而已。此外还应注意到，乾隆三十八年和四十二年定例比过去有所不同，即并未区分这些子女是否在主家时所生；因此，从此以后，奴仆即使在赎身以后所生子女，也仍继承父母的低下等级身份，虽然他们从未受过他们父母的主子的任何"恩养"。实际上，不分是否在主家所育子女而一例看待，并非这时才开始的；地方条例中，早在乾隆四年就已经有这种规定了。②在这里，血统决定着身份。

和奴婢赎身有类似之处的是"逐出奴婢"。奴婢被主家逐出后的身份如何，律例没有明文规定。但从例案里可以看出清代封建统治者的意图。

乾隆四十一年，发生河南睢州关言诬告窦长裕一案，被告关言"只身立契卖与窦长裕为奴"，后因故被窦长裕"给还关言文契，殴责驱逐"。关言在离开主家以后，到衙门控告旧家长霸占其妻，但被定为"全诬"。关言作为被逐奴仆，问刑衙门不是按凡人诬告

---

① 参见《定例续编》卷五。
② 参见光绪《嘉定县志》卷二九。

罪"加所诬三等，罪止杖一百流三千里（不加入于死）"论处，而是按照奴仆"干名犯义本律与子孙诬告祖父母父母同罪问拟"，判绞立决，并经乾隆帝批准执行。刑部为什么一定要将关言处死呢？这是因为，他们认为关言卖身于窦长裕，二人之间"主仆名分已定"，"虽给还文契，责逐外出，而恩义未绝，名分尚存"。①封建统治者所要维护的是"名分"。

赎身奴仆及其子孙的身份地位，还将在下文关于开户人和放出奴婢两节中补充论述。

和赎身奴婢身份有所不同的是被卖出的奴婢。被卖奴婢和旧家长在法律关系上是同凡人的。刑律"谋杀故夫父母"律中，"奴婢谋杀旧家长者，以凡人论"一句注曰："谓将自己奴婢转卖给他人者皆同凡人论"。因为"奴婢原系凡人，止以名分所系而重之，非子孙可比也，既转卖他人，得其身价，名分已无，恩义并绝，非凡人而何"②？"妻妾骂故夫父母"律也注明，骂旧家长的奴婢以凡人论，是专指转卖他人的奴婢，因为主仆之间其义已绝的缘故。③"谋杀故夫父母"律中说明"余条准此"，所以可以认为，被转卖的奴婢与旧家长具有平等的法律地位。

但是，这不等于说这个奴婢具有凡人的法律地位了。因为他既然被转卖，当然就有了新的主人，他和新主人及其家族间又处在主仆名分制约之下，从而他仍处于贱民等级之中。

---

① 《驳案新编》卷二八；《刑案汇览》卷四八。
② 《大清律例》卷二六。
③ 参见《大清律例》卷二九。

附表五　清代关于赎身奴婢及其子女法律身份的规定

定例年代	赎身奴婢的身份	赎身奴婢子女的身份
顺治三年[1]	"赎身奴婢，主仆恩义犹存，如有谋杀旧家长者，仍依谋杀家长律科断。"	——
顺治三年[2]	"若奴婢殴旧家长及家长殴旧奴婢者，各以凡人论。（此亦自转卖与人者言之，奴婢赎身不用此律，义未绝也）"	——
——[3]	"典买奴仆，若文契虽失"，"即已经赎身，其本身……仍存主仆名分，不准开豁为良"。	"典买奴仆，若文契虽失……即已经赎身，其……在主家所育之子孙仍存主仆名分，不准开豁为良。"
雍正六年[4]	"绅衿之家典买奴仆，有文契可考［者］……即已赎身，其本身……仍当存主仆名分。""当身限满取赎之后，其本身见主人仍应存上下之分。"	"绅衿之家典买奴仆，有文契可考者……即已赎身，其……在主家所育之子孙仍当存主仆名分，其不在主家所育之子孙，应照旗人开户之例，准予豁免为良。""当身限满取赎之后……其子孙则不得谓之世仆。"
乾隆十三年[5]	"盛京带来并带地投充及远年掳掠，并白契、印契所卖，赎身归入佐领之下开户，如犯军流等罪，应照旗人正身一体折枷鞭责完结。至原主户下开户，既不入籍为民，又不归原主佐领下开户，虽名为开户，仍可复役驱使，与户下家奴无异。其设法赎身，并未报明旗部之人，既经户部奏明，无论伊主曾否得过身价，仍作为原主户下家奴。此等有犯军流等罪，似应仍照家奴问拟。"	——

第六章　清代奴婢脱离主家的法律

续表

定例年代	赎身奴婢的身份	赎身奴婢子女的身份
乾隆二十四年[6]	"八旗户下家人，不论远年旧仆及近岁契买奴仆，如实系本主念其数辈出力，情愿放出为民，或本主不能养赡，愿令赎身为民者，呈明本旗咨部，转行地方官收入民籍，不准求谋仕宦。"	"至伊等子孙，各照该籍民人办理。"
乾隆二十八年[7]	"旗员殴死赎身及放出奴婢……即照殴死族中奴婢降二级调用例减一等，降一级调用；故杀者，即照故杀族中奴婢例，降三级调用。"	"旗员殴死赎身及放出奴婢……之子女者，即照殴死族中奴婢降二级调用例，减一等，降一级调用；故杀者，即照故杀族中奴婢例降三级调用。"
乾隆三十八年[8]	"凡民人殴死赎身及放出奴婢……杖一百徒三年，殴死族中奴婢，杖一百流三千里。若系官员，亦照旗员之例办理。"	"凡民人殴死赎身放出奴婢……之子女者，杖一百徒三年……若系官员，亦照旗员例办理。"
乾隆四十二年[9]	"旗员殴死赎身及放出奴婢……即照殴死族中奴婢降二级调用例减一等，降一级调用；故杀者，即照故杀族中奴婢例，降三级调用。旗人殴死赎身奴婢者，枷号四十日鞭一百。"	"旗员殴死赎身及放出奴婢并该奴婢之子女者，即照殴死族中奴婢降二级调用例减一等，降一级调用；故杀者，即照故杀族中奴婢例降三级调用。"

续 表

定例年代	赎身奴婢的身份	赎身奴婢子女的身份
乾隆四十二年[10]	"凡家长及家长之期亲，若外祖父母，殴死赎身奴婢者，杖一百徒三年，故杀者拟绞监候。""大功亲属殴死赎身奴婢者，杖一百流二千里；小功、缌麻递加一等。（故杀亦绞监候）""若赎身奴婢干犯家长并家长期亲以下亲者，俱依雇工人律科断。"赎身奴婢"干犯家长大功以下亲，以良贱相殴论"。族中"无服亲属之奴婢……若已经赎身……如有杀伤干犯，各依良贱相殴本律论"。"系官员，照旗员之例办理。（此十字，道光十二年删）"	"凡家及家长之期亲，若外祖父母，殴死赎身奴婢……之子女者，杖一百徒三年，故杀者拟绞监候。"大功亲属、小功、缌麻亲属"殴死赎身奴婢之子女者，以良贱相殴论"。"赎身奴婢之子女干犯家长及家长期亲、外祖父母，亦以雇工人论。"赎身奴婢之子女"干犯家长大功以下亲，以良贱相殴论"。族中无服亲属之已赎身"奴婢之子女"，如有杀伤干犯，"俱以凡论"。"系官员，照旗员之例办理。（此十字，道光十二年删）"
乾隆五十三年[11]	"乾隆元年以后白契所买之人，未入丁册者，准照例赎身为民。其乾隆元年以前白契所买之人，既准作为印契，仍照例在本主户下挑取步甲等缺，俟三辈后著有劳绩，本主情愿放出为民者，呈明本旗，咨部存案。若汉人则令本主报明本籍地方官，咨部存案，俟部核复，准入民籍。此等旗民放出家奴，系曾经服役之本身及在主家所养之子孙，止许耕作营生，不许考试出仕。其入籍所生之子孙，准其与平民一例应考出仕，京官不得至京堂，外官不得至三品。"	

资料来源：［1］《大清律例》卷二六，《刑律》，"人命·谋杀故夫父母律注"。
　　　　　［2］《读例存疑》卷三七，《刑律》，"斗殴下·妻妾殴故夫父母律注"。
　　　　　［3］同治《户部则例》卷三，"户口"，第27页。
　　　　　［4］《定例续编》卷五。
　　　　　［5］《定例续编》增补，《户部》，第18页。
　　　　　［6］光绪《大清会典事例》卷一一一六，"八旗都统·户口"，第3页。
　　　　　［7］［8］［9］［10］光绪《大清会典事例》卷八一〇，《刑律》，"斗殴"，第3页。
　　　　　［11］光绪《大清会典事例》卷七五二，《刑部》，"户律·户役"，第2页。

第二节　奴仆开户

一、旗下奴仆开户的条件

"僮仆而本主听出户者曰开户。"①换言之，所谓开户，是八旗奴主放弃对他所占有的某一奴仆的役使权，准其从主人户籍中除名而单独立户。开户时，有的主人要向该奴仆索还身价，有的则否。完成了开户手续的奴仆，称为"开户壮丁"。

开户有两种：一种是在佐领下立户，其户口与原来主人的户口并列，从户籍的角度讲，"户下之开户者亦为另户"②。另户，为八旗佐领下的正式户口。另一种是在原主名下立户，作为原主户口附属的单独户口，不由佐领直接管辖。后者"虽名为开户，仍可复役驱使，与户下家奴无异"③。如果主人原是户下人，其奴仆开户后则只能属于佐领下。这个办法，早于天聪六年即已定例，"凡系本家奴仆开户另造者，许其编入；其系各户长同造一户者，许其编出"④。按照这个条例独立开户的，后来也得到保障。顺治八年时，有人指称盛京户口册内的另户之人"原系伊家奴仆"以此上告，要求将开户人收回为奴仆，谕旨对此一律不准；而原来没有独立，仅在主人户下开户者，"告称非伊家奴仆者，亦毋得开出"⑤。

---

① 钟琦：《皇朝琐屑录》卷一。
② 光绪《大清会典》卷八四。
③ 《定例续编》增补，"户部"。
④ 《顺治实录》卷六〇。
⑤ 光绪《大清会典》卷八四。

可见，奴仆开户办法，由来久矣。不论上述哪一种开户壮丁，都还隶属于旗下，与出旗为民不同。

旗下奴仆开户的条件，清初曾有多次规定，从中可以看出，开户有两种情况：一类是获得主人准许而开户的，如立有战功者，绝户家人无族人可归者，设法赎身者等等；另一类是在规定时限以前放出为民，因手续不合而被勒令归旗者。这些条件所贯穿的精神是：一方面准许某些奴仆脱离主人，另一方面又防止这些人脱离旗下成为民人。

开户人一般仍居本佐领所属范围之内。他们必须服从佐领的调遣，有的就被派往他地开垦荒地，设立官庄，成为新设官庄中的劳动力。例如乾隆二年黑龙江呼兰地方设立官庄，就由盛京将军所属"八旗开户人内选能种地壮丁四百名，携带家口前往"。乾隆六、七两年两次增扩十庄，再派去开户壮丁一百名。[①]可以设想，这种开户人与旧主的关系必然是淡薄的。

附表六　清代关于八旗奴仆开户的有关规定

定例年代	奴仆种类	准开户条件	开户手续	其他
（国初）[1]	八旗户下壮丁	首先登城者	准其开户。仍赏给原主身价银	并将胞兄弟、嫡伯叔带出
康熙十九年[2]	旗下从征仆人	得功牌二次者	许令出户	

---

① 参见光绪《大清会典事例》卷一一一九。

续表

定例年代	奴仆种类	准开户条件	开户手续	其他
乾隆二年[3]	乾隆元年以前放出为民之户	如系藉名设法赎身，私人民籍，伊主既经得过身价银两	应令归旗，作为开户壮丁	
——[4]	盛京带来奴仆、带地投充奴仆、掳掠人等	不准为民	准其开户	
乾隆三年[5]	盛京带来奴仆带地投充人	原属满洲、蒙古、直省本无籍贯虽有籍贯，年远难以稽查不得放出为民	均准开户	
乾隆四年[6]	乾隆元年以前放	有未经呈报旗部，系藉名设法赎身私人民籍者，其主既得身价 放出为民未入民籍 放出为民，入籍在乾隆元年以后之户设法赎身之户，或系自备身价，或亲戚代为赎身者若系实在用价买出，随又交价赎身者如系开户壮丁用价买出者，买主原非另户正身，其名下不应复有开户之人	令归旗作为开户 皆应归原主佐领下作为开户 皆应归买主佐领下作为开户应仍归原主佐领下作为开户	

续表

定例年代	奴仆种类	准开户条件	开户手续	其他
乾隆四年[7]	八旗户下家人	向由各该旗声明，本主念其世代出力，情愿准其开户者	该参领、佐领、族长、族人列名具保咨部，无论何项人等，详查上次丁册有名，并册内注系陈人者，即准开户	
乾隆四年[8]	国初俘获之人远年印契所买奴仆	年分已久，与投充之人迷失籍贯者无别有盛京带来及带地投充之人，原系旗人转相售卖，虽有籍贯，无从稽考	均应开户，不准为民	
乾隆四年[9]	绝户家人，不论家下陈人、契买奴仆	无族人可归者	均准于本佐领下开户	责令看守伊主坟墓。年力精壮者，准于本佐领下选拔步军
＿＿＿＿[10]	旗下家人	设法赎身（或系自备身价，或亲戚代为赎身）卖出后又向买主交价赎身者卖出后又向买主交价赎身者若买主系户下人	归原主佐领下作为开户归买主佐领下作为开户归原主佐领下作为开户	

续 表

定例年代	奴仆种类	准开户条件	开户手续	其他
乾隆十二年[11]	乾隆元年以前放出为民之户	如乾隆元年以后始入民籍，伊主念其勤劳，情愿放出者，或经首告，或被查出，其报明旗部、伊主得过身价者 若未经报明旗部者，无论伊主曾否得过身价	令归旗作为原主名下开户 均令归旗仍作原主名下家奴，不准归入佐领下作为开户	

资料来源：[1]光绪《大清会典事例》卷一一一三，"八旗都统·户口"，第3页。
　　[2]《康熙实录》卷九三，第2页。
　　[3]光绪《大清会典事例》卷七五二，《刑部》，"户律·户役"，第5页。
　　[4]《八旗则例》卷三，《孝部》，"户口"，第3页。
　　[5]光绪《大清会典事例》卷一一一三，"八旗都统·户口"，第4页。
　　[6]同上书，第4—5页；光绪《大清会典事例》卷七二七，《刑部》，"名例律"，第1页。《清通考》卷二〇，第5037页，所引设法赎身之户"皆应归原主佐领下作为开户"作"令归旗作为原主壮丁"。
　　[7][8]光绪《大清会典事例》卷一一一三，"八旗都统·户口"，第4页。
　　[9]同上；光绪《大清会典事例》卷七五二，《刑部》，"户律·户役"，第2页，作乾隆五年定例。
　　[10]《八旗则例》卷三，《孝部》，"户口"，第3页。
　　[11]光绪《大清会典事例》卷一一一三，第5页。

二、开户人及其子孙的法律地位

于主人户下开户的奴仆"与户下家奴无异"。那些"设法赎身，并未报明旗部之人，既经户部奏明，无论伊主曾否得过身价，仍作为原主户下家奴。此等有犯军流等罪，似应仍照家奴问拟"。可见，另户户下开户人虽有开户之名，但并未脱离主家，可以设想，在实际生活中较未开户时变化不大，而其法律地位则完全没有变化。

佐领下开户则与此有别。八旗奴仆佐领下开户人的身份,作为赎身奴婢,他和旧主的法律地位不得同凡。例如,康熙四十四年刑部对镶红旗汉军胡安国打死开户奴仆刘世芳一案的处理,是把开户人置于低下法律地位的。刘世芳原是胡安国的家生子,他交给主人白银二百八十两,获得开户身份,分开各住。后因事争吵,胡安国将刘世芳殴打致死。刘世芳既已离开主家,自然是胡某的"旧奴婢"。刑部写道:"查律内家长殴死旧奴婢者以凡人论等语,正谓将自己奴婢转与他人者而言。今胡安国虽得刘世芳银两开户,并非转卖他人,若将胡安国拟绞,似属过当。据此,胡安国应革职,改照家长殴雇工人致死者杖一百徒三年,应杖一百徒三年。"①这里所说同凡,是指被转卖者而言,倒是有律中注释可据。但将刘世芳按"雇工人"对待,却根本没有法律条文根据,只是判刑官员觉得家长为旧奴婢抵命拟绞,"似属过当",从而想出来的一种权宜措施。根据这一案件的处理可以看出,在法律中,开户人的地位并不明确。同时也不能因此一例而认为开户人身份等于雇工人。但有一点可以肯定,即在统治者的心目中,开户人是不能与旧主平等的。

开户壮丁在社会上的地位也没有文字规定。乾隆帝曾经说过,开户人"本属家奴,不但不可以与满洲正身并论,并非汉军及绿营兵可比"②。当时八旗中的"一应差使,先尽另户正身简选之后,方将伊等选补;伊等欲自行谋生,则又身隶旗籍,不能自由"③。当开户人得以出旗之后,则"听其各自谋生,即入绿营充伍,亦所

---
① 《古今图书集成·经济汇编》,《祥刑典》卷七三,"律令部"。
② 《乾隆实录》卷五一二。
③ 《读例存疑》卷九。

不禁。① 从以下几个问题的规定上可以具体地看出开户人的地位。

挑补马甲。清制，旗兵马甲都是由正身旗人充当。从一定意义上讲，被挑补马甲是一种权利，或者说能否被挑补马甲也是一种表示身份的方式。作为开户人，有的可以选步军，但定例不准挑取马甲。雍正二年，有人建议，"八旗马甲于另户人内选补不敷，方于佐领下开户户下人选取"，未获批准。② 乾隆六年应署福州将军策楞要求，皇帝批准了福州四旗从开户人中挑补马甲，但这是一个特例。

乾隆三年时，开户人连充当步兵和铁匠都不被允许。后因考虑到开户人既不准补马甲，又不便使之任步军、铁匠等，他们"终不得进身之路"，所以议准开户人准选充营兵及拨补管队百总头目，但拨补头目，最多"拨补外委千总，仍不得补用守备及经制千总、把总"。③

开户人也不得挑补领催，因为"领催等渐次录用，皆可得膺官职，开户原无为官之例"④。

开户人犯罪服刑也与一般另户旗人有所不同。"向来另户之人犯罪发遣俱不为奴"；雍正五年谕刑部："原系家下奴仆开户而为另户者，若发遣远方，不令人管束，又致生事"，犯罪发遣，"着该部酌量给予披甲之人为奴"。⑤ 刑部遵旨制定了具体条例。

开户人户籍不得有所属开户人。如前所述，有一种开户人是奴仆在原主名下另列户口，不直属佐领管辖。开户人可以拥有奴仆，

---

① 《乾隆实录》卷五一二。
② 参见光绪《大清会典事例》卷一一二一。
③ 光绪《大清会典事例》卷一一六四。
④ 光绪《大清会典事例》卷一二一一。
⑤ 光绪《大清会典事例》卷七二七。

该奴仆如若开户,则只能在原主所属佐领下立户,而不能在作为开户人的原主名下开户。因为开户壮丁"原非另户正身,其名下不应复有开户之人"①。

此外,我们还可以从有关应试出仕的规定中看到开户人身份的另一些情况。

乾隆六年九月,驻防杭州开户生员王廷峣呈请援例考试。这类事在以前没有统一规定,故正白旗汉军都统怡亲王弘晓向皇帝请示办法。礼部衙门的意见是:"从前契买家奴,将本身及子孙考试之处永远禁止"②,投充、俘掠人等,"未经开户以前,在伊主家身供役使,曾有主仆之分。今若准令考试,究与名分有关(乖)。嗣后此项人等虽经开户,其本身及子孙考试之处应永行禁止。每逢考试之时,各旗详加查核,毋得开送"③。这一意见,得到了乾隆帝的同意。

上述资料中还有一句值得注意的话,即"嗣后八旗远年开户人等,除从前奉有谕旨准其考试之举监生员仍准其考试外"④。这句话透露一个信息,即开户人有的是可以入学读书而且成为举监生员,开户人中是有人曾经皇帝批准参加过高一级考试的。此外,还有一条定例:"八旗开户年久之人,值伊原主子孙庸懦衰绝,伊等反行欺压,希图争占家产,捏情诬告者,审明悉官革职治罪(私罪),将从前开户之档销毁,仍给与原主之子孙为奴。"⑤这一定例是为防止开户人欺压原主子孙而设的特殊条例,它反映了开户人曾

---

① 光绪《大清会典事例》卷一一一三。
② 《乾隆实录》卷一五〇。
③ 《定例续编》卷五;《乾隆实录》卷一五〇。
④ 《乾隆实录》卷一五〇;《定例续编》卷五;乾隆《八旗则例》卷三。
⑤ 《大清律例汇辑便览》卷三〇。

经可以做官。可能与前述"奉有谕旨准其考试"的开户人有关。

即使乾隆六年做出上述永禁开户人应试的决定，但开户人应试出仕的事此后仍然存在。乾隆二十一年皇帝准许旗下另记档案及养子、开户人等出旗为民的谕旨内，提到他们当中的"食钱粮之人若一时遽行出旗，于伊等生计不免拮据"的问题，要求户部会同八旗都统定议。户部等衙门会议结果，对八旗另记档案、养子，开户人中在京、在外文武官员、病故、革退官员、进士、举人、生员、捐纳待用人员等情况出旗为民后如何处理之处，分别做出了规定。这里所讲的"开户人等"，当然是开户奴仆；所讲的"八旗另记档案"人户，也包括开户奴仆。因此，至少直到乾隆二十一年，奴仆开户后，有的仍可应试；通过考试或捐纳，也可成为在京或在外的文武官员。

最后，开户人"不得与宗人联姻"的规定也说明对开户人的歧视。因为开户的旗下家奴，原来多为俘获或投充的汉人，所以规定这个规条的实质是禁止满汉通婚，以防满人被汉人同化。

第三节　奴仆放出

一、旗下奴仆放出的条件

所谓奴仆放出，是指奴仆获得脱离主家的权利外，并获准经过一定手续加入民籍，不再属于旗下管辖。①放出以后，他可住在入

---

① 清代文献中有时也把"开户"称为"放出"，即放出主家的意思。这里讲的不是这一含义。

籍地方，或迁居他处，自谋生计，不像开户人那样受旗人当差规定的限制。

清廷对于放八旗旧仆及投充人出旗为民，一度限制很严。有定例，盛京带来奴仆和带地投充奴仆，"止准入旗档，不得放出为民"；甚至勒令某些已经出旗为民的开户人重行归旗。雍乾时起，情况开始改变，为民禁令逐步放宽，陆续定例，有条件地准许某些奴仆放出为民。乾隆二十一年则进一步解除了开户奴仆出旗为民的禁令。乾隆帝说，"开户家奴皆系旗人世仆，因效力年久，其主愿令出户。现在八旗及外省驻防内似此颇多。凡遇一应差使，先尽另户正身简选之后，方将伊等选补。伊等欲自行谋生，则又以身隶旗籍，不能自由。现今八旗户口日繁，与其拘于成例，致生计日益艰窘，不若听从其便，俾得自谋生计。著加恩将现今在京八旗及在外驻防内，另记档案及养子、开户人等，均准其出旗为民。其愿入籍何处者，各听其便。所有本身田产，并许其带往。此番办理后，隔数年似此举行一次之处，候朕酌量降旨"①。从此以后，过去有关禁止放出的规定不再行使，至乾隆三十二年都正式删除了。乾隆帝的上述意见，于二十四年入例，又于五十二年改定为："八旗家奴如系累代出力，经本主呈明令其出户，应准放入民籍。"②

政策是准许了，但在事实上，奴仆的放出如没有主人的"情愿"便不可能办到。得到主人情愿，还需主人给他办理一套相当复杂的手续："八旗王公所属庄头及投充家奴人等，如因人口众多，情愿放出为民者，呈报宗人府查明，饬令该管佐领出具切实图结，该

---

① 光绪《大清会典事例》卷一一一四；《清通考》卷五。
② 光绪《大清会典事例》卷七五二；《读例存疑》卷九。

参领加具关防,并饬令族长、学长查明本族宗室人等并无争论,画押甘结,造册连结咨部,转饬各该州县给予执照,收入民籍,概不准私放出户。"①这就是说,除获得主人同意外,还需本族宗室无人反对,族长、学长同意,佐领出结,参领盖印,宗人府批准,户部通过,州县给照后,放出手续才算完成。要通过这七八道关卡,谈何容易!

此外还有一种特殊情况准许奴仆放出,即"八旗官员、平人将奴仆责打身死及故杀者";该奴仆之父母妻子"悉行开放;系旗人,听其在旗投主,系民人,放出为民"。②这是由于"奴仆被殴身死,若仍在主家服役,犹恐两相疑忌,故悉放为民"③。说穿了这是怕被害者家属进行报复而对杀人者采取的保护性措施。

另外也有因主人获罪而投充人获得为民机会的事④,但这是更为难遇的事了。

二、放出奴仆及其子孙的法律地位

主人不收身价而放出的奴仆,其法律地位尤为低下。他们和旧家长之间"主仆名分尚存,与赎身者不同"⑤。嘉庆六年修订乾隆三十八年定例时规定:"如家长或家长期亲以下亲故杀放出奴婢,及放出奴婢干犯家长、并家长期服以下亲者,仍依奴婢本律定拟。"⑥

---

① 光绪《大清会典事例》卷九。
② 《读例存疑》卷三六。
③ 《刑案汇览》卷三九。
④ 参见《顺治实录》卷五二。
⑤ 《乾隆实录》卷七〇。
⑥ 光绪《大清会典事例》卷八一〇;《读例存疑》卷三六。

其实，在这之前就是这样办理的。雍正六年盛京兵部郎中通济被放出家人王六告发隐匿税务余银一案，雍正帝认为，"此等恶奴诱挟索诈之习，断不可长"，将王六"拘禁该旗"，"严加审讯，特遍行晓示八旗"。① 这就是说，奴婢放出后，他们与家长及其家族的关系的基本方面仍然不变。不变的理由是因为他还跟主人"恩义犹存"。这和赎身奴婢与旧主关系是一样的。放出，出于主人情愿而不缴回身价者，比起赎身"恩义"更重；因此，他们比赎身奴婢的法律地位更低，这完全合乎统治者立法的逻辑。这一点，在宣统二年颁行的《大清现行刑律》中反映得仍很明显："从前奴婢，业经赎身、放出，而家长殴之致死者，系放出之人，徒三年；系赎身之人，流二千里。故杀者，俱绞监候。放出之人干犯家长，依雇工人本律治罪，赎身者减一等。"② 当时律例规定，凡人殴杀处以死刑——绞监候。但旧家长不论殴死赎身奴婢还是放出奴婢，都不必抵命，殴死放出奴婢比殴死赎身奴婢受到的惩处更轻。

放出奴仆，不仅本人的法律身份仍旧很低，他们的子女也不能跟主人平等。嘉靖六年增定例确定，"殴、故杀放出奴婢之子女，或放出奴婢之子女干犯家长及家长期服以下亲者，各依雇工人律科断"③。在司法中，甚至放出奴婢的孙辈也不得和主人处于同等法律地位上。例如，道光六年张春全等砍伤葛兆宇一案，"张春全等之祖张礼，系葛兆宇之父葛平西放出旧仆。该犯等均系张礼之孙。例内既指明放出之子女有犯依雇工人科断，则放出奴婢之孙有犯即不

---

① 《八旗通志》卷首一〇。
② 《大清现行刑律》卷二五。
③ 光绪《大清会典事例》卷八一〇；《读例存疑》卷三六。

得与子女并论。惟该犯等究系葛兆宇家放出奴婢之孙，未历三代，定例不准捐考，即不得为良民，未便竟同凡论。将张春全等均照刃伤人律杖八十徒二年，按良贱相殴加一等，杖九十徒二年半"①。

又如，嘉庆二十一年，江苏放出奴仆张聚恒之孙张绍华诬告旧主堂侄杨质中一案，江苏巡抚和刑部衙门一致认为，张绍华"系张聚恒之孙，其身契并未给还，且又未及三代，尚不准其应考出仕，良贱终有区别，自不能与平人并论"②。此案因"干犯"罪没有超过所诬罪，所以这种良贱区别没有在量刑中反映出来。但是"良贱"有别、"不能与平人并论"等语，则是对放出奴仆的孙辈和旧家长的家族后代之间的关系的叙述。至嘉庆二十五年又加一条："已放回籍奴仆诬告家长，于'奴婢告家长与子孙同，俱诬者绞'律上量减，满流。"③

清律定例，放出奴仆之孙对旧主的无服亲属同凡论④，这意味着放出奴仆之孙与旧主家族之外的人在法律上是平等的。

从以上放出奴仆的法律、社会地位看，显然不能说所谓"为民"就是成为完全独立的人。这可从考试制度方面进一步考察放出奴仆的地位。

如前所述，放出奴仆的身份仍然低于旧主及其家族；他们的地位更使得他们无权参加考试。乾隆三年明确规定："乾隆元年以前白契所买，作为印契之人，令在本主佐领下选补步军，俟三代后，著有劳绩，本主情愿放出为民者，具呈本旗，咨报户部，查明祖父

---

① 《刑案汇览》卷五八。
② 《刑案汇览》卷四八。
③ 《大清律例汇辑便览》卷三〇。
④ 参见《刑案汇览》卷三九。

姓名籍贯，准其为民。仍行文该地方官注册、止许耕作谋生，不准考试。"①

但在乾隆四十八年却有了这样一条谕旨："向来满汉官员人等家奴，在本主家服务三代实在出力者，原有准其放出之例。此项人等既经伊主放出，作为旗、民正身，未便绝其上进之阶。但须明立章程，于录用之中，仍令有所限制。嗣后，此等旗民家奴，合例后经该家主放出者，满洲则令该家主于本旗报明，咨部存案，汉人则令家主于本籍地方官报明，咨部存案，经部复准后，准其与平民一例应考出仕。但京官不得至京堂，外官不得至三品，以示限制。著为令。"②并据此定例。

所谓京堂，指各部侍郎、内阁学士、国子监祭酒、通政司使、大理寺卿、太仆寺卿、光禄寺卿等官。所谓三品以上外官，指按察司（正三品）以上；府、厅、州、县等官是不在此内的。所以说，乾隆四十八年条例准许放出奴仆本人在手续齐备的条件下应试、做官，但不得做三品以上的大员。《红楼梦》第四十五回、四十七回所描写的赖尚荣做官的故事，正合乎这一规定。赖嬷嬷和儿子赖大，世代在贾府服役，"熬了两三辈子"了。赖尚荣作为世仆之子，就是家生子，他本人原具奴仆身份，但他"一落娘胎胞儿"，贾政就将他放出了，成为放出奴仆。其父赖大仍在贾府服役，任管家。赖嬷嬷经常对赖尚荣讲，你"到了二十岁上，又蒙主子的恩典，许你捐了前程在身上"，再过十年，"求了主子，又选出来了"，当上了知县。她要求赖尚荣"尽忠报国，孝敬主子"。赖尚荣以一任知

---

① 光绪《大清会典事例》卷一一一三；《乾隆实录》卷七〇。
② 《乾隆实录》卷一一七七。

县，也在京购置房产、花园；请客时，以贾母为首的主子们也肯亲临，并能请到"几个现任的官员并几个大家子弟作陪"，看来颇有点体面。但是，应该注意到作者描写的某些绝非偶然的情节：赖尚荣捐官是经主子允许的，选放外任也是求主子的，当官以后，还应孝敬主子。这些，都反映着主奴之间的老关系。

一般说来，新旧例有矛盾时，旧例总是作废。乾隆四十八年条例出现后，乾隆三年条例则应停止生效，但到乾隆五十三年，却又在乾隆三年条例的立意基础上修订定例，代替了乾隆四十八年条例。新例说，准入民籍的"旗民放出家奴，系曾经服务之本身，及在主家所养之子孙，止许耕作营生，不许考试出仕，其入籍后所生之子孙，准其与平民一例应考出仕。京官不得至京堂，外官不得至三品"①。它把乾隆三年例和乾隆四十八年例的某些内容合在一起，但完全否定了乾隆四十八年乾隆谕中所考虑的放出奴仆"作为旗民正身，未便绝其上进之阶"的立意精神。此例到嘉庆十一年进一步确定为，放出家奴"只许耕作营生，不许考试出仕"，"其放出入籍三代后所生之子孙，准其与平民一例应试出仕，京官不得至京堂，外官不得至三品"。②

放出家奴必须三代以后所生子孙方准考试出仕，据嘉庆二十二年广东司说帖的解释，这是因为，清制，品官父祖三代得受封赠；如果家奴在三代以内有人做官，那么作为奴仆的祖父母、父母也会受到皇帝的诰封，奴仆受此封典，则与官僚并列而无上下之别，"不

---

① 光绪《大清会典事例》卷七五二。
② 同上。

足以清流品而重名器"①。把贱民放在和缙绅同一地位之上，搅乱了封建等级秩序，自然不能容许。

所以，自乾隆五十三年修改条例后，放出奴仆本身就再也不能像乾隆四十八年以来那样可以应试了；不能想象赖尚荣还能当上现任县官。

嘉庆例文中所谓"其放出入籍三代后所生之子孙"是指的哪一辈呢？当时各级问刑衙门的司法官员对此理解很不一致。在此例举嘉庆二十一年江苏张绍华控告杨质中冒认为仆案略加分析。

张聚恒卖身杨灿章为仆，改名张恒，服侍杨灿章往四川经商。后张聚恒经杨灿章放出，但未取回身契。张聚恒有子张学礼，学礼有子名张绍华。张绍华欲应试，被人告讦，时杨灿章已死，张绍华转托亲友央求杨灿章之堂侄杨质中向杨灿章的儿媳杨李氏说合，欲许银赎回张聚恒当年的卖身契。杨李氏不同意。张绍华以为是杨质中从中作梗，因此到官诬控杨质中诬良为仆。江苏巡抚认为，张绍华作为放出奴仆张聚恒的孙辈，是可以参加捐考的。换言之，他认为放出家奴的孙辈就是定例中所谓"三代后所生子孙"。这一点，遭到刑部衙门的驳回。刑部认为，放出家奴张聚恒的孙子张绍华乃是第二代，张绍华之子是第三代，仍然没有资格参加考试，直到张绍华之孙，即张聚恒的玄孙才是定例中所谓"三代后所生子孙"，才能准其应试出仕。②

我们应该注意到，清代法典并没有规定放出奴仆子孙的身份属于贱民等级。放出奴仆子孙不得应试出仕，仅仅是为了避免曾作奴

---

① 《刑案汇览》卷七。
② 参见《刑案汇览》卷五八。

仆的父祖受封而"流品"不清,并不是为了确定他们的法律地位。但是,在司法中却倒过来,用不准应试出仕作为确定放出奴仆的子孙与旧主家族间法律身份不能平等的依据,认定他们"不得为良民,未便竟同凡论"①,"良贱终有区别,自不能与平人并论"②云云。同治五年更规定,即使曾经获"准顶戴荣身"不同一般的旗人家奴,其"子孙仍不准考试"。③

一旦陷身奴仆,影响四代子孙不得与齐民等列,这当然不是血统的遗传,而是等级、名分关系的要求,可见,当时清查三代乃是封建统治者为维护等级制度而采取的手段。

附带讲一句,曹雪芹笔下的赖尚荣做官之事,发生在乾隆四十八年以后是有条例根据的;而在乾隆五十三年以后则又是不可想象的。小说的作者往往以自己的见闻作为素材进行加工,因而这段故事不失为《红楼梦》写作时间的旁证材料。

总起来说,我们对奴婢放出问题可以得到如下认识:

清代早期,定制不准家下奴仆放出为民。由于八旗生计问题日益严重,放出政策逐渐放宽。至乾隆二十一年进一步解除了关于限制放出奴仆入民籍的禁令。

放出奴仆与旧家长间"恩义犹存",仍有主仆名分。相对旧家长及其家族而言,放出奴仆本人的法律身份比赎身奴仆更为低下;其子女也不得与主人平等;甚至其孙辈和主人仍不能立于同一法律地位。这种身份的低下,特别反映在应考出仕的权利方面。1783—

---

① 《刑案汇览》卷四八。
② 同上。
③ 光绪《大清会典事例》卷三八七。

1788年这五年间,曾一度准许奴仆应式出仕;1788年以后,放出奴仆本人及其三代内子孙的这种权利再被剥夺。不论1783—1788年期间的放出奴仆,还是1788年以后放出奴仆的玄孙,如若中试出仕,也不得充任二品以上官僚。

到了清末,维新立宪,当然也涉及奴婢问题。宣统间,宪政编查馆提出将一切现有未放未赎奴婢改为雇工人,放宽了放出条件,简化了放出手续,制定条例置入《大清现行刑律》卷五户役,"人户以籍为定"项下,全文为:"凡旗下从前家奴,不论系赏给、投充及红契、白契,是否数辈出力,概听赎身、放出为民,报明地方官编入民籍,毋庸稽查旧档,及取结咨部核复。所生子孙,准与平人一体应试出仕。其未经放出及无力赎身者,概以雇工人论。"这时距清朝灭亡只有一年时间,该条例的实际作用已经谈不上,只能把它看作清代有关奴婢放出问题的一个句号。

第七章
清代奴婢的特征和奴婢政策的发展

第一节 清代奴婢的特征

在全面描述了清代奴婢的状况之后,可以看出,清代奴婢有许多类型,他们的身份各有差异。这表现在他是否可以被买卖,其妻子儿女的身份状况,赎身、开户和放出的机会,离开主人以后的身份地位和权利等方面。从总体看,清代各类奴婢都受《大清律例》中的奴婢诸律、良贱诸律和督捕逃奴条例的管束,他们具有以下共同的特征:

(1)他们是商品。除去犯罪的遣奴以外,清代奴婢都是可以买卖的。这种人身买卖,既可经官印契,也可私下交易;既可在公开的人市上进行,也可只凭人媒在家中完成;既可出卖自身,也可出售他人。成交立约之后,他们的劳动力连同其人身,甚至是全家人的劳动力和全家人的人身被一道永远卖出。

(2)他们是特定主人的财产。买者付出人身价格后,便合法地取得对被卖者的人身所有权和劳动力使用权。主人可以命令他们在家服役或到田间参加生产劳动等。主人可以将他们馈赠亲友或者转卖获利，也可以用他们去贿赂上司、陪女出嫁、准折债务。主人犯罪被罚没收财产时，所属奴婢则被官府籍没发卖，或由皇帝转赐臣僚。主人可将奴婢作为遗产传给子孙或亲族，还可立下遗嘱令其看守坟墓；这意味着，即使主人死亡，他对奴婢的所有权关系也不终结，自动和原主的继承者结成新的主奴关系。

（3）他们完全隶属于主人，不具有独立的人格。清代奴婢没有独立的户籍，不得逃离主家。他们以主人为家长，被编制在主人的宗法家长制体系之中，被置于主人家族中子孙卑幼的位置下，其法律地位低于家长的一切有服亲属。法律保障主人及其有服亲属役使和体罚奴婢的权利，保障他们对奴婢的等级统治地位。

（4）他们与土地相分离。除投充人带土地投为奴婢外，一般说来，清代少有买进土地而随带奴仆的现象。主人有权将投充人带来的土地出卖而不必同时出卖该投充人。清代的奴婢，都只隶属于主人而不依附于土地。封建地主制经济决定了清代奴婢制的这个特点。

（5）奴婢在社会上属于贱民。《大清律例》中区别良贱的律文，如"良贱相殴""良贱相奸"等，其中所谓贱，都是以奴婢为主体的。这表明奴婢在整个社会上，不论是侵犯凡人或是被凡人侵犯，在法律面前总是处于不利地位。"良贱为婚姻"律则禁止奴仆在任何情况下与良民妇女结为正式夫妻。奴婢为婚所生子女仍为奴婢，他们的贱民身份一般是世袭的（为奴遣犯，除刑律规定者外，不及妻子；为奴战俘也有例外）。总之，奴婢置身于家长家族以外的社会时，与一般社会成员形成明显的等级差别。

（6）清代的婢女或奴仆之女，婚配全由主人决定。他们可被主人收为妾媵。主人对他们拥有比初夜权更为彻底的权利；主人买的"人身"包括肉体在内。

农奴主不能把农民看作自己的私有物品，只能占有农民的劳动，强迫他们担任某种劳役。农奴附属于土地，不能脱离土地而被买卖。以此衡量，清代的奴婢不完全像农奴而更近似奴隶。不过这还不是问题的全部，还需要注意到以下各点：

（1）清代法典虽然规定主人可以对奴婢"依法决罚"，并"邂逅致死"可以无罪，但是并没有赋予主人以任意杀死奴婢而不受任何处罚的权力（特定条件下杀死逋奴是例外）；这说明法典在一定程度上承认奴婢是人。尽管把他们当作一种财产，也是一种特殊的财产，有别于可以任意杀害的动物。

（2）清代奴婢没有被禁止拥有财产。有的奴婢拥有浮财、土地、房屋甚至还有自己的奴婢。这当然是奴婢中的上层。一般奴婢中，有的也有积攒足够赎身费用的可能。

（3）清代的部分奴婢有赎身的机会。虽然赎身奴婢及其三代内子孙仍不能得到与主家平等的法律地位，也不能获得完全的凡人等级地位，但从法律上讲，毕竟有赎身的权利，有离开主人的可能性。

通盘观察以上九个特征，应该认为，清代的奴婢不是完整意义上的奴隶。

第二节　清代奴婢政策的发展

明季高迎祥、张献忠和李自成等大规模农民武装斗争席卷黄河流域及长江中上游广大地区,大军未及的东南地区也受到起义声势的震撼。较小规模的农民斗争遍及全届,受尽苦难的奴婢当然地成为这场斗争中的积极参加者。他们有的卷入农民斗争队伍,有的则以奴婢自身的要求如索契、削籍等为目的自立旗号。江苏的金陵、溧阳、金坛、宝山、上海、崇明、昆山、松江,浙江的常山,安徽的黟县,江西的崇仁、泰和、龙南、安福、庐陵、永宁、永新,湖北的枣阳、麻城、黄安、江夏、应城、黄陂、黄冈、武昌,广东的顺德、新会、香山、开平、潮阳、高要,河南的光山、商城、固始等府州县的广大土地,自明崇祯末至清康熙初的二十余年间,以奴婢为主的斗争此起彼伏未曾间断。这种斗争给明代后期以来相当盛行的奴婢制度以很大的打击。奴婢所有者们坐卧不宁。"近俗仆隶都无良善,而主人养之深以为病"①,正是这种状况的描写。奴婢斗争的发展,对淮河流域到珠江流域广大地区的汉民族在农业生产中使用奴仆的制度起了重大的抑制作用。这当然是历史的进步。

差不多就在同一时期,即努尔哈赤征明开始,到康熙初年的大约半个世纪内,从东北地区开始直至关内,特别是直隶地区的农业生产中,八旗统治者组成了一支新的奴婢队伍。

明代的奴婢主要包括四种人:战俘、罪犯、投靠和卖身之人。

---

① 张履祥:《杨园先生全集》卷19。

到了清代，战俘成为早期八旗奴婢的主要部分；明令收纳投充，把明代的投靠合法化；繁多的新条例把判刑和缘坐为奴的罪行大大增加，把遣奴的接纳者从功臣之家扩大到驻防官兵；在镇压兄弟民族和农民起义过程中，官兵掠卖民人子女也成为良民陷身奴婢的重要途径；而设官局收孤儿，任人领为奴婢，则又是清代后期扩充奴婢队伍的一种新方式；当然，卖身之人仍是这支队伍普遍的、经常的、大量的来源。总之，至少从制度规定上讲，百姓从凡人等级沦入贱民等级，较诸前期蹊径大开。清王朝统治者为适应这一体制而制定的正式容许凡人庶民拥有奴婢的法律，以及满洲主奴关系原则在汉族中普及，给中国封建社会增添了诸多更为残酷的内容。这无疑是历史的反动。

所以说，在清帝国建立之初的一段时期内，中国的奴婢制度在发生着两种相反方向的运动。其中逆向的运动乃是新的统治者武力征服所带来的必须接受的赐予，它给中国原有的、衰老的、正在受到严重冲击的奴婢制度注射了一针强心剂，使之再度兴盛。

这种状况大约维持不到一个世纪，到18世纪中叶后，农业生产中的奴仆壮丁已逐渐转为佃农，奴婢主要保留在家内服役方面了。其后的一个半世纪，奴婢制度处于基本稳定时期，直至20世纪初才有明显变化。

清代末年，从法律上取消了有关人口买卖手续各项规定，禁止买卖人口。

光绪三十三年，署两江总督周馥上奏说，歧视微贱，"非盛世仁政所宜有"，也"非文明之国所宜有"。泰西诸国已在赎买、释放奴隶，清国若不革除此弊，"非所以彰圣治而示列邦也"。他建议，

"嗣后无论满汉官员、军民人等永禁买卖人口,违者以违制论。其使用奴婢,只准价雇","从前原有之奴婢,一律以雇工论,身体许其自主,有犯按雇工[人]科断。所有律例内关涉奴婢诸条悉予删除"①。周馥的奏折奉旨:命政务处会同各该部议奏。刑部认为,这项建议所涉及的"律例条目甚繁,更改动关全体",要求修律大臣,"参考中西[律例],拟定办法,声复过部,以便咨复政务处酌核会奏"。修订法律大臣沈家本因有《禁革买卖人口变通旧例议》之作,以复刑部。其中提出了十条具体措施。是时,正值政务处裁撤,此提议未曾议决,暂被搁置。

三年以后,即宣统元年,陕西道御史吴纬炳再就禁止人口买卖问题上奏,折称"方今预备立宪","若以穷苦无告之民听其互相买卖,沦于贱役,致令虐使苛待,惨无人理,非仁政所宜有也"。"奴婢一项,同居人类之中,竟列良民之外,在宪法固无偏枯之理,则皇仁方以普及为公"。他建议"置买奴婢一事永远改革,嗣后满汉官员军人等需人工作,只准价雇作工,不准买为奴婢"。"其从前原有奴婢皆以雇工论,有犯,照雇工[人]科断。所有律例内关涉奴婢各条,均予删除。"②可以看出,吴纬炳的建议和周馥的极为接近。宪政编查馆会同修订法律大臣奉旨就这两个奏折提出的问题一道讨论,将会议结果拟定《禁革买卖人口旧习酌拟办法折》上奏。该折提出的具体办法,就是前述沈家本《禁革买卖人口变通旧例议》中的十条,即:

(1)删除《大清律例》中所有关于契买人口的条例。"嗣后

---

① 刘锦藻:《清朝续文献通考》卷二六。
② 奕劻等奏汇案会议《禁革买卖人口旧习酌拟办法折》。

买卖人口，无论为妻妾、为子孙、为奴婢；概行永远禁止，违者治罪。"

（2）酌定买卖人口罪名。"嗣后除略卖和卖各律例于新律未颁以前照旧遵行外，如有因贫而卖子女者，于'略卖子孙处八等罚'律上减一等，处七等罚，买者处八等罚，身价入官，人口交亲属领回。其略卖、和卖案内，不知情之买者，亦照此办理。律内'买者不知情不坐'之文即行删除。"

（3）酌改奴婢罪名。"嗣后契雇贫民子女及从前旧有之奴婢，均以雇工人论，仍存主仆名分，有犯即按雇工人本律本例科断。其与家长之亲属人有犯，亦照此办理。"

（4）准贫民子女作雇工。"嗣后贫民子女不能存活者，准其议定年限，立据作为雇工。先给雇价，多少彼此面订。雇定之时，不问男女长幼，总以扣至本人二十五岁为限。只准减少，不准加多。如雇时十岁，不得过十五年，九岁不得过十六年之类。愿减少者听。限满听归本家。其限满后无家可归者，男子听其自由，若欲再雇，彼此情愿，准另立据订雇，按年论值；女子如母家无人，交其至近亲属领回婚配，无亲属者由主家为之择配，不得收受身价。此等雇工与契买奴婢不同，主家当以雇工之例相待，不得凌虐。该雇工仍当遵守主仆名分，不准违犯。倘限内主家有虐待情事，准本家缴还未满工值领回。"

（5）变通有关旗下家奴的条例。现在旗人拥有的奴仆，还没有赎身或放出者，若"必以二十五岁为限，限满听其自由，则此项人等皆有经管田庐产业事宜，亦未必尽愿舍去，办理恐多窒碍。此项罪名今既拟悉照雇工人科断，则'奴仆'之名亦可永远蠲除，似不必再以年岁为限。拟请旗下家奴概以雇工人论,不必限定年岁。伊主情愿赎放者听"。

（6）酌量开豁汉人世仆。"嗣后汉人世仆及其子孙概行开豁为良。如仍在主家服役者,俱以雇工论。其向系雇工及嗣后佣雇男女工人,无论满汉人家,均仍遵守主仆名分不得违越。"

（7）限年婚配旧时婢女。"嗣后旧时婢女照定例年二十五岁以上,无至近亲属可归者,由主家婚配,不得收受身价,违者照例治罪。"

（8）纳妾只许媒说,不准用钱价买。

（9）删除"良贱为婚"律。"拟请将此律删除。凡雇工人与良人为婚,一概不加禁阻,并与主家无涉,庶与重视人类之意有合,至'良贱相殴'、'[良贱]相奸'各条,及律例内分别良贱之处,拟请一概删除,以归一律。"

（10）切实执行买良为娼优之禁。禁止买良为娼、为优的法律,"若不严申禁令,实力执行,恐奴婢之名目易除,娼优之根株难绝。流弊至此,将有不为奴婢或转而为娼优者。拟请责成地方官严密稽察,遇有买良为娼优案件,务须尽法惩治,勿事姑息"①。

宪政编查馆的这个奏折上达后,军机大臣于宣统元年十二月二十一日奉谕:"依议。"该馆刊行晓谕:"查买卖人口旧习,各处相沿已久。此次奏奉谕旨,一律禁革,系属特沛殊恩,蠲除痼习。诚恐民间未及周知,仍沿敝俗,不足以普皇仁而拯无告,应由京外各衙门摘叙原奏条款中第一、二、四、七、十共五条之尤为习俗易

---

① 《宪政编查馆奏汇案会议禁买卖人口旧习酌拟办法折并单》,参见《寄簃先生遗书·寄簃文存》卷一。

犯者，刊刻告示，遍行张贴。"

因有此议，所以宣统二年颁行的《大清现行刑律》中，有关奴婢各专条以及有关良贱关系的所有律例均不再现，《大清律例》中有关买人手续的各项条例尽皆删除，只保留了禁止买卖人口、略卖人口及禁买良为娼的条律。

律例的上述修改，是中国法律的一大进步，应该给以足够的肯定。从此之后，肮脏的人口买卖在中国不复具有合法性。周馥、吴纬炳和沈家本等，在这个问题上引进了西方的法律观点，以欧美各国"尊重人格之主义"的原则修改《大清律例》，使中国古老的上层建筑中糅进某些西方意识的因素。宪政编查馆的奏折中明确提出"立宪政体首重人权"，所以要禁止人口买卖。可见封建皇帝和亲王大臣们已不得不意识到在这个世界上无视人权是不光彩的；不得不认识到，拥有一部准许买卖人口的法律是与世界潮流相逆的。无论如何，对一个封建政权来讲，保护人口买卖，还是禁止人口买卖，其性质有原则性差异，清代统治者这种认识的获得，是改良立宪的成就之一；法律上禁止人口买卖，是变法的一项成果。清政权终于使《大清现行刑律》又涂上一些资本主义思想的色彩。

以上是仅就法制改革的角度而言的。当然，设若认为该项法律产生之后，具有千百年传统的人口买卖行为就可消灭于一旦，那就未免期望过高了。这种丑陋现象的绝迹，还需经历一个漫长的历史过程。其后的历史已经证明了。

真若禁止买卖人口，进而取消奴婢，对于奴婢的主人来说，显然是重大的冲击。清末，"买奴之风久熄，而鬻婢之家，不独满汉官员大族，即中人小康之户莫不有之"。"中人小康之户"姑且不说，满族，特别是其上层贵族官僚，都是大奴婢主，怎能接受这种政策呢？而负责这项改革的宪政编查馆大臣奕劻，本人就是满族亲王，其他如世续、那桐，汉人鹿传霖、戴鸿慈等，都官至大学士，即使修订法律大臣沈家本、俞廉三也身为侍郎。这些人都拥有大量奴婢，他们又怎能主动提出这样的政策呢？从所上奏折中对"谓满蒙官员之家有不便也"，"谓鬻婢之家有不便也"等几种思想顾虑的分析、解释中，道出了这项政策的秘密：原来它并不触动奴婢制度的实质。

首先，王府包衣及其手下人，"其中多有品官，不若寻常奴仆之沦于贱役"，变革奴婢律例并不影响保留包衣。所以此项政策在使用包衣的满族高级贵族中不会遇到阻力。

其次，旗下（也包括汉人）原有奴仆并未勒令释放。《大清现行刑律》卷二"名例"下仍有条例规定"旗下未经赎放之家人逃走属实者，准赴该管衙门投递逃牌。逃走之人，不计次数，俱处十等罚，给主领回。年六十岁以上、十五岁以下及自行投回者，俱免罪。如有不服传唤，抗拒避匿，致伊主报逃者，照子孙违犯教令律治罪"。这就意味着，新法律仍然保护主人对现有奴婢（尽管已经改称"雇工人"）的人身占有权，只是在名义上"从前旧有之奴婢均以雇工人论"。

再次，站在主人的立场上考虑，奴婢难于驱使，不易管束，且易于逃跑；而雇用佣工则不会逃走，不听指挥时遣去即可，没有身价的损失，故对育婢之家并无不便。改买婢为佣妇，对于主家使用"毫无所碍"。故而《大清现行刑律》卷二十五，"斗殴［下］"有条例规定："从前契买奴婢如有干犯家长及被家长杀伤，不论红契白契，俱照雇工人本律治罪。"雇工人在法律上是一个特定的等级，它高于贱民等级而低于凡人等级。雇工人不像贱民那样法律身份低于一切良民，但仍低于家长家族所有成员。刑法中关于雇工人及其家长间相犯的量刑规定，没有一项是平等对待的。以斗殴不成伤为例，雇工人殴家长杖一百徒三年，比一般斗殴罪量刑加重十三等之多。反之，家长殴雇工人即使折伤也比一般斗殴罪量刑轻三等。雇工人与奴婢的共同特征是都与家长有"主仆名分"。宪政编查馆的奏折中强调解释道："奴婢、雇工 [人] 虽有区别，而律例内罪名从同之处本属不少。惟斗殴、故杀则定罪轻重攸殊，在奴雇于家长，奴重雇轻。第雇工殴家长死者绞决，谋故斩决，罪名已特重于凡人。当此减刑法之时，照此科断，实亦不为宽纵。若家长于奴雇，奴轻雇重，故杀奴婢不过徒一年，殴死雇工者已拟满徒，故杀者即拟绞抵。"奏折动员奴婢主做出让步："奴亦人也"，"未可因仍故习，等人类于畜产也"。由此可见，宪政编查馆的亲王大臣们提出的改革方案，是用将奴婢升高一个等级，但规定其于家长，"无论满汉人家"均"仍当遵守主仆名分，不准违越"，即承认家长高等级地位的办法，保留了奴婢的实质，保障主人的统治权及役使权。

在这种改革下，成为雇工人的奴婢得到的好处是，《大清现行刑律》删除良贱相奸、良贱相殴及良贱为婚诸律，奴婢们在社会上不再以贱民等级身份出现。同时，《大清现行刑律》中还删除了《大清律例》刑律斗殴卷中关于雇工人"违犯（家长及期亲、外祖父母）教令而依法（于臀腿受杖去处）决罚，邂逅致死"，"各勿论"的法律。从法律上讲，家长不因任意殴打雇工人致死而无罪。这也是一个进步。可是对雇工人施行不至于死的虐待，法律未见惩处规定。"倘雇用时限以内主家有虐待情事",本家可以将雇工"领回",但须"缴还未满工值"！这又怎能制止家长对雇工人的虐待呢？从根本上说,所谓取消奴婢,并没有使奴婢解放为凡人,法制仍旧保证家长对改为雇工人的奴婢们的统治权力。

  这就是王公大臣们所承认的人权的保障措施。这就是清朝封建政权适应资本主义世界潮流所采取的一项自我调节的行动。清末改良立宪之实质,于此可见一斑。

  该项政策颁行之时,清亡在即,它的实际效果已不可见,人们只是从中看到封建统治者对人身占有和人身奴役的最后态度罢了。

第八章
特定地区的贱民

除遍布全国的奴婢之外,清代还有多种仅存在于局部地区的贱民。他们是堕民、丐户、九姓渔户、疍户、乐户和佃仆。他们分别存在于不同地区,在生活等各方面有各自的特点,但他们的社会地位和法律地位却极为相似,都处在社会的最底层,都属于贱民等级。

第一节 堕民、丐户

丐户是明清时代存在于特定地区、属于特殊户籍的一种居民。明清两代《会典》关于户籍制度部分,没有关于丐籍的专门说明。丐户在浙江者也叫"惰贫""大贫"或"衙子人",更为通行的称呼是"堕(惰)民";在江苏常熟者称"贫子"及"贫婆"。

丐户分布地区,有人认为在"苏松浙省,杂处民间"[①]。所谓"苏松",至今只知道苏州府长、元、吴及常熟等县有丐户。所谓

---

① 屠本畯:《堕民猥编》,转见乾隆《鄞县志》卷一。

"浙省",有人说,宁波、绍兴、金华均有①;清人茹三樵说,堕民散居于绍兴、宁波、台州、金华、衢州、严州、处州等府,他甚至说,安徽的徽州府也有丐户。②还有资料反映,京师曾有惰民出现。③不过,现在能有资料加以讨论的,主要是绍兴、宁波二府的堕民,其次是常熟的,其他地区情况都不很清楚。

明清时期浙东堕民数量没有确切的数字记载。康熙《山阴县志》记载,"丐户杂处民间以万计"④,康熙《嵊县志》记载,"嵊旧时丐妇走市巷者绝少,近亦蔓延若山会矣"⑤,似乎堕民人数有所增加。至民国三年有人估计清末民初"堕民散处宁绍各属者达二万余人"⑥。看来,明清浙东堕民不会太多,也就是一两万人之谱。⑦

---

① 参见徐珂:《清稗类钞·种族类》。
② 参见《越言释》卷上。
③ 参见延煦等:《台规》卷二五,光绪十八年修。
④ 康熙《山阴县志》卷八。
⑤ 康熙《嵊县志》卷三。
⑥ 冯巽占:《畲民堕民九姓渔户考》,载《地学杂志》1914年第11期。
⑦ 1928年时的统计可做参证(载民国十七年《浙江民政年刊》统计图表五及行政状况二。此表中个别数字计算有误,但因时日已久,资料难以一一核对,此仍依原书数据。——引者注):

1928年时浙江各县堕民状况一览

县别	人数			堕民职业
	堕民人口	全县人口	堕民占%	
鄞县	1106	133205	0.83	优伶、舆夫、吹手等
慈溪	2220	73376	3.03	剃头、抬轿、吹唱等
奉化	2000	66499	3.00	剃头、抬轿、吹唱等
镇海	1361	93508	1.40	吹唱、演戏,间有农、商
定海	665	87862	0.76	抬轿、剃头、奏乐、梳头
象山	385	52046	0.74	吹唱、理发、新妇伴娘
余姚	383	138411	0.28	吹唱、收租、伴娘
上虞	3393	69861	4.86	乐户
温岭	2112	96003	2.20	
东阳	2864	115616	2.50	剃头、抬轿、守祠、梳头
义乌	1874	63380	3.00	抬舆、鼓乐
合计	18318	989767	1.85	

关于浙东堕民起源问题，有许多不同的说法。

明人的记载主要是这样两种：

（1）堕民是籍没的犯官家属。这是祝允明的看法。[①]以后翟颢在其所著《通俗编》中曾引用。

（2）堕民是宋代罪俘之遗，或具体地说是叛宋投金的宋将焦光瓒部落之后。首先提到这种传说的是徐渭[②]，其后是屠本畯[③]。浙东宁、绍二府许多县志均引此说。雍正元年巡视两浙盐课噶尔泰请削堕民丐籍疏，即以此为据。《万历野获编》和康熙《余姚县志》的说法，也是在这个基础上加以渲染的。顾炎武《日知录》亦袭此说。但这种看法，明清时就有人怀疑。

清人茹三樵提出一种新的看法：

堕民古越就有，是勾践留下的贱民。不过这只是臆测，他没有举出史籍证明。[④]

民国以降，却有几种不同的记载：

（1）堕民是张士诚部将之后。《清稗类钞·种族类》有此传说。

（2）堕民是俘陈友谅之部族，编之为丐户者。冯巽占首先提出此说。[⑤]

（3）堕民是被惩的胡惟庸后裔。民国《新昌县志》称转引《鄞志》。而康熙、乾隆、同治、光绪及民国五种《鄞县志》都没

[①] 参见祝允明：《猥谈》。
[②] 参见徐渭：《徐文长文集》（即《青藤书屋文集》）卷一八；《会稽县志诸论·风俗论》；万历三年修《会稽县志》卷三。
[③] 参见屠本畯：《堕民猥编》，转见乾隆《鄞县志》卷一。
[④] 参见《越言释》卷上。
[⑤] 参见冯巽占：《畲民堕民九姓渔户考》，载《地学杂志》1914年第11期，第12页。

有这个提法。可见此说实系民国新昌志自创。

（4）堕民是赵宋后裔。张其昀说："惰民者，赵宋之苗裔也。宋既亡，子孙见哀于人，而人与之食。食之者多，遂不事生产，多以丝竹娱人，日流于惰，故曰惰民。"①不知何所据。

（5）"堕民是明初反抗洪武和永乐皇帝的忠臣义士。"这是鲁迅在《我谈"堕民"》一文中提出的设想。②周建人意见与此类似。③

（6）堕民是元朝灭宋后被集中于绍兴等地的俘虏和罪犯。新版的《辞源》和《辞海》均提到此说，但未详所据。

（7）堕民是元朝蒙古人之后。《清稗类钞·种族类》有此传说。

堕民起源如此之多，真可谓众说纷纭，莫衷一是。除祝允明及新版《辞源》《辞海》外，其行文有的用"或言""或云""丐自言"等表明来自传说而非确据，有的则明确指出堕民源起已"不可晓""不可考"，或"不知其所始"。我同意冯尔康的意见，他经过详细考证后得出结论说，由于如下原因：一，明代与丐户同时同地生活的学人已不得其详；二，削除丐籍的当事者也搞不清楚；三，乾嘉考据学盛行时，名家如钱大昕亦不考；四，堕民问题专家如陈训正者也不能明其真相。这个问题，"已没有办法完全搞清了"④。显然，万历初年已不能考察清楚的问题，后人在没有发现更早资料的条件下另立的新说，不论讲得多么肯定，也很难令人相信。

堕民起源的许多传说均及宋元。《堕民猥编》中"元人名为怯

---

① 《浙江省史地纪要》，第71页。
② 参见《准风月谈》，见《鲁迅全集》卷五。
③ 参见《科学战线上的一个老兵的话》，载《人民日报》1977年12月14日。
④ 《雍正朝的削除绍兴和常熟丐籍》，见《集刊东洋学》第44号，抽印本。

怜户"的说法为许多著作所引用。好像明代以前肯定存在堕民。但我以为,这一点尚存疑待考。堕民问题,如果确如传说中所说是政治斗争的产物,很难想象在宋元文献中没有留下任何痕迹。因此,如若要令人信服宋元时代即已存在堕民,还有待于搜检宋元资料加以证明。

徐渭和屠本畯都引用了《别贱录》。我不清楚它是一份官方文件还是一篇文章或一本书。民国《象山县志》案道:"《别贱录》者,明太祖定制,服式、居业不与齐民等也"①,看来,它确是存在过。据之可以相信,定堕民之"服式、居业不与齐民等",是朱元璋所为。从而可以推论,《堕民猥编》所说"明太祖定户籍,扁其名曰丐",也许是可以相信的,虽然这也缺乏更多的可靠资料加以印证。至于明太祖将他们打入丐籍的原因是否就因为要进一步惩罚南宋的降金官僚,那就很难说了。

总之,我们大概只可以这样讲,堕民之作为丐户,始自洪武年间。堕民是否存在于明代以前,尚待证明。至于堕民是否南宋政府惩罚叛官罪民之妻孥,元惩宋之罪俘,或堕民之始乃是政治株连的结果,则难以考实。

堕民的职业选择是不自由的,自明代以来,"四民中居业不得占,彼所业民亦绝不冒之"②。据祝枝山称,明代早期奉化堕民由"官给衣粮","妇女稍妆泽,业枕席",官府"征其淫贿"。③万历初,仍有会稽堕民妇女"群走市巷,兼就所私"的记载。④这可能

---

① 民国《象山县志》卷一六。
② 万历《会稽县志》卷三。
③ 祝允明:《猥谈》"丐户"条。
④ 参见徐渭:《徐文长文集》卷一八。

是堕民最初被视为贱的重要原因之一。但是,清代以来的记载,除转抄以上两条外,很少提到堕民有关于这方面的行为。堕民之妻也称"嫽嫲",她们的日常活动主要是为良家内宅服务。平日,业栉工(为妇女梳整发髻、开面),采购(上街代买化妆品等什物,嵊县称"卖婆"①)以及为人家儿女提亲说媒。男子从事小商贩、小手工业(如锻铁,编竹灯架,塑制迷信用土牛土偶等),或抬轿为生(所以宁波人称之为"轿堕贫"),间有业牙侩者。此外,他们还进行许多取悦他人以求赏赐的迷信活动。如正旦元宵时执响器以闹人堂。立春日,持土牛芒神以闯人室。上虞"丐户作纸牛以鼓乐导送各乡,而乡人亦以土牛之色为旱潦凶丰之兆"②。立夏日,"出鲜衣,鼓笛相娱"③。宁波、山阴等地,腊月立冬"调灶王",堕民带钟馗巾,红须,持剑至各家驱鬼。会稽堕民于腊月终旬则逐门"打夜狐"。象山堕民男人专业剃发。各地良家有婚丧大事,堕民男女登门服役。婚事时,堕民妇女"扶持新娘梳妆拜谒,立侍房闼,如婢,新娘就寝始出,谓之喜婆"④,鄞县称"送娘"或"送嫂"。定海民人娶妇,婿不迎亲,用堕民为使者,前往女家迎娶⑤。萧山"人家婚丧,以堕民司鼓乐,称为'吹唱',堕民自称为'小唱'。堕民妇称为'老瞒',人家婚丧用以搀拜伺候。在男家者曰'传席',由女家送新妇者曰'伴送'。名为服役,实属营业"⑥。光绪

---

① 康熙《嵊县志》卷三。
② 嘉庆《上虞县志》卷一。
③ 万历《绍兴府志》卷一二。
④ 徐珂:《清稗类钞·奴婢类》。
⑤ 参见民国《定海县志》卷一六。
⑥ 民国《萧山县志稿》卷一。

中叶以后，女子所事仍旧，男子则久废卖饧、锻铁等业，大多专门从事抬轿和"吉凶猥下杂役及演戏剧当脚班"①了。

堕民为之服役的对象，鄞县称为"脚埭"，定海称为"主顾"。虽然名称各异，但有一点相同：各自服役主户是固定的，"归其专利"。这种服役权可以"恃为产业，传之子孙"②，也可以出卖给另一堕民，"如田之有佃，得自相顶替"。这种服役权的"卖买皆有契券"③，价格高低决定于"脚埭"之贫富。其所以如此，因为堕民服役是有偿的，他们服役后要索钱米，"终岁所入颇丰"。而且妇女收入较男子为多，堕民中有"一个姑娘一亩田"的比喻。故民国《萧山县志稿》说，堕民"名为服役，实属营业"④。堕民出卖服役权，似乎无须"脚埭"同意。

从上所述堕民所事职业来看，男子小本经营或体力劳动，女子靠赏赐度日，一般来说大多数堕民不会富有；堕民俗称"丐"称"贫"，不是没有道理的。经济窘迫，生计维艰者，甚至将作为衣食重要来源的服役权卖给他人。不过，也不能因此而认为堕民全是十分贫穷或基本上靠行乞度日。嘉靖前，祝允明曾说堕民"不甚窘赤"⑤。万历间，沈德符说"其人非丐，亦非必贫也"⑥。康熙间所修《嵊县志》说，当地堕民"不无富厚者"⑦。光绪初年，绍

---

① 民国《鄞县通志》。
② 民国《定海县志》卷一六。
③ 袁枚：《续子不语》卷七。
④ 民国《萧山县志稿》卷一。
⑤ 祝允明：《猥谈》。
⑥ 《敝帚轩剩语》卷下。
⑦ 康熙《嵊县志》卷三。

兴"三坛街堕贫开店小康"，竟"往徽扬商贾，潜入民籍"。①光绪间，上虞堕民有的甚至盖起"高楼华屋，俨若世家矣"②。这种描写或许夸大，但可看出，堕民中也是贫富不均的。其中富者当然是极少数，同时，穷得"走他方以徙业者"③也是很少的。堕民家计如何，从事抬轿者当决定于体力条件，业小商贩、小手工业者或与手艺水平和机遇有关。由于妇女受赏收入较男子收入更多，其家庭中妇女人数以及"脚埭"的富裕和大方程度，可能是堕民收入水平高低的重要因素。能往徽扬商贾、富若世家的堕民，其发家过程尚待研究，也许是经济史中有趣的课题。

下面谈谈浙东堕民的身份地位状况。

如前所述，明清两代《会典》关于户籍规定中均不见"丐籍"的正式条文。但有关堕民记载都说堕民籍为"丐户"，而且据说还要在其住宅门口钉上带有丐户字样的门牌，"四民中所籍彼不得籍，彼所籍民亦绝不入"④。

堕民作为丐籍，其身份之贱反映在许多方面。首先，其衣着受到限制。起初，"四民中即所常服彼亦不得服"⑤。男子不得着长衫，衣必青色，头戴"狗头帽"。女子青衣蓝裙，裙以横布，象山堕民妇女"裙束腰带以自别"⑥。堕民妇梳髻高于凡人，不得戴耳环，并禁缠足。关于这些，徐渭说，"四民向号曰是出于官，特用

---

① 范寅：《论堕贫》，见《越谚》卷下，"附论"。
② 光绪《上虞县志校续》卷四一。
③ 参见康熙《嵊县志》卷三。
④ 徐渭：《徐文长文集》卷一八；屠本畯：《堕民猥编》，转见光绪《鄞县志》卷二。
⑤ 徐渭：《徐文长文集》卷一八。
⑥ 民国《定海县志》卷一六。

以别且辱之者也"①。《别贱录》或许载有详细的关于堕民服饰的规定。

其次，堕民只准住于低屋小房之中。有的地方，如萧山，堕民"居住亦为一聚"，与百姓不相混杂②；鄞县堕民聚居之处名曰"笝子"。宁绍两属堕民"自相为群"，所居之区"俨然一异域"，"平民虽贱至舆抬，勿与比邻"。③山阴堕民"所居之产，民无有鬻之者"④。

再有，堕民外出不得乘车马。妇女必携包裹及雨伞，伞必倒持，以示别于凡人。

这些规定的执行，有的早已松弛。万历初年衣着即已"稍僭而乱矣"，堕民男子常穿凡人服饰。后来，堕民中不但妇女缠足者有之，盖高楼华屋居住者也有人在。但外出步行，妇女持包裹雨伞，及聚居一处不与凡人混杂等，一直相沿成习。

更能反映堕民身份的是以下几方面。

堕民与自己的脚埭的家庭成员的关系。他们需称男主人为"老爷"，女主人为"太太"，小主人为"少爷""相公""奶奶"等。即使主家仅是一般的凡人百姓，堕民也称之为"某官"，不得直呼其名。⑤不过他们除按习俗所定为主家服役外，和脚埭间没有严格的隶属关系。其户自属丐籍，不入主家，其与脚埭间关系虽世代相承，但可因卖出和买进服役权，而自行和主家终止原有关系或确立新的服役关系。同时，他们还有迁徙他方的自由，堕民富厚者，"使

---

① 民国《定海县志》卷一六。
② 参见民国《萧山县志稿》卷一。
③ 冯巽占：《畲民堕民九姓渔民考》，载《地学杂志》1914年第11期。
④ 康熙《山阴县志》卷八。
⑤ 参见民国《定海县志》卷一六；民国《鄞县通志·文献志》，"礼俗"。

走他方以徙业,其谁禁之"①。实际上也"间有流入他方者"②。

在明代堕民充当里长、粮长或吏员的资格被剥夺了;严禁其入学读书,更不许参加考试进入仕宦之途;即使积镪巨富也不得纳资为官。万历间,京师有位名医甄某,家资殷厚,试图"纳通州吏,再纳京卫经历"官职。但被绍宁同乡诸吏合力排挤,宣扬并攻讦说他的先人原系堕民,他是没有资格做官的。虽经甄某力辩其非,也未能就选,只好仍旧行医。③甄某到底是否真系堕民之后,不得而知,通过这个例子可以看出,在明朝,堕民的后代是不能当官充吏的。到了清代,堕民仍旧没有应试、捐纳、出仕的资格,铨选制度决定了堕民没有进入统治者等级的可能。

关于婚姻状况,所见明清有关记载,都记堕民是"自为匹偶"④,"例不得与民间相婚姻"⑤,《堕民猥编》肯定这一点是明太祖朱元璋规定的。有关堕民服饰的规定,早在明代就已不能严格地执行了,但有关婚姻的禁条,直至堕民被宣布解除丐籍二百年以后,还在严格地执行着,"人仍轻视之,终不与通婚娶"⑥。所以,他们没有可能通过婚姻关系进入凡人等级。

堕民既被贱视,又以服役为业,所以常常受到欺侮。明代时,人们对堕民妇女"或迫而挑之,不敢拒亦不敢较"⑦。堕民有时也团结诉讼以求官庇,但往往以失败而告终。明清时代如有堕民子弟

---

① 康熙《嵊县志》卷三。
② 雍正《朱批谕旨》第39册,第90页。
③ 参见沈德符:《敝帚轩剩语》下;《万历野获编》。
④ 祝允明:《猥谈》。
⑤ 康熙《山阴县志》卷八。
⑥ 民国《象山县志》卷一六。
⑦ 沈德符:《敝帚轩剩语》卷下。

试图考试,"人亦群相困辱之,不使小有上进"①。据称,对堕民的压迫,宁波比绍兴更为严重。②

如果说我们对明清浙江堕民情况知之不多的话,那么对江苏丐户则了解更少。

关于江苏丐户起源问题,我们看到的两条材料各执一说。《堕民猥编》称,"相传为宋罪俘之遗,故摈之(丐自言则云宋将焦光瓒部落,以叛宋投金故被斥),分置苏松浙省,杂处民间"③。换言之,丐户乃是宋代留下的贱民,除浙江外,苏州、松江两府也有。清人所写《琴川三风十愆记》则载,"明灭元,凡蒙古部落子孙流寓中国者,令就所在编入户籍。其在京省谓之乐户,在州邑谓之丐户。丐户多在边海之邑"。这就是说,丐户始自明代,边海府县都有。这两种说法相去甚远,也和浙江堕民起源一样难以考实。苏州有丐户,属于贱籍,必须应承差役,立春日于街头扮演迎春角色。这一点,从雍正末乾隆初苏州梨园碑中得到印证④;而对松江府以及沿海各邑的丐户,则一无所知了。

至于常熟丐户情况,从《琴川三风十愆记》"贫婆"条中略窥一二:"男谓之'贫子',妇谓之'贫婆'。其聚族而居之处谓之'贫巷'。初无姓,任取一姓以为姓;而各以种类自相婚配。其男以索绹为业,常不足以自给。妇则习浆糨缝纫,受役于殷实富贵之家,所获百倍于男。""厥后家计日足,男子不复理前业,衣裳楚

---

① 沈德符:《敝帚轩剩语》卷下。
② 参见光绪《鄞县通志·文献志》,"故实"。
③ 转见乾隆《鄞县志》卷一。
④ 参见雍正十二年《奉宪永禁差役梨园扮演迎春碑文》及乾隆元年《梨园公所永名碑记》,见《江苏省明清以来碑刻资料选集》,第276、279页。

楚，安坐而食。妇则为伴姥，为蓐妇，为卖珠娘，为小儿医，常以一人营数业，以一日应数家。"丐户妇女"不事靓妆艳服，簪止骨角，衣止玄绢，裙止白练；不卷袖，不束帨，不著红履"[1]。如果这些记载是实，那么和浙东堕民相比，常熟丐户与之有共同之处：一，聚族而居于"贫巷"，不与百姓为邻；二，自相嫁娶，不与良民通婚；三，妇女衣饰不同于百姓，也服役于良民家。但也有不同之处：一，男子以编织绳索为生，并非贱业，也不服役于人家，以后依妇女收入安坐而食，不事任何生理；二，妇女为之服役的人家并不固定，一日可应数家，无所谓"脚埭"。

雍正元年七月，噶尔泰于巡视两浙盐课任上了解到浙东堕民"四民中居业不得业，四民中所籍不得籍，即四民中常服亦不得服"的情况。他认为，堕民之所以如此，并非他们自愿，也非应该，"实因无路自新，是以终沉孽海"。噶尔泰因之建议削除堕民贱籍，使与四民一体。雍正帝命礼部衙门议奏噶尔泰折。九月议定，批准"除浙江绍兴府堕民丐籍"[2]。后据此定例："浙省堕民、丐户皆令确查削籍，改业为良。若土豪地棍仍前逼勒凌辱，及自甘污贱者，依律治罪。其地方官奉行不力者，该督查参，照例议处。"[3]

这个条例的内容仅限浙江堕民，并没有涉及江苏的丐户。雍正八年五月，批准户部议复江苏巡抚尹继善奏，将江苏常熟、昭文二县的丐户照浙江堕民及山西乐户之例，准其削除丐籍，列之为编氓。

---
[1] 《虞阳说苑》甲编。
[2] 《雍正实录》卷一一。
[3] 《读例存疑》卷九。

雍正元年谕旨尽管发布,但其结果,堕民"仍籍虽削而业终未改"[1],直至光绪季年,他们因"生计攸关,仍服役如故"[2]。所以有再度解除堕民贱籍之议。

光绪三十年九月,鄞县绅士卢洪昶等九人具禀,通过左丞王清穆以商部名义上奏,要求为堕民除籍,并请准许自行捐款建立学堂,招收堕民子弟入学学习,"俾营实业,以广造就"。十月二十二日得光绪帝批准。光绪三十一年,卢洪昶捐资兴办,觅地建校,聘请校长、教员,在宁波西城设立育德初等农工学校,江东设立育德小学校,准许毕业后一例给奖,其改业者即得为良。宣统三年,该校有了三届毕业生。同时,绍兴亦有同仁学堂收教堕民子弟。

数百年积习难于顿时根除,齐民仍然羞与堕民为伍,堕民也不掌握其他谋生手段,仍旧服役。至民国三年时,绍兴同仁学堂已中辍,宁波育德学校改称鄞县甲种工校,后也停办。好事虽然未能继续,但卢氏的行动在清代贱民解放过程中,应是值得纪念的一件事。

第二节 九姓渔户

九姓渔户又名九姓渔船,俗称"江山船"。这种船户以舟为家,不在陆地居住。明清时代,他们贯属严州府建德县,踪迹遍布杭州、绍兴、金华、衢州四府之间,活动于衢江、东阳江、桐江以及富春江上。

---

[1] 乾隆《嵊县志》卷二。
[2] 民国《定海县志》卷一六。

九姓渔户源始由来，其说不一。据传是宋末亡国大夫效仿伯夷叔齐之志，舟居捕鱼为生。但他们为什么会成了贱民，此说未予解决。更多的传说是，元末陈友谅被流矢身死，朱元璋将其子孙贬斥为渔户，另编户籍，禁锢江上，从此"岸无寸土，惟家于船"，"男为船户，女为流娼"，不准其与齐民齿。这些传说皆无确证。民国十六年修《建德县志》的编者曾就此提出质疑："明兵在建德，与战者系张士诚部。友谅据九江，遇贬当在鄱阳"，并进一步说，"闻之父老，建德伎船唐已有之，与友谅原不相涉"，指出了流行说法中人物、时间、地点等许多难以自圆的矛盾。实际上，九姓渔民的起源也和堕民起源一样已难以弄清。

所谓"九姓"，指陈、钱、林、李、袁、孙、叶、许、何等姓。至同治初年，九姓只剩其八，就中李姓已经没有了。九姓渔户的户口及船只数目不详，据称原编船只大小数千只。道光、咸丰年间尚存一千数百艘，太平天国战争中被焚毁者很多，至同治初年只存数十号，九姓仅存三百余户。同治六年，建德九姓渔户登记者为八姓一百九十六户，船数不详。[①]

九姓渔户中，有操小舟，养鸬鹚，结网打鱼为生的渔户，还有不少所谓"茭白"船、"头亭"船者，主要以沿江客运为业。"茭白""头亭"船只装饰精雅，舱位宽敞舒适。船上女子名为家属，实则是船主自桐庐、严州雇觅而来，被称为"同年嫂""同年妹"（"同年"与"桐""严"谐音），间有购自良家者[②]，习学弹唱，

---

① 参见戴槃：《九姓渔户考》、《详九姓各渔户报明身家清白造册通送由》，见《严陵纪略》。
② 参见徐珂：《清稗类钞·种族类》。

第八章 特定地区的贱民 245

在船陪客侑酒，以至伴宿，水脚船费，比其他船只加倍不止。缙绅豪商等交通于衢杭、金杭之间者，往往乘"菱白""头亭"以示阔绰。

九姓渔户贫富不等。"家富子多者，造船分驾，家贫子多者，受雇他舟。"①

明清两朝政府历来向九姓渔户征收丁税、渔课，这项税收据说始自洪武年间。建德县船庄册记载，该税原额丁银二百一十八两余，雍正五年开始摊入田地山塘均匀带征。渔课九十四两余，交建德县收纳，其中除部分解交布政使司外，余归府衙专款专用，直至同治初年仍在征收。②这项税收名为渔课，实则并不业渔的"菱白""头亭"也需摊纳。在征收过程中，胥役浮收需索"曾不知加增几倍"。

九姓渔户长期以来遭受民人歧视，良民与之不通婚姻。但我们没有发现早期清代官方将九姓渔户定为贱籍的有关文件。乾隆三十六年，礼、户二部议准的，关于山陕等省乐户、丐户报官改业之人为始下逮四世本族亲属皆系清白方准报捐应试的条例，令浙江地方将九姓渔户"照此办理"。这个条例实际是肯定了过去视九姓渔户为贱民这一事实的合法性。虽然准许九姓渔户报官为良，但若获得与良民完全平等的政治权利，须是其四代以后子孙。

同治五年，丹徒人戴槃任严州知府，他了解到九姓渔户的一些情况，向上司提出看法和建议。戴槃认为，九姓渔户雇觅妇女在船

---

① 光绪《建德县志》卷二一。
② 参见戴槃：《禀请奏裁建德县渔课由》，见《严陵纪略》；光绪《建德县志》卷四。

为娼，为害商旅，同时她们也是胥役需索的受害者。九姓渔户不得从事其他职业，只能以贱业所得缴纳渔课，官府既征其钱粮则不能禁止其业娼。如若禁止九姓渔户业娼，必先裁革渔课。根据这个想法，他于同治五年二月禀请裁革九姓渔户课税，于六月禀请准许九姓渔户改贱为良。

戴氏关于裁革九姓渔户渔课税收的建议，比较顺利地获得通过。经总督、巡抚批准，九姓渔课中应解交藩司的那一部分，因为须报告户部，必须上交，所以由该府衙的办公费用项下按年提解；其余由府衙留用的部分，因不必上报户部，自行决定免征。戴氏关于将九姓渔户除籍为良的建议，也得到总督左宗棠的支持。

戴槃的这项政绩，使九姓渔户在身份解放道路上前进了一大步；但没有彻底解决问题。因为大多数九姓渔户并不由于可以脱离贱籍而能够放弃贱业，所以直到光绪十六年的记载，九姓渔户仍"不得与齐民齿，以其操业猥贱也"[①]。即使是民国九年的记载，仍称"至今贱视之"[②]。尽管如此，戴氏的建议也起到了使九姓渔户在法律上不再列籍贱民的作用。所以光绪年间九姓渔户中，有的也已"迁居他邑，托业市厘"，有的则"移入陆居，假途耕稼"，因时间长久，不辨其为贱民了。[③]多年陋习，难以很快彻底清除。就是到了20世纪20年代末，九姓渔户问题仍然存在。1927—1928年期间，浙江省政府通令将其解放，要求各县将九姓渔户"男妇人数、职业种类、生活状况详细调查，并拟具嗣后如何改良职业，提高

---

① 光绪《建德县志》卷二一。
② 民国《建德县志》卷一五。
③ 参见光绪《建德县志》卷二一。

生活等办法，呈候核夺"。根据这项命令，杭县、衢县、开化、汤溪、桐庐等县都曾呈报情况办理。

第三节　疍户

　　疍户又称疍民；在文献中，疍亦写成"蜑"。他们在陆地没有固定的住所，全家老幼终生居于艑艇。疍户散布地区很广，广东、福建、广西的滨海沿江地区几乎都可见到，其中以广东为最多。广东疍户遍布广州府、廉州府、雷州府、肇庆府，更多的是在惠州和潮州府。粤东内地的嘉庆府（今之梅县）、兴宁县也有所见；这里的疍户当是沿江溯河而来。总之，"岭东河海在在有之"①。因此，下文所谈以明清时期广东疍户的情况为主。

　　疍户之由来，其说不一。《天下郡国利病书》转引《惠州志》称，疍户为秦时避役而逃往丛薄中的越人遗民，民国浙江《建德县志》称广东疍户系"亡宋遗黎"；这两种说法都很难考实。最流行的传说认为，元时蒙古人、色目人征服闽广，分住各家，以监视、镇压、蹂躏汉人。元末，汉人组织起来，约定于八月十五家家动手齐杀鞑子，当晚有少数漏网的蒙古人、色目人逃至海滨，被发觉，哀求得免。但他们被规定曲膝艇舱，生活水上，永不准登岸。这些人的后裔成为疍户。②直至新中国成立时，这一传说在广东某些地区的疍户中仍颇流行，自称为蒙古人之后。这种说法显然不可靠。史乘所及，至少晋时已有蜑字出现。顾炎武说，晋时"广州南岸

---

① 《天下郡国利病书》卷一〇四。
② 参见徐珂：《清稗类钞·种族类》。

周旋六十余里，不宾服者五万余户"，即"蛮蜑杂居"，他们自唐以来计丁输课于官。①可见，远在元朝建立以前就已经有疍户。再说，就在蒙古统治正盛的1312年，元仁宗登基，曾有特旨免乌疍户采珠，旋又恢复。②其后泰定元年五月泰定帝命罢广东道东莞县大步海及惠州珠地，七月"罢广州、福建等处采珠疍户为民，仍免差税一年"③，泰定三年八月又"谕廉州疍使复业"④。这些资料显然都说明疍户不是始于元末的。至于把疍户与苗、瑶并列当作一种民族，则是没有道理的。张寿琪、黄新美等于1983年底到1989年，曾深入到疍家会聚区之一的珠江口，并沿西江、北江上溯做了实地调查。他们从考古遗址、文献记载、地质人类学以及语言等四个方面进行研究，对20世纪30年代学者及60年代外国学者的各种看法提出了不同意见。他们认为："珠江中历史上'疍家'先民来源，最初于新石器时代，以当地'南越族群'先民，栖息于水滨，靠捞捕水产为食的零散小群，构成疍民最初的来源。以后，陆上历代发生战乱，于不同的时期不同的战乱，便有些不同群体的人为着逃命，或为着避难，投奔江海水面，混入各处疍家先民零散的支群中，随着江海水道，四处浮泛；这样，在水面上积聚，长期融合，便构成历史上珠江口的疍家群体。至于福建滨海地区沿岸、闽江口和广东潮州汕头一带、韩江口的'疍家'先民，其形成亦有相似之点；最初亦是于新石器时代，由当地滨水而居的越族土著先民，构成为最初浮泛于江海的零散的'疍家'小群体。以后亦是由于陆地居民在

---

① 参见《天下郡国利病书》卷一〇四。
② 参见陶宗仪：《辍耕录》卷一〇。
③ 《续资治通鉴》卷二〇二。
④ 同上。

不同时期或不同的群体，基于种种原因，投奔于江海，渗合其中。由于他们靠打鱼为生，捞捕各种海产为活，浮家泛宅，在江面、海面随处流动、随处靠岸停泊。这样便使得他们在各处不断地聚合，不断地分散，散布于南方各江河间，散布于闽粤海边沿岸各处，构成为一个极为松散的大群体。他们的起源虽与百越先民有关，从秦以后，开始发生变化，有汉人投进其中，以后更渗入不少汉人，长期融合而成，他们属于中国汉族的一个支群。他们不是来自印度也不是来自印度尼西亚；他们在中国历史上，也不能算作僚壮中水上人。"①他们认为，疍民"最迟于明初已不属于少数民族，他们于元代期间，实际上已成为汉族的一部分"②。这是可信的。

明清时期各地疍户总数不详。有些方志有所记载，但因时间不同，难以综合。不过从中可看出，疍户数字随社会安定程度而变动，其增减幅度相当之大。如明代潮阳疍户，原来"生齿颇众"，隆庆时，"或苦于诛求，逼于盗贼，辄稍稍散去"③。又如嘉应州属兴宁县旧有疍船四百余只，与民船数同；崇祯初年仅存十分之一；明末清初受战争影响，疍船纷纷逃往他地以避役，康熙十八年时仅余十多只，至康熙二十年后始渐复旧业。④

疍户以捕鱼、割蠔为主要生涯，真所谓"江海其田畴也，舟船其室宇也"⑤。明清时期的疍户拥有各种船只，小者仅可容身，

---

① 《珠江中水上先民"疍家"考》，见黄新美编：《珠江中水上居民（疍家）的研究》，广州：中山大学出版社1990年，第122—123页。
② 《珠江口水上居民（疍家）种族现状的研究》，同上书，第6页。
③ 隆庆《潮阳县志》卷八。
④ 参见嘉庆《兴宁县志》卷一二。
⑤ 乾隆《增城县志》卷三。

大者可以出海。其间贫富不匀,"有渔人者,有渔于人者"①。在明代,琼州府澄迈县有艇疍户"募穷户为役,扬帆海澳之中,计岁所获,可当中人十家产"②。清代有的疍户也"积有余赀,则造拖风船,备炮械载货出洋",进行海外贸易。③道光二十年,广州府新宁县疍户梁就利自置渔船一只,领得牌照出海捕鱼。船上除母妻及子女五人外,雇用苏亚保、胡亚连充当舵工、水手。苏亚保染病在船,梁就利另雇萧亚遂为舵工,每月工钱二两六钱。梁就利陆续卖鱼积存番银达四十余元。④道光间肇庆府高要县有疍民能承包西江鱼步,进行捕捞作业。⑤光宣间番禺疍民有罾船者,每次出海多日,捕得鱼鲜交鱼栏出售,除支付雇用舵工水手工资及其他费用外,尚有盈余。⑥从这些零星资料中可以看出,明清疍户中确有所谓"渔人者"。但疍户中更多的是"渔于人者"。自家无船的疍民,有的赁一叶之舟,沿岸而网,他们"衣不蔽肤","得不易一饱"。⑦有的受雇于人,受领工钱。前例中,新宁苏亚保、胡亚连、萧亚遂等就是受雇为舵工、水手的贫穷疍户。

高要县疍民承包鱼步情况更可说明问题。所谓鱼步,即鱼花步,亦称鱼埠,乃是从官府获得捕捞权的特定江面。西江两岸河埠,百姓分片承包纳税,由衙门给帖,船只领照,方准捞鱼。道光

---

① 光绪《澄迈县志》卷四。
② 同上。
③ 参见咸丰《顺德县志》卷六。
④ 参见林则徐:《萧亚遂谋杀雇主一家三命案审明正法折》,见《林则徐集》奏稿中。
⑤ 参见道光《高要县志》卷二一。
⑥ 参见宣统《番禺县志》卷一二。
⑦ 嘉靖《惠志略》外志。

间，高要县管段西江江面共有鱼步181块，其中有民步也有疍步。无步疍民因需缴纳渔课，并生计维艰，所以往往受雇于民步或疍步所有者，给他们捕鱼。拥有鱼步的疍民中比较贫困者，有时也将自属鱼步佃给民人，佃者大大压低租价，先付数年租金。出佃期间，该置户为佃者捕鱼，计值受雇。琼州沿海的澄迈县贫疍也往往受雇出海，以求温饱。所获海产，到陆地销售。如崇祯末年广东新安县的白石埠即为"灶民贸易之区"①。

疍户所受剥削从来都是深重的。元时记载称他们"饥寒褴褛甚于他处贫民"②。明人记载，广东沿海"禾虫之埠，蠔蚬之塘，皆为强有力者所夺。以渔课为名而分画东西江以据之，贫者不得沾丐余润焉。疍人之蚬筶、虾篮，虽毫末皆有所主。海利虽饶，取于人不能取于天也"③。明末记载，新安沿海"豪有力者，或依地利之便，或假宦势之雄，指一海面，捏两土名，借此绐门，截彼鱼埠，漫图影占，罟网混侵。疍户畏焰返棹"，"海洋之利，悉饱豪右之腹"。④清代后期广东赤溪厅陆上自称"沙主"的恶霸与名为"更练"的土豪，夤缘为奸，向疍户肆意勒收避风艇费，如不交付，甚至夺走渔网。他们还向疍民强索婚嫁丧葬各种规费、停靠码头规费以及晒鱼空地租、井租等等。番禺拥有渔船的疍民出海捕鱼，需要雇舵工水手，费用往往不足，则向"鱼栏"预借。所谓鱼栏，"为各种鱼业之总汇"，分为鲜鱼栏、咸鱼栏、蟹栏等。借款疍户把捕得的海鲜全部交鱼栏代售，卖得的钱，先要扣除预借本息，余额才归

---

① 康熙《新安县志》。
② 嘉庆《新安县志》卷二二。
③ 《广东新语》卷一四。
④ 康熙《新安县志》。

疍船。新安疍民贸易之区也"向为奸商垄断，民遭剥削"①。被欺压的主要是贫弱疍户，有的疍户不得不卖身为奴。明嘉靖间，惠州疍户受高利贷剥削，十分严重，"疍长复通悍客，举贷即一钱计日累百"，以致贫疍"自鬻不已，质辱妻孥"。②此外，疍民还受衙役胥史、地痞流氓等各种恶势力的剥削欺侮。"豪民蠹胥交鱼肉之"，"无赖游手视渔艇为困廪，以渔娃为衽席，无敢出一言者"。官府课敛逼迫，河泊官时常朘削。疍民"间有鬻人于人以避赋者"。明嘉靖、清乾隆时，均有人评论，疍户"狭河只艇，得鱼不易一饱，而赋身钱如许，欲不激而亡且盗，待乎"③！

有的疍户从事水上运输业，特别是活动于内河的疍民，更常以此为生。如嘉应、潮州疍户，"男子专事篷篙，仅于清溪、潮阳五百里内往来运载货物"④。四会疍户有操"沙船"以为人载货，有驾"斗楼船"以送客。⑤增城疍户"多以载估货为业，往来邻近各邑，估客觅浅水舟者资焉"⑥。归善疍户，有的从事手工业编制竹筐、竹箕售以糊口。⑦

疍民最著名的技能是海底取蚌采珠。据记载，元时广东珠池在海中，疍民采珠时，大船停于珠池水面，将缒着大石的绳直放海底，作为上下攀缘之柱。疍民腰系小绳下水取珠。潜水人气迫时

---

① 康熙《新安县志》。
② 光绪《惠州府志》卷四五。
③ 嘉靖《惠志略》外志；乾隆《博罗县志》卷一四。
④ 徐珂：《清稗类钞·娼妓类》。
⑤ 参见光绪《四会县志》编一。
⑥ 乾隆《增城县志》卷三。
⑦ 参见乾隆《博罗县志》卷一四。

摇动绳索，船上绞绳助之攀缘大绳出水。[1]在当时条件下，这是一项十分危险的海底作业。潜水疍民如被海中动物"鬐鬣所触，往往溃腹折肢"[2]；有的则因出水过迟，难受海底水压，"七窍流血而死"[3]。东莞大步海媚珠池，五代时南汉主刘铱于此设兵三千专为采珠，"岁溺死者甚众"。宋太祖开宝五年废之。[4]惠州珠池，据说是从元朝成宗大德元年开始的。当时采纳了民人刘进、程连的建议，分疍户七百余家为珠户，官给粮食。三年一采，仅获小珠五六两，而死伤很多。遂罢珠户为民。后来，设提举司监采，又因其扰民而撤销这个机构，改为当地有司衙门负责。元延祐六年，罢采珠。大约其后不久又恢复采取。所以泰定元年五月，内正少卿魏温都尔再次奏请停止；七月下令"罢广州、福建等处采珠疍户为民，仍免差税一年"[5]。至顺帝元统六年始罢广东采珠提举司。明朝洪武七年八月，停止广州采珠。数十年以后，宫廷重新要求疍户贡珠。如英宗天顺三年，孝宗弘治十二年，神宗万历二十六年均曾派人前往广东采珠。天顺至万历间，不断派人巡守珠池，万历三十三年始罢。清代顺治四年时，雷州、廉州两府沿海珠池尚有九处。两广总督佟奉甲曾疏求"缓其开采"[6]。总之，皇室获得珍珠的贪欲十分强烈。尽管明知珍珠是要用人命换取的，历朝君主仍是旋罢又复，不断地下令强迫索取这种无偿的贡献。

---

[1] 参见嘉庆《新安县志》卷二四；《广东新语》卷一五。
[2] 徐珂：《清稗类钞·种族类》。
[3] 《广东新语》卷一五。
[4] 参见嘉庆《新安县志》卷二二。
[5] 《续资治通鉴》卷二〇二。
[6] 《顺治实录》卷三四。

明清时代，珠江三角洲地区有的疍户垦种沙田。如咸丰年间顺德疍民"生齿日繁，每佃富户沙田，借资糊口"[1]。又如东莞县南沙村之南土名万顷沙地方，道光十八年时番禺县沙湾村疍户郭进祥等用桩石圈筑堤坝，周围广三千余丈，六十余顷，种植水稻。此外，琼州府沿海的陵水县疍户"间有种山园，置田产，养牛耕种"[2]的。

疍户妇女非常能干。她们可以"一手把舵筒，一手煮鱼，橐中儿女在背上，日垂垂如负瓜瓠。扳罾摇橹，批竹纵绳。儿女苦襁褓，索乳哭啼，恒不遑哺"[3]。她们跟男人一样，"终岁徒跣"，且能泅水，善"跳荡力斗，把舵司笅，追奔逐利"[4]。有的率童稚捕蟛蜞卖给居民饲鸭，换钱养家。尽管如此，她们之中仍有人不得温饱，迫于生活，沦为娼妓；相沿成习，致"有不能不为娼之势"[5]。广州的外国商人也往往"嫖宿疍妇"[6]。当然，这不是说疍户妇女都是娼妓。如乾隆间广州珠江面上以脂粉为业的，人以为都是疍船；实则多是以船为家的妓船故冒疍家之名，"实非真疍船也"[7]。

历朝统治者，尤其是明清两朝统治者都设法管理疍户。洪武十五年三月，因疍户无定居之所，"或为寇盗"，故采取措施，"籍广东疍户万人为水军"[8]，"择其二三智勇者为之大长，授以一官，俾

---

① 咸丰《顺德县志》卷六。
② 《陵水县志》。
③ 《广东新语》卷一四。
④ 《广东新语》卷一八。
⑤ 徐珂：《清稗类钞·娼妓类》。
⑥ 乾隆二十四年两广总督李侍尧折《防范外夷条规》，见《史料旬刊》第9期，第308、309页。
⑦ 赵翼：《簷曝杂记》卷四。
⑧ 《广东通志前事略》卷七；《明通鉴》卷七。

得以军律治其族"[①]。洪武二十四年，于有关地方开始设河泊管辖疍民。有的地方（如潮州）将疍户户籍编入里甲。兴宁县则于正统年间将疍户改附都籍。增城河泊所裁撤以后，疍户也并隶于县。清代各地大体仍沿明制。顺治间，平南王尚可喜也曾委疍民周玉、李荣以游击之职，令其统领所辖的数百艘缯船，防护水乡[②]，这也是一种对疍户的羁縻之道。不论其户籍编制及管理办法如何，疍户从来都向朝廷缴纳渔课及杂税，并为官府支应船差。[③]至光绪间，"广州河泊所额设疍户有大罾、小罾、手罾、罾门、竹箔、篓箔、摊箔、大箔、小箔、大河箔、小河箔、背风箔、方网、辏网、旋网、竹笯、布笯、鱼篮、蟹篮、大罟、竹篊等户"，"每岁计户稽船征其鱼课"。[④]

然而，疍户在社会上却得不到与凡人平等的待遇，这表现在：

（1）各地疍户绝大多数既无耕地也无房基，依艇栖身，靠船谋生。清代户口制度曾规定疍户籍系河泊所，不属村镇编甲之内，但从来没有明文禁止疍户陆居。所以番禺疍户于康熙前期就开始"有登陆附籍"[⑤]的，康熙中叶甚至"有居陆成村者，广城西周墩、林墩是也"[⑥]。至光绪年间，四会县出现了这种情况："往往有致富饶而贿同姓土著，冒充民籍者。"[⑦]然而，陆地居民，一直视疍户为贱民，豪强霸户对他们逞雄欺压，使得大量的疍民不敢轻易弃

---

① 《广东新语》卷七。
② 参见钮琇：《觚賸》卷七。
③ 参见光绪《四会县志》编1。
④ 陈坤：《岭南杂事诗钞》卷七。
⑤ 康熙《番禺县志》卷二○。
⑥ 《广东新语》卷一八。
⑦ 光绪《四会县志》编一。

舟登岸居住。

（2）疍户没有受教育的机会，文化水平极低。他们绝大多数是文盲，"从无识字者"①，有的文献记载他们中有人"甚至不计年岁"②，《天下郡国利病书》说广中疍民"近年亦渐知书"，"亦有取科第者"。康熙《番禺县志》也说近来"闻有登贤书者"。同治《番禺县志》则称"诸疍亦渐知书"。看来广东地方个别疍民文化水平后来略有提高，然而疍民"有取科第者"，则令人难以相信。因为在当时疍民被视为贱民的情况下，凡有应试者必被他人所揭纠。有关这个问题，下面关于乾隆三十六年条例的讨论中还将谈到。

（3）陆居者一般不跟疍民通婚媾。疍民内部"同姓婚配"，"不通土人婚姻"。③清末民国初年，归善疍户"婚姻亦略与下户通"④。乾隆间，增城有疍户"其生计稍裕，间与土人联姻"⑤。可见，对经济条件上升的疍民，某些地方的陆居百姓也不是绝对不跟他们通婚。

在私家著述中，有的将疍户列为"蛮夷"，有的则因其善泅而认为"鲸鲵之族"。⑥总之，"粤民视疍户为卑贱之流"，"疍户亦不敢与平民抗衡。畏威隐忍，踞蹐舟中，终身不获安居之乐"。⑦

从上述情况中可以得出这样的认识：在陆地居民百姓心目中，

---

① 咸丰《顺德县志》卷六。
② 《粟香二笔》卷一。
③ 《天下郡国利病书》卷一〇四；乾隆《番禺县志》卷二〇，同治《番禺县志》卷六，宣统《番禺县志》卷四四。
④ 《天下郡国利病书》卷一〇四。
⑤ 乾隆《增城县志》卷三。
⑥ 《广东新语》卷七。
⑦ 《雍正实录》卷八一。

疍户的社会地位很低，被当作贱民对待，不屑与齿。明清时代疍民得以陆居及与陆居者联姻的事，虽然不是不可能，但不是普遍现象。疍民被视为贱，乃是明清时代的社会现实，但是，查阅明清法典，又没有发现明确定疍户为贱民的条文。因之疍民乃是属于被不成文法固定在低下的贱民等级中的一类成员。

1729年，即雍正七年，雍正帝得知广东疍户受到民人歧视的情况。他认为这种现象是不应有的。他说，"疍户本属良民"，他们跟其他百姓一样交纳渔课，怎能由于地方积习强令他们永远住在艇中，终生漂荡于江海呢？他命令广东督抚以下各级衙门，疍户中凡"有力能建造房屋及搭棚栖身者，准其在于近水村庄居住，与齐民一同编到甲户，以便稽查。势豪土棍不得借端欺凌驱逐"；令有司衙门"劝谕疍户开垦荒地，播种力田，共为务本之人"。至于"无力"疍户则"听其在船自便，不必强令登岸"。①雍正帝的谕旨否定了疍民的习俗的贱民等级地位，给疍户以陆居权。

数百年习俗相沿，积重难返，所以尽管有了这样的谕旨，疍户并没有因此而不再受人歧视。乾隆时，增城疍户仍然"未有登岸同里者"②。直至同治间，番禺"良家不与［疍户］通姻"③；其他地方也有类似情况。

光绪、宣统年间，福建有人向该省咨议局呈递说帖，要求准许疍户与平民平等。该机构认为，民疍间的不平等"乃习惯之相沿，非法律所规定"，因而否决了这个提案。④

---

① 《雍正实录》卷八一。
② 乾隆《增城县志》卷三。
③ 同治《番禺县志》卷六；光绪《惠州府志》卷四五。
④ 参见徐珂：《清稗类钞·种族类》。

清代后期疍户在社会上仍不能与凡人等，除习俗力量而外，还和乾隆三十六年条例有关。

第四节 乐户

清代的"乐户"是为应中央及地方衙门宴享祭祀礼仪所需的音乐歌舞女乐；同时也是以声色服役的官妓。她们及其家属被另编户籍以别于他人。

乐户之设，由来已久。唐代置左右教坊以教俗乐。宋时乐户属太常寺管辖，不入州县户籍。明代乐户即两京教坊司的"乐人"，其数不详，仅知宣德十年英宗即位时，除留用者外，释乐工3800余名。[①]官府向她们收取"脂粉钱"，作为国家税收之一种。由地方衙门管理的乐人称"水户"，虽不收税，但需听官府使令。州县地方入籍的乐人，众推一人为"乐首"，将本州县乐户造簿送有司用印，代官府管理。明代乐户为贱民，不许与良家一样装束，明初定制，头裹绿巾，身着绿衣。"绿其巾以示辱"[②]，不准穿织妆花补衣，不准戴金珠翡翠首饰。乐户与良民互骂同殴者加倍问罪，情重者枷号。[③]官吏及其子孙娶乐人为妻妾者罚刑。[④]良贱律统统适用于乐户。景泰八年议，"凡良家女子不许教坊司买作倡优。民户为乐户者皆令改正。即乐户内有愿从良者听其自首，与民一体当差"，这

---

① 参见沈德符：《万历野获编》卷一。
② 赵翼：《陔余丛考》卷三八；谢肇淛：《五杂俎》卷八。
③ 参见吕坤：《实政录》卷四。
④ 参见《明律集解附例》卷六。

项命令后来没有继续施行，所以乐户仍旧一直沿袭下去。①

满族原禁乐户，但实际上是有乐户的。清帝国建立前十年，礼部承政辽阳人祝世昌曾向皇太极提出禁止将俘获的汉人妇女卖充乐户。皇太极大怒驳道：祝世昌难道不知我禁乐户吗？祝世昌明知而提此建议，可见其目的是为了讨好汉人，借以沽名钓誉。皇太极由此推论认为，祝世昌"身虽在此，心之所向犹在明也"，敕令审讯。最后判决给祝某起草疏稿的孙应时杀头；将祝世昌从宽流徙，并株连其弟祝世荫流徙他方②，直至顺治二年方才赦回。这是清代早期因乐户问题酿成的大案。

清朝建国后制定的清律，全文继承了《大明律》"名例"律中"工乐户及妇人犯罪"律。"人户以籍为定"门还保留"乐户"名称；"逃避差役"门也规定乐户逃差之罚。这是因为顺治之初沿袭明代传统保留了教坊司在官女乐。宫廷乐舞，由太常、教坊二司负责。坛庙祭祀各乐，由太常寺所属道士演奏。宫廷宴享各乐由教坊司妇女应承。这些女乐，由各省乐户挑选入京充补。顺治十六年裁革，"停止教坊司妇女入宫应承，更用内监四十八名"③。从此之后不再有教坊乐户，京师不设官妓了。

清初停止教坊女乐后，有的省仍保留了乐户户籍，特别是山西和陕西。山西、陕西乐户由来，据传是，明洪武末年建文称帝，燕王棣讨之，有一批抗拒燕兵的人，其家属被株连，于永乐初年被明成祖朱棣编为乐籍，令其世世不得为良民，子孙娶妇生女都被逼勒

---

① 参见阮葵生：《茶余客话》卷四。
② 参见《清史稿》卷二三九。
③ 《清通考》卷一七四。

为娼，永执贱业。①康熙《隰州志》云："晋之乐户不知所自始。或云故明时承值王府，后散居各地，其业至今不改云。"②看来这个解释是比较合理的。

山西和陕西的乐户既然是娼妓，"绅衿地棍呼召即来侑酒"，当然地被视为"贱之甚者"，"不齿于齐民"。成化时，浙江新化也有乐户"籍隶教坊者凡十余家，自相婚配"③。康熙间山西乐户可达"数千百家"④。

清代于顺治九年规定，"乐户、水户俱戴本色黄骚鼠皮帽，凉帽用绿绸里，绿绸沿边。不许穿各项绫缎及狼皮衣"⑤。清律中所有关于良贱的各条法律对乐户都是适用的。娶乐人为妻妾被认为是自取"辱亵"，有损尊严，法律特别规定，文武官吏如娶乐人为妻妾者，杖六十，并强制分离。官员应袭荫之子孙娶乐户者，处刑相同；并将其注册登记，以后荫袭为官时，按应袭品级降一级叙用。如乐人娶良人子女为妻妾，杖一百；知情而将女子嫁给乐人者同罪，媒人杖九十，财礼入官。这比奴婢娶良人罪更重一等。总之，严禁乐人与凡人通婚姻。其实，乐户们"亦有田宅，亦有丁徭，亦务稼穑，亦知勤俭，与良民无异"，只是"各在籍中"，被迫"身执贱役"。⑥

雍正元年三月，御史年熙认为乐户所处境地"殊堪悯恻"，上折建议削除乐籍。雍正认为，年熙"此奏甚善"，令礼部议拟办

---

① 参见《皇朝文献通考》三。
② 康熙《隰州志》卷一四。
③ 成化《新昌县志》卷四。
④ 《皇朝文献通考》三。
⑤ 《顺治实录》卷六四。
⑥ 康熙《隰州志》卷一四。

法。礼部议复，认为"应如所请，敕下山、陕督抚转饬各属严行禁革，尽宜削除"；并建议山、陕外其他各省有类似乐户者，全按这一规定执行。四月，此案得到雍正帝的批准。

后来根据礼部这一奏折，以及议复噶尔泰请削除浙江堕民贱籍的奏折，一并制定通行条例，全文如下："各省乐籍，并浙省堕民、丐户，皆令确查削籍，改业为良。若土豪地棍仍前逼勒凌辱，及自甘污贱者，依例治罪。其地方官奉行不力者，该督抚察参，照例议处。"①山西地方衙门曾就此"饬令各属严行禁革［乐户］，令其改业，得为良"②。

雍正削除乐籍后，"更选精通音乐之人充教坊司乐工"③。雍正七年，改教坊司为和声署。乾隆七年设乐部，后为神乐署，设文武舞生、乐生及执事生，仍属太常乐部。这些都是男生，不是官妓。

以声色事人的贱民除在籍乐户以外，更多的是因贫困、诱拐被卖的娼优。清代只禁卖良为娼，但不禁娼；因不禁娼，卖良为娼的事也就无法真正禁止。如康熙三十年陕西受灾，二曲先生李颙在给陕西巡抚布喀的信中反映，关中"荒饥异常，百姓计穷路绝，多以子女卖入乐户，以苟易升斗，偷活旦夕"④。清代买卖人口流入娼家的，大有人在。

清律，买良家之子为优者，跟买良家之女为娼者量刑相等，"皆科以枷号满徒"。但是对于这条法律，"官吏视为具文。买良为娼之案或偶然一见，买良为优则终年不见一案，亦未闻有经官

---

① 《雍正实录》卷一一；《东华录》，"雍正"三。
② 《晋政辑要》卷八；《清通考》卷一五二。
③ 光绪《大清会典事例》卷五二四。
④ 李中孚：《与布抚台》，见《切问斋文钞》卷一九。

举发者"①。清代地方戏剧发展，戏班以儿童及少年为优实是通常现象。

对娼优及其子弟考试入仕例禁极严。顺治九年定例，如有娼优及其子弟出试入仕，"访出严行究问黜革。若教官纳贿容隐，生员扶同保结者，一体治罪究革"②。康熙二十四年规定，监生中有娼优"滥厕太学者"，"令本监题参革处"。③乾隆五十三年规定更加明确，娼优及其子孙"概不准入考捐监。如有变易姓名蒙混应试报捐者，除斥革外，照违制律杖一百"；收考他们的官员降一级调用；为他们出结的教官也要受降一级调用的处分。这比以前的规定更加严格。咸丰八年戊午科场一案，身非优伶，仅因"素娴曲调"，曾在戏院演戏的旗籍满洲举子平龄，中试前十名，被揭发后，顺天乡试主考官大学士伯葰，同考官浦安及平龄等均斩首弃市。此案夹杂行贿及党争，但因由皆在平龄曾经登台演戏，行为近乎优伶之故。④

世家大族，则以娼优玷污门楣，如曲阜孔氏修谱规定，凡优隶"悉行革出，不许入谱，永为外孔"⑤。

娼优贱籍，清代从未豁除。娼优和奴婢一样，是贱民等级的基本队伍。而在娼优大量存在的情况下，所谓豁除乐籍只能是形式而已。除兼有田宅从事稼穑者外，那些从来不事生产的乐户虽不再在

---

① 沈家本：《禁革买卖人口变通旧例议》附，见《寄簃先生遗书·寄簃文存》卷一。
② 《古今图书集成·经济汇编》，《祥刑典》卷五〇。
③ 同上书，卷六三。
④ 参见薛福成：《庸盦笔记》卷三。
⑤ 《曲阜孔府档案史料选编》第3编第1册，第246页。

籍，但她们没有谋生的技能，不具备改业的条件，为了能够生存下去，继续为娼恐怕是其最便当的谋生之路了。

第五节　乾隆三十六年条例

从雍正元年开始，山西陕西乐户、浙江堕民、九姓渔户、广东疍户以及常、昭丐户陆续开豁为良。如前所述，在此之前，这几类人中只有山、陕乐户是被正式列入贱籍的；其他只是狃于习俗被压为贱，并没有朝廷法律可为根据。严格地讲，这些人本该拥有凡人等级成员应有的一切权利。他们过去被非法地剥夺了凡人权利既属不当，在开豁为良以后就应立即无条件地恢复，似乎不成问题。可是，实际并不这样简单。

凡人等级成员的权利中很重要的两项是应试和报捐。应试、报捐可以使人得到功名、顶戴，进入绅衿等级或缙绅等级，其政治地位、经济地位和社会地位立即发生重大变化。特别是凡人进入缙绅等级，得膺名器，由被统治者变为统治集团中的一员。可见，应试权和报捐权乃是通往高等级的敲门砖，拥有这些权利的人就有成为统治者的可能性。等级森严的清王朝不容许任何人都有这种机会。封建统治者不屑与为之服役的人平起平坐，更不能与他们分享统治权。各类贱民共同的主要特征是役于人。统治者必须从制度上采取某些措施以防止贱民等级的成员进入绅衿等级和缙绅等级。因此，将那些本来是贱民的人，如乐户，以及本来不是贱民而被压为贱的人如疍户等，豁免为良时，给以恢复其从事耕读工商各业自食其力的权利，但不让恢复其应试、报捐的权利。由于得官后按规定可以封赠三代,所以得豁为良的贱民除本人不论外,其子孙也不得捐考,以免父祖受封,出现上述为缙绅所不能容忍的现象。为此,乾隆三十六年,堪称封建等级制度忠诚卫道士的陕西学政刘墫提出一项建议:山西、陕西等省已经削除贱籍改业为良的乐户、丐户,虽然已经"被濯旧污,阅时久远,而且为里党所共知",仍要"以报官改业之人为始,下逮四世,本族亲支皆系清白自守,方准报捐应试"。明确规定,不仅本人直系四世以内,即使"亲叔姑姊尚习猥业者",也剥夺其应试报捐权。刘某的建议得到礼部和户部共同会议的同意,并将这一内容的适用范围扩大到"广东疍户、浙江九姓渔户及各省凡有似此者"。议奏得到乾隆帝的最后批准[①],据此所定条例全文如下:"凡开豁为良之乐籍,堕民、丐户及已经改业之疍户、九姓渔户人等,耕读工商听其自便。仍以报官改业之人为始,下逮四世,必其本族亲支均系清白自守者,方准应试报捐。若豪棍藉端攻讦,欺压讹诈,依律治罪。"[②]

例中所谓"报官改业","本族亲支皆清白自守"云云,是指乐户及其家属不再为娼,至于其他"贱民",明知其本属良民,不应歧视他们,又明知他们之中绝大多数从业非贱,没有报官改业问题,无所谓不"清白自守",也还是强把有关乐户的条例不恰当地强加给他们。实际上也把他们当作法定的贱民来对待了。条例上明确规定剥夺他们本人及四世以内应有的应考报捐权利,这恰恰是在文字上给人们以歧视他们的依据。在这种情况下要求民人不再歧视疍户、堕民等,当然是难以做到的。

---

① 参见《清通考》卷一九。
② 《户部则例》卷三;《大清律例汇辑便览》卷八。

如果说雍正时期贱民已得豁贱为良获得凡人等级地位,到将近半个世纪之后的乾隆中叶却又对这部分凡人的部分政治权利加以剥夺,给以新的侮辱。堕民、疍户等过去为贱民,法无所据;开豁以后不同于良却定例在案了。对于这种不合理的现实,《清朝文献通考》的编者嵇璜却按道:准于四世以后报捐应试,"凡此微贱编氓抑何幸蒙圣朝之宽典也哉"①,真乃荒唐之至。

倒是左宗棠的看法要开明得多。前述同治五年严州知府要求为九姓渔户除籍为良一事,呈上之后,当时身任闽浙总督的左宗棠表示大力支持。他不但认为应准九姓渔户除籍,而且更进一步指出乾隆三十六年条例的不合理处。左宗棠批示道:"既准概令改贱为良,复不准其报捐应试,必俟四世清白自守方准捐考。虽系遵奉从前雍正年间谕旨办理,然未免仍涉拘泥。计自雍正元年至今一百四十余年,已历四世矣。此次既已准其改贱为良,若仍俟四世清白准捐考,是同治五年奉行雍正元年谕旨,也徒与势豪土棍欺压之柄,没[九姓]渔户清白自守之实,于议无取。"他指示下级"悉心核议,改详备案"。左宗棠颇有点改革祖宗成法的精神。可惜,在森严的等级制度前,他的想法得不到认可。浙江巡抚马新贻反对说,"捐考两途须清流品",按照规定,"若三代中曾经服习猥业,其子孙即不准捐考",所以乾隆三十六年条例规定各类贱民报官改业以后的第四代子孙才能获得捐考资格。他认为,九姓渔民的捐考问题也只能"照此办理",不能突破旧规。尽管左宗棠当时的官职比马新贻更高,但其违反等级原则的意见也只能遭到否决。

---

① 《清通考》卷一九。

疍户、堕民以及所有被豁为良的人，以后仍然备受歧视，原因固然还有其他，但乾隆三十六年据刘墫议所定条例的存在，无疑是重要原因之一。他们名义上已经改贱为良，但他们实际上不能算作完全意义上的凡人等级的成员。

第六节　佃仆

"佃仆"是存在于某些地区的不齿于齐民的一种贱民。一般认为，佃仆制是从宋代开始的。但称始自北宋，资料似嫌不足。

分析所见资料，浙江江山县的"伙余"，"多自家仆，令其居庄看守，或外乡单丁，以庄屋栖之，给以偶，如奴隶"[①]，广东新会和三水"世仆"，福建华安仙都的"奴仆"，以及江苏无锡七房桥的"公仆"，大约属于佃仆一类。资料最多、情况反映得比较清楚的，要属皖南徽州、宁国、池州三府地区的佃仆。

佃仆的来源是多方面的。最初移到皖南的外地贫民，上无片瓦，下无立锥，只得依附当地大姓村庄落户，借其房屋，佃其土地（特别是族产、祠田）。他们的父母在此死去，无葬身之所，于是借埋于大姓山场茔地。由于以上种种原因，与户主、地主、坟山主立下文约，沦为他们的佃仆，向大姓提供特定项目的服役，并且保证子子孙孙都承担同样的义务。土著邻村居民若举债而不能偿，或因贫而与佃仆联姻，也可写立文书，从此列入佃仆队伍。此外，大姓准许独立分爨的家仆也是佃仆的组成部分之一。

[①] 同治《江山县志》卷一。

佃仆所立文约统称为"应主文约"或者"应役文约"。已经出立文约的佃仆，其子孙遇有再需"佃主田、住主屋、葬主山"等场合，仍要重立文约，再次明确服役关系。但是，并不是佃仆的所有子孙都必须一一再立文约。

身为佃仆，主家是把他当作奴仆看待的。从徽州府休宁县三十三都茗洲吴葆和堂光绪十一年所定众仆、己仆条规中可以具体地看到他们所处的地位。条规确定，主人和佃仆之间有主仆名分，要求各仆遵国法，严保甲，安分守己，不得犯上；否则就要受到詈责，乃至鸣官究治。条规写明：各仆与主人不得平等相称；生儿取名不得犯家主讳；年节寿诞需到主家拜贺；衣着不许用绫罗绸缎，男不许戴大红纬帽，女不得饰珠簪金笄；酒席不许用簋碗山珍；住屋正脊高不许超过两丈；行走不许用成对书姓灯笼；葬不得妨碍主坟，碑不准超高二尺五寸，等等。以示其身份之低微下贱。

主家将佃仆当作奴仆，还有更为实质性的表现。首先佃仆除因佃田而征纳地租外，还须按照规定为主家服役。例如，吴葆和堂佃仆服役项目包括：巡夜打更、搭桥撑船、拨路扯草、交售柴炭、搭戏台、盖房屋以及冠婚丧祭时候吹打、抬轿诸役，此外还需缴纳代役的柴薪银。其次，佃仆没有迁移的自由。明代佃仆不能私自"逃居"或迁移他处。如果私自潜逃，主人将追捕。被追回者，还要再次出具文约，重新肯定原来的关系，保证不再逃走。他们不得脱离自己的家庭而过继，甚至不准受雇于主人家族以外的人。光绪间吴葆和堂条规限制佃仆迁移，本村男姓奴仆如入赘到外村时，必须限年归宗。再次，佃仆是主人的一种财产，可以随土地的买卖、继承而更换主人。而佃仆本人无权出卖自身及其妻女儿孙。每当他们被移交给新主人时，往往要再行出具文约，肯定新的依附关系。

尽管如此，佃仆有其自身的特点，他们不是奴婢。第一，他们以家庭为单位佃田种地，或自寻其他生计；不但不像奴仆那样主要依靠从主人那里领取工食糊口养家，反向主人缴纳地租。他们有自己的独立经济。第二，一般地说，佃仆为主人服役的项目是固定的，服役的时间也是比较固定的，服役时按规定另给酬劳。他们不像奴婢那样侍候于主人身边，随时听使从事家务杂役。第三，佃仆服役对象往往为一房（称"己仆"或"私仆"）、一族（称"众仆"或"公仆"），不像奴仆那样明确地属于某一人所有、只为一人一户服役。第四，由于第三个特点，所以一般地说，佃仆不像奴婢那样可被主人买卖。

以上是皖南佃仆在实际生活中的简况。关于这方面，前人有过不少详细的论著，兹不赘述。这里专门分析其法律身份。

皖南佃仆名称很多，除佃仆、庄仆、细民外，见诸契约等私家文献的名称有伴俏、屋仆、山仆、庄奴、庄佃、地火、火佃等。此外，当地（特别是宁国府）则称之为"世仆"。

在官方文献中，"世仆"是指男性奴仆。如雍正四年定例，"汉人家奴仆，印契所买奴仆，并雍正五年以前白契所买，及投靠养育年久，或婢女招配已生子者，男属世仆，永远服役，其女婚配悉由家主"[①]。这里所谓世仆，就是家奴及家生子，和法律行文中的"奴婢"属于同一意义。这种用法，乃是清代"世仆"一词的正式含义。因之可以说，"世仆"就是清代官方承认的典型的奴仆。

---

① 光绪《大清会典事例》卷一五八。

皖南佃仆在民间被称为世仆，是因为主人把所有的佃仆都看作跟奴仆一样。但是，这并没有得到朝廷的认可。相反，朝廷认为皖南佃仆"似世仆而非世仆"①。至少从雍正五年开始，朝廷明确地指出，凡不具备奴仆条件的佃仆，"概不得以'世仆'名之"②，应该开豁为良。换言之，清代法制认为，佃仆不等于奴仆，至少佃仆不是完全意义上的奴仆。其后百余年间，屡次颁发有关佃仆定例以区分佃仆和奴仆。朝廷多次提出的区分二者的原则，前后有所不同，这一发展，反映出佃仆身份的解放过程。

（1）第一个条例。雍正五年，雍正帝谕道："江南徽州府则有伴儅，宁国府则有世仆，本地呼为细民，几与乐户、堕民相同。又有甚者，如二姓丁户村庄相等，而此姓乃系彼姓伴儅、世仆。凡彼姓有婚丧之事，此姓即往服役。稍有不合，加以箠楚。及讯其仆役起自何时，则皆茫然无考。非有上下之分，不过相沿恶习耳。"他说，这些情况都是"得诸传闻"，特令安徽巡抚调查，如果确有，则"应予开豁为良"。③安徽巡抚魏廷珍复奏称，皖南确有所谓"世仆"。认为，不应把这种"世仆"全部当作奴婢看待。他建议两点：第一，"奴仆卖身当身，既经取赎，并年远文契失落，又不受主豢养者，其本身与其子孙自不得谓之世仆"；第二，"小户附居大户之村，佃种大户之田者，本系良民，指为世仆，自属相沿恶习，应令地方官严行禁止，无许大户欺凌。违者照冒认良人为奴例治罪"。礼部议复表示同意。雍正六年二月初十日奉旨依议。不过，后来根

---

① 《大清律例汇辑便览》卷二七。
② 光绪《大清会典事例》卷一五八。
③ 同上。

据这个意见制定条例时，魏氏所奏两条中，只有前一条例："嗣后，绅衿之家典买奴仆，有文契可考未经赎身者，仍照旗人开户之例豁免为良。至年代久远，文契无存，不受主家豢养者，概不得以'世仆'名之，永行严禁。"①附居佃田的小户问题并没有提及。

该定例的立意在于将皖南佃仆分为两部分，其中的一部分同世仆，即奴婢，另一部分"文契无存""不受豢养"者同凡人，不能称之为"世仆"，过去民间将他们当作奴仆对待是不对的，应予以开豁。所谓开豁，就是解除被非法地加在佃仆头上的奴仆贱民身份。

雍正帝提出开豁皖南佃仆，自称是为了移风易俗。他认为，凡因习俗相沿被压制而"不能振拔者"，都应给以"自新之路"。雍正帝的这道谕旨，跟削除乐户、堕民等的贱籍一样，是他的善政之一。

佃仆贱民身份解放之路也就从此开始了。

（2）雍正十年所定补充条例。在清代，皖南佃仆与主人之间的关系很多都是早在好几代人之前形成的。因佃田、葬山、住屋而形成了主仆关系的佃仆把这种关系留给了后代子孙。但主家并不会按照佃仆子孙人数的增多相应扩大分给住房、山场或土地，传至清代时，相当多的佃仆和主家之间经济上的联系跟一般佃户很少差别，只是他们仍须承担服役的义务。佃仆和主人两家都在繁衍，因而形成家族与家族之间、姓与姓之间以服役为主要标志的统治关系。此外，佃仆所佃之田、所住之屋、所葬山场不少是祠产族田，

---

① 光绪《大清会典事例》卷一五八。

因之其服役对象也定为该族各房。由于这些情况，就有了所谓"大户"和"小户"，"大姓"和"小姓"的不平等关系。本书前面已经谈到，奴仆即使传至后代，也总是归一位主人（家长）所有。主人家族成员虽对他存在尊卑名分，但他并不为主人的整个家族服役。许多佃仆并不确定大户中某一个成员是他的主人，却必须为其所属大户全族服役；反之，大户成员要求小姓成员为之服役，却并不能指称某个小姓成员是他个人所有的奴仆。这是佃仆的一个突出特点，和奴仆很不相同。

自从雍正六年条例生效，皖南二府部分佃仆得以据此要求主家开豁。也有的小姓成员并不认为自己是大姓的佃仆，而自行参加捐考。主家大姓则力图保持原来的主仆关系，双方当然发生矛盾。特别是当小姓成员不愿为主家大姓婚丧服役以及要求参加考试、捐纳官职时，矛盾往往激化。

雍正十年，宁国府泾县民人胡寰等人联合赴京控告一案，反映了大小户间的这种矛盾。胡寰、葛遇、何亨、张知、戴茨、董林、左常、余任、倪玻、徐宦胜等十人赴京控告翟早、凤天奇、凤官、章天标、徐攀、徐答、章钟、岳洪兰、吴葵等人将他们"诬陷为仆、逼勒服役"。刑部把这个案子交安徽巡抚审理。审明胡寰等人之祖曾经依附翟早等人之祖佃田住屋，相沿被指为世仆。现在翟姓等各大户已经没有文契可凭，年世也茫无可考。胡寰等所种田地按亩分租，有事时为翟早等服役，则计工给价。胡寰等要求开豁为良不再服役，翟早等不准，所以胡寰等击鼓京控。根据这种情况，安徽巡抚和刑部都同意胡寰等人以及他们的子孙均应开豁为良。在处理这个案件的过程中，安徽巡抚程元章建议，今后小户佃大户田,住大户屋,"如有不愿者,即令各还原主"。但这个办法在执行上存在困难。因为小户会因为屋已翻修、田已垦熟等理由,不能退还,从而双方争竞不休。刑部提出用佃租办法解决。经皇帝批准定例:"嗣后佃田、住屋之小户,除不愿充为佃户,听其[将田地]退还原主外,其有贫无恒产,及田屋成熟加修,山地已经营葬者,既[概]照佃户[租田]之例。原主不得[因此将小户]压为世仆,小户毋得[将田地、房屋、山地]据为己有,仍照例给还户主租价。"①

雍正十年这一定例的意图是,用将大户小户关系改变为主佃关系、房东房客关系的办法解决皖南佃仆问题。

(3)乾隆三十四年暶善的新建议。雍正六年、十年两次定例以后,"数十年来时有藉此讦讼之案",皖南佃仆问题并没有解决。当时判断世仆与佃仆的标准有两条:一为有无文契,二为是否受豢养。所谓受豢养,当年魏廷珍批定,是指"种田主之田,葬田主之山,居田主之屋"。乾隆三十四年,安徽按察使暶善认为,"文契"与"豢养"这两条件不能并列;主仆名分应该"全以卖身文契为断"。他于该年六月的奏折中提出如下主张:现有佃仆中,主家掌握其父祖卖身文契者,其子孙不论现在是否在主家服役,均为世仆,"不便悉行开豁";主家不掌握其父祖卖身文契者,即使先人殡葬田主之地,子孙现种田主之田,均不属世仆。他更明确地指出,所谓文契,必须是卖身文契。除此之外的"单辞只字内有佃仆等类语句"的所谓文契,统统不具有法律效力。相反,这种文契只能证明

---

① 《成案质疑》卷四。方括号内文字为引者所加。

"当日之佃户受豪强凌压"才成为佃仆的。凡遇这种非卖身文契为证的情况,"应请悉准其开豁为良。其有先世实系殡葬田主之山,子孙现在耕种田主之田者","或令其给价退佃",解除原有的主仆关系。曩善于六月十四日上奏,六月二十六日乾隆皇帝朱批:"该部议奏。"不及一月,即七月初七日,曩善因他事被革职,刑、礼二部是否对他的奏折进行了复议,以及是否据之定例,均不详。但曩善折中的另外一个建议发生了作用,那就是把雍正六年条例所定政策的有效范围扩大到池州府。这反映在嘉庆十四年有关皖南世仆的文件中,在那里,池州已和徽州、宁国并列了。

(4)嘉庆十四年新例。嘉庆十四年,因宁国县柳某捐监案又促使产生了一个有关皖南佃仆的新条例。宁国柳某资捐监生,有人揭发柳某先人大约于三百七十年前的明宣德年间曾附葬于他的家族所属茔地之中。根据"葬主之山、佃主之田、住主之屋者皆世仆也"的原则,柳某应该仍是世仆身份,不得捐监。柳某反驳说,他从未听到父祖说过先人事迹,不能肯定也不能否定有附葬之事,揭发者只是因为他家室小康,屡有乞求而不遂,所以诬告。两造争执不下。此案由抚院幕僚高廷瑶和安庆知府姚鸣岐共同审理。高、姚二人认为,有三种情况可以称作世仆:卖身有契从未放赎者,年久无契但其子还在主家服役者,以及虽不服役但与主家奴仆互通婚姻者。如果仅由于父祖曾经葬主之山,佃主之田,住主之屋即强压为世仆,被告不会服气。况且被告虽只一人,但被压之家人口很多,族人未必尽是当日为奴者的嫡系;他们怎会全都甘心充当贱民呢。结果必然据理申辩,从而案牍纷繁,不能止息。高、姚二人主张重申并且强调上述世仆身份的三个标准,"如未有身契与未列服役,及不与奴仆为婚者，虽曾葬主之山，佃主之田，住主之屋，均应开豁为良"①。这个意见，通过安徽巡抚董教增上奏。嘉庆帝将这个奏折交礼部议。

在议复折中，礼部官员提出了另外的看法："自国初以后，虽现在不与奴仆为婚，并未报官存案，令地方官随案查明，以立案之日起限，俟三代后所生子孙方准捐考。"根据这个主张，但凡被控为世仆的人，不论证据是否充分，都具有世仆身份。这显然是不合理的。嘉庆帝不同意礼部的意见。基本上批准了董教增的提案。他命令，皖南世仆名分的确定，"统以现在是否服役为断，以示限制。若年远文契无可考据并非现在服役豢养者，虽曾葬主之山及佃主之田，著一体开豁为良，以清流品"②。根据旨意定例："安徽省徽州、宁国、池州三府民间世仆，如现在主家服役者，应俟放出三代后所生子孙方准报捐考试。若早经放出，并非现在服役豢养及现不与奴仆为婚者，虽曾葬田主之山，佃田主之田，均一体开豁为良。已历三代者，即准其报捐考试。"③此例一定，"一时开豁者数万人"④。

嘉庆十四年定例和以前定例相比，其重要之处在于它明确地肯定葬山、佃田、住屋不再作为世仆的标志。

（5）关于皖南佃仆的最后一个条例。从上文可以看出，有关佃仆的那些定例或建议，其目的都是为了区分世仆与佃仆，并将佃仆开豁为良。为此，只要找一条能将二者划开的界限就可以了。如

---

① 高廷瑶：《宦游纪略》卷上；《读例存疑》卷九。
② 《仁宗睿皇帝圣训》卷一一一。
③ 《读例存疑》卷九。
④ 高廷瑶：《宦游纪略》卷上。

雍正十年例、嘉庆十四年例都是这样。这里所谓为良，指的是使佃仆获得不受歧视的社会地位；它似乎突出地反映在有无应考出仕的权利上。

正如我们在前面讲到的清代一般百姓属于凡人等级，他们的法律地位是平等的。但贱民的法律地位比凡人明显低下。贱民不同于凡人，不等于说非贱民就等于凡人。譬如雇工人在社会上不属于贱民等级，但是雇工人和他的雇主（家长）及其家族之间的法律地位极不平等，以致它构成一个既不同于凡人也不同于贱民的特定等级。那么，被明确为不是贱民而又与主家保持着经济关系（佃田、葬山、住屋）和一定程度的役使关系的佃仆们，和主家成员之间的法律地位应该怎样呢？过去有关佃仆的条例均未解决这个问题。道光五年的一件刑事案要求对此做出回答。在处理该案的过程中，产生了一个有关佃仆的新条例。

道光五年，徽州府祁门县的周容法殴死李应芳。祁门周姓的远祖自明代起附居李姓村旁，住李姓之屋，为李姓看坟，死葬李姓之山，子孙学吹手、抬轿生理，从不捐官、考试。两姓也从不相互通婚。李姓之祖给田十六亩与周姓分种，"收取租息，只完粮赋，多余谷石给周姓作为工食"。凡遇李姓婚丧祭祀，周姓轮流承值吹手抬轿，不再另给工钱。"并非朝夕服役，常川豢养。"周姓"因习业低微，不与大户平等相称，同坐共食，习俗相沿，称为细民。其起自何时，始于何人，年远无从稽考，亦无卖身典身文契。详加查考，周姓与李姓素日虽不敢居于平等，其实并无主仆名分"。嘉庆十四年条例颁布后，周姓本应开豁，但他们因双方关系"相沿已久，又恐李姓不依，所以仍旧照常供役"。道光元年，周姓和李姓因故群殴，以周容法为主犯，打死对方一人名李应芳。此案究竟应该根据奴婢律、良贱律还是凡人律论处呢？巡抚陶澍没有把握，咨行刑部请示。刑部复，"该犯等既自甘污贱，与李姓平日起居不敢与同，饮食不敢与共，亦不敢尔我相称，素有主仆名分，自应酌量即照雇工［人］殴死家长之例办理"。但李姓谁是家长？死者是家长的什么亲属？均待查。安徽巡抚查称："周容法之祖于何时相投李姓，何代看守坟墓给与田房，无从稽考，不能定［李姓］以何人为周姓家长。"因之无法援引有关雇工人的法律治罪。经多次审讯调查，公文往复，最后于道光五年刑部决定，将周容法"以凡人科断"。由于这一案件，刑部题准重新定例："嗣后该细民等，除有典身卖身文契可凭，并在主家常川服役，受其豢养，实有主仆名分者，如与家长及家长之亲属有犯，悉照奴仆例分别问拟以外；若无卖身文契，又非朝夕服役，受其豢养，虽佃大户之田，葬大户之山，住大户之屋，实非有主仆名分者，应请除其贱籍，一体开豁为良。彼此有犯，并同凡论。如有土豪地棍仍前逼勒凌辱，及自甘污贱者，依律治罪。"①

清廷认为，皖南佃仆与主人之间并"非实有上下之分"，从不承认他们对主人有主仆名分关系。凡与主人有主仆名分者，必有特定条件，他就是世仆，即奴婢，而不是佃仆。从雍正五年到道光五年将近一百年间颁布的历次有关佃仆的条例，用作区分佃仆良贱的标志有三：即有无文契，受否豢养和是否服役。这三个标志在历次条例中被取舍和强调的程度不一，反映为一个过程。

---

① 《刑案汇览》卷三九；《大清律例汇辑便览》卷二七。

立有卖身文契是世仆最主要的标志。它在历次条例中始终是被强调的。清代确定奴仆身份的办法，在所有有关条例中，无不规定以"文契"为最重要的物证。其前提显然是官府承认私家购买奴婢的合法性。皖南佃仆制度起源甚早，或称宋元，甚至东晋，难以确考，如果不究其始，至少可以认为明代已经进入它的盛世。传至清代时，相当数量的佃仆并不是他们自身立有文契，甚至自己得以亲见的祖辈也不是自身立约，其佃仆身份是世代传下来的。其始既已茫然无考，主家掌握的文约大多早已遗失。越往后期，主家不掌握文约的可能性越大，这是很自然的。如果严格地以是否立有文契为标志，这些无文约佃仆当然是应该得到开豁的。再者，即使佃仆重新立有应役文约，这种文约也和卖身文契不同。它只写明由于急需佃田、住屋、葬山或入赘、抵债而承担服役义务，并不是卖身典身，而是"应役文约"，或称"应主文约"，可见，如果严格地以卖身文契作为世仆的标志，那么，清代皖南佃仆几乎应该统统开豁。不过，在实际生活中，主家则把"应役文约"或"应主文约"当作卖身文契同等看待；在司法过程中官府也予以承认，并不认真区别。甚至有的主家保留了其他一些其中带有"佃仆""庄仆"一类名称的私人文件，企图以此证明某人的祖辈曾充他家的世仆，从而证明其子孙也应继承这种身份。晁善于乾隆二十四年特别指出这类文件不应具有法律效力。他强调，只有正式的卖身契才可作为世仆身份的有效凭证。他的这一建议是在尽力扩大佃仆中良民的范围，使更多的人得以开豁。总之，有无文契是世仆与佃仆的区分标志，身份不清而需要一个划分标准的，主要是那些没有文契的佃仆。

在立法中逐渐放弃以受主"豢养"作为确定佃仆具有世仆身

份的标志。清代文献中，所谓"豢养"，对奴仆而言往往是指主人给以衣食，养活他们的意思。对那些并不受主衣食，不靠主人养活的佃仆而言，"豢养"究竟是何所指，并不清楚。把这样一个含混的用语，用在法律上区分世仆和佃仆的身份，显然是有问题的。安徽巡抚魏廷珍于雍正六年解释说，佃仆中"如有种田主之田，葬田主之山，居田主之屋"，就是现受田主的豢养。这种受豢养的佃仆就是世仆，不能得到开豁。可是葬山、佃田、住屋本是佃仆和主家关系的特征，这些活动表明他们不同于奴仆。和大户之间有着葬山等联系的佃仆应该正是雍正谕旨中提出要求开豁的对象。魏廷珍的这种解释恰恰是把应受开豁的佃仆划为不应开豁的世仆。这和雍正五年谕旨的精神显系背道而驰、势必引起混乱。事实也证明了这一点，自雍正六年二月条例下达至九月这半年内，皖南佃仆因"年代久远，文契失落，分别'豢养'与'不豢养'一条，争端不已"。"多有自故明以来历年一二百载，历人一二十世，其丁口每至盈十累百，只因一二人受主豢养"，"遂致合族子子孙孙不能出头"，被定为世仆。①魏廷珍关于"豢养"的解释，虽然没有写入定例，但也从来没有受到驳斥。从以后暻善奏折转引的情况看，至少雍正六年至乾隆三十四年间，有司衙门对"豢养"的解释就是葬山、佃田和住屋。更有甚者，有的地方官，如雍正七年的祁门县令朱某，更进一步诠释为：葬山、佃田、住屋三事中"有一于此，俱在应主之列"②。不过仅就例文文字规定分析，这一条自雍正十年例就开始有所改变了。它提出"小户将所租之田、所住之屋及茔葬山地退

---

① 参见《雍正朱批谕旨》第18册。
② 《葆和堂需役给工食定例》。

还田主，或照佃户之例给还租价"，看来是打算把大小户的关系改变为主佃关系或房东房客关系，以取消所谓"豢养"的事实。嘉庆十四年条例则明确地提出，如果没有其他条件，那么，即使葬山、佃田、住屋也不能称作世仆，从此否定了以"豢养"作为佃仆不应开豁的依据。魏廷珍对"豢养"的解释以及将它用于确定佃仆的世仆身份，是符合大户们的利益的。因此，至光绪十五年，皖南大户还把它写进私家定例，用以控制更多的佃仆为世仆，强制其在本族需要时前来服役，其影响可谓深远。

最后确立了以有无主仆名分为区分佃仆和世仆的原则。道光五年祁门周容法案使官府大费斟酌，李姓大户周姓佃仆间的关系起自何时，以及谁是佃仆家长等情况都不清楚，法庭无法把佃仆当作奴婢拟罪。而这些不清不楚之处，恰是佃仆的普遍特征。因此不能根据这些来确定佃仆的世仆即奴婢身份。立法官员决定使用是否具有"主仆名分"来确定其是否世仆了。

佃仆条例中所谓主仆名分，具体是指"在主家常川服役，受其豢养"。"常川"服役（或"朝夕"服役）概念的提出，是十分重要的。因为，以现在是否服役作为区分世仆与佃仆的原则，始自嘉庆十四年条例："统以现在是否服役为断"代替了是否葬山、佃田。这显然是重要的原则改变。但是它没有注意到，为主人服役乃是世仆和佃仆的共同点；二者的差别在于服役的时间的久暂以及项目的不同。不管这些差别，仅问是否现在服役，佃仆仍不能摆脱世仆范围。道光五年提出以"常川"服役为主仆名分的重要标志，则完全不同了。所谓"常川"（或"朝夕"）服役，就是随时伺候于主人身边听从调遣使唤的意思，这正是奴仆服役的特征。佃仆只于主家有红白喜事等大活动的时候，到府应付特定项目的服役。而不是住在主家随时伺候。其服役方式显然有别于奴仆。

主仆名分中的"受其豢养"，乃是指衣食于主人，主人负责仆人全部生活的意思。佃仆有自己的独立经济，不但不衣食于主人，反向主人交纳田租，可见他与主人间的关系并不符合主仆名分的条件。因此，由这样两条构成的主仆名分的内容，使得佃仆周容法得到了凡人法律待遇；以此定例，能够使绝大多数佃仆"除其贱籍，一体开豁"，从法律上摆脱世仆身份。因此，应该说主仆名分原则的确立使得道光五年佃仆条例在佃仆豁除贱籍的过程中具有重要意义。

从发展看，以上区分世仆与佃仆的三个标志中，有无文契始终是重要的，它是确定世仆身份的决定性依据。当文契年久无存的情况下，区分原则由是否受豢养改变为是否具有主仆名分，使得佃仆得以开豁的数量扩大了。总之，清代关于皖南佃仆的立法是逐渐进步的。当然，这个进步的速度相当缓慢，长达近一个世纪之久，还没有走到尽头。

分析至此，可以得出这样的认识：清代皖南佃仆及其子孙，在他们的主人看来，一律是自己家族的奴仆；在社会上也被视之为贱，不齿于齐民。但其法律身份，至少从雍正六年开始，却是有条件的：18世纪20年代末以来，佃仆分为两部分，一部分同世仆，对主人处于奴婢地位，对凡人处于贱民等级；另一部分其法律身份基本上属于凡人。因此，不能简单地说佃仆都"在法律上归入奴仆类"。

皖南佃仆开豁为民政策的意义有很大的局限性。获得开豁的佃仆并不能取得凡人应有的一切权利。如前所述，所谓开豁就是解除被非法地加给佃仆的奴仆贱民身份。既然肯定佃仆在开豁之前就不应该是奴仆，那么，当其开豁之始，一切政治待遇自应恢复与凡人相同。皖南佃仆控案，除因与大户相互侵犯者外，很多是因为佃仆子孙参加捐纳或考试受到干涉而引起的。大姓们不屑和那些父祖曾为自家服役过的人平起平坐，看到他们试图进入绅衿、缙绅等级极为不满，故群起而攻讦。上述嘉庆十四年宁国佃仆柳某捐监一案引起定例，就是专为解决这类纠纷而设的。该例规定要开豁佃仆，这当然符合佃仆愿望。但同时规定了佃仆开豁后三代所生子孙方准报捐考试，显然又是迁就了大户的要求。前面讲到过，奴仆放出以后是需要等到他的第四代子孙才能获得捐考为官的权利。现在对佃仆也做出同样的规定。就此而言，还是置佃仆于奴仆地位，这跟开豁佃仆政策的前提，即不承认佃仆同于奴仆，恰相矛盾。该规定，大大降低了佃仆开豁政策的意义。

  佃仆开豁政策的施行障碍重重。承认佃仆不因佃田、葬山、住屋而同于世仆，乃是佃仆与大户间的联系日趋松弛化的反映。他们之间关系的松弛化，是一个渐进的发展过程，这个过程决定了身份上开豁佃仆政策的产生势在必然。但是，这种政策触犯了大户的利益。大户维护旧有关系的要求又恰和朝廷维护封建等级关系的原则相一致。规定佃仆开豁后三代不得捐考，正是这种一致性的反映，是朝廷满足大户愿望的表现。何况，即使这样一种不彻底的佃仆开豁政策，其实行也遇到大户的重重阻挠。虽在嘉庆十四年新例一定，皖南三府"一时开豁者数万人"，但这远非全部佃仆。据十余年后的记载，三府细民仍不下千余户。[①]皖南佃仆制度仍在相当程度上继续保存；别说清代，就是整个民国时代，它也并未被消灭。

清廷自雍正元年削除山西、陕西乐籍以来，直至雍正十年底先后豁除浙江堕民、皖南佃仆、闽广疍户以及常昭丐户等人贱籍，乾隆中叶至道光初年，又曾多次改进区别皖南佃仆与世仆的条件。这项政策使得许多劳动人民有可能摆脱受人鄙视的屈辱地位。从这个意义上讲，这是清廷的一项德政。雍正帝能冲破旧习，大胆改革，制定豁贱为良政策，说明他是个颇有作为的皇帝。

但是，豁贱为良政策的意义毕竟有限。那种认为由于这些政策的产生，"关内历史遗留下来的农奴制残余也削除殆尽"的看法需要商榷。因为诸如乐户、堕民、丐户、九姓渔户、疍户等等是否"农奴制残余"，尚待论证；说这种"残余"因豁贱为良政策的颁行而"削除殆尽"也根据不足。或称这项政策的意义是"奴隶阶级之铲除"，这一提法也有问题。因为被豁为良的贱民并非"奴隶阶级"，清代和"奴隶阶级"较为接近的乃是奴婢，而豁贱为良政策恰又没有涉及他们。

怎样评价清代的豁贱为良政策比较合适呢？我以为，一方面应该看到豁贱为良政策对一部分贱民是有利的。根据这项政策，清代部分贱民在免除为主服役、得以迁移他往、准许选择职业等方面获得较多的自由，经济上有了更大的独立性，这些劳动者获得了身份上的解放，他们的劳动积极性会因此而有所提高，从而对社会生产力的发展是有利的。原被贱民身份固定不事生产的寄生者，如乐

---

① 参见《大清律例汇辑便览》卷二七。

户,也有了参加生产劳动的可能性。从解放生产力的意义上讲,豁贱为良无疑是一项进步的政策。这项政策是清朝封建政权具有自我调节功能的一个例证。

不过,即使是对这部分贱民,它的意义也不是绝对的,因为被豁贱籍的人所能得到的凡人权利并不完整,他们只能算作准凡人。原有的良贱关系的严重影响,仍然长期地存在着。

更应看到,豁贱为良政策乃是统治者给予的一项恩赐,它仅限于将一部分贱民升等,并没有消灭贱民等级。豁贱为良的这部分贱民,例如堕民、丐户、九姓渔户、疍户等,在法典上并无具有贱民身份的根据,本来就不该属于贱民等级。未经豁籍的反被正式定在贱民等级之内;被豁为良的,因经济力量的薄弱而容易再度沦入贱民等级之中,即成为奴婢。甚至有的贱民被法律进一步认定了,如佃仆本来是被不成文法视作贱民的,开豁佃仆政策颁行后,虽然部分佃豁得以豁除贱籍,但另一部分合乎世仆条件的佃仆却被正式的成文法固定为比佃仆更为低下的奴仆。他们的命运,在讨论豁贱为良政策时往往被忽视。总之,豁贱为良政策的产生并不意味着身份不平等的消除,因为它毫不损及等级制度本身。它只是在一定范围内,在一定程度上调节了封建关系,缓和了社会矛盾。从整体看,它又是在重描等级界限,起着巩固封建等级制度的作用。

结 论

本书研究了各种贱民之后,在此对贱民等级的特点做出总结,并进而分析清代等级制度的特点和历史意义。

第一节 清代贱民等级的特点

清代贱民等级有如下三个特点:

第一,不同等级成员的交互流动中,贱民等级流动的不可逆性。根据制度规定,在清代的七大等级中,缙绅、绅衿、雇工人身份是通过法定的社会活动得到的,是可变的。这些等级以及凡人等级之间,有合法的改变个人身份的渠道。高等级成员可能降入低等级,低等级成员也有可能升入高等级。等级间成员的流动是可逆的。例如,原属雇工人等级的雇工,在解除雇约后成为凡人;凡人可以通过科举成为绅衿,通过捐纳成为缙绅;绅衿则可通过更高级的考试进入缙绅等级。反之,被削职的缙绅、被革去功名的绅衿都变成了凡人;破产而受雇的凡人则可能沦为雇工人。这些等级成员的子孙是否继承其父祖身份,各有不同情况。一般地说,凡人子孙仍为凡人；绅衿及雇工人子孙亦为凡人，不继承绅衿、雇工人等级身份。缙绅等级的情况较为复杂，其中占大多数的比较低级的官僚的子孙，按规定也不能继承其父祖的缙绅身份。所以，总起来说，世袭性不是清代等级制度的一般特点；相反，相对以土地分封为依据的等级制度而言，不同等级间成员可以流动，以及流动的可逆性，倒可称作清代等级制度的一个特点。

与上述诸等级相比较，贱民等级则有所不同。我们试把清代各种贱民分为两大类：奴婢、娼优、佃仆等为一类，堕民、丐户、九姓渔户、疍户等为另一类。第一类贱民的成员中有的是继承了父祖的身份，有的则是由其他等级降转而来。他们都难于向高等级转化。第二类贱民的成员全部是继承父祖的身份，没有由其他等级降等而来的。这类贱民的人数多寡，只根据自然繁衍的兴衰而增减，他们也不可能向高等级流动。由此可见，两类贱民有两个共同点：其一，一般地说，他们不能转化为高等级的成员，换言之，清代高等级与贱民等级的成员流通渠道基本是单向下行的，是不可逆的；其二，他们的子孙都无条件地继承父祖的等级身份，这些小生命呱呱坠地之时，就是进入贱民等级之日，直至老死而不可改。在这个封建社会中，家族制度和血统论一面维系着皇帝和皇室的权力，同时又使全社会承认贱民制度的合理性。贱民等级与高等级间成员流动的不可逆性和贱民身份的世袭性，使得这个等级不断延续，逐渐扩大，从而也就使等级制度能在保留等级成员流动性的情况下得以稳定和巩固。贱民等级可称是清代等级池沼的沉淀层。

所以说，良贱之别在清代是一个重要的界限，它从制度上限制被奴役者成为一般百姓，从而也排除了他们进入统治者集团的可能。统治者用这种方法维持高等级的尊严,并保证其"纯洁性"。良贱界限和君臣界限、官民界限有着同等重要的意义,三者共同构成了清代等级制度的基本框架。

第二,贱民等级里有人属于"统治阶级"。清代的贱民等级是受压迫、受剥削、受奴役、受歧视的最低下的等级。他们中的绝大多数是贫困的劳动者。贱民是不准升为缙绅的,本人及其子孙无权应试出仕是各种贱民的共同特点之一。但这不是事情的全部。如前所述,建立军功的武弁长随可被擢升为千总、把总;擒获要犯的番役能得顶戴。甚至一度规定允许放出奴仆做官。显然,这些都是属于比较特殊的情况,是因为他们为统治者卖命出力而得到的殊恩。另外有一种现象更值得注意:在这个等级中某些成员并不脱离贱籍就具有浓厚的统治者的特征,他们实际上是压迫者。例如家人、长随、门子、衙役、庄头、总管等就是这类人。他们打着长官和衙门的旗号进行肥私勾当,作恶多端。如果把以镇压为主要任务的封建政权比作虎狼,那么这批贱民恰似虎爪狼牙。爪牙的恶劣行径使得封建政权更加狰狞可憎。百姓虽怨难诉,敢怒而不敢言,他们或者伺奉缙绅,或者为官府办事。统治者一方面视之为贱民,轻之蔑之;另一方面却又倚之靠之,时时不能离开他们。豪奴恶仆是统治者不可缺少的工具;三班衙役则构成国家机器的一个组成部分——与百姓接触最为直接的部分。百姓们感到的等级压迫和政权统治首先来自他们。老百姓主要是凡人等级的成员,其等级地位当然比贱民要高,而家人、长随、门子、衙役、庄头、总管等贱民却骑在他们头上为非作歹。这显然是等级关系的反常现象。形成这种现象的原因在于封建国家权力。衙门是权力的象征,贵族、缙绅是权力的体现者。等级的鸿沟使得这些贱民成为衙门以及贵族、缙绅跟百姓间仅有的接触点,于是这些人就利用其所处的中间地位造成等级间的倒置关系。他们假借封建国家权力这张虎皮,上下其手,贪婪饱噬,穷凶极恶地填塞欲壑,成为凡人等级的严重灾难。这批人尽管身为贱民,但作为缙绅和官府的工具,其等级身份高低反而变得无关紧要了。可见,在这个封建帝国中,任何人只需在国家机器中占有一个哪怕是最卑微的位置,甚至仅仅跟贵族、缙绅发生某种被役使的关系,都能成为他欺压百姓、谋求私利的有力手段。这类超经济强制,即使是根据等级关系的法律也是不允许的,但在生活中,它的确存在。

第三,贱民等级里有地主。准许贱民拥有包括生产资料在内的私有财产,贱民等级内部必然发生阶级分化。贱民中有的庄头、家人、长随、衙役靠中饱贪污、敲诈勒索得以积累相当数量的财富。他们之中有的人,除享受挥霍而外,用一部分财富购买土地,坐食地租。与政权没有直接联系的贱民,也有发展成剥削者的。如疍户中有人拥有大型船只雇人驾驶从事运输业和渔业,有人占有渔步,出租食利,有人甚至雇工多人进行大规模围坝造田,进行剥削。这些人已变为剥削者,我们称之为"贱民地主"。

贱民地主的特点可以简单地归纳为:一是他们经济上成为生产资料所有者,剥削比自己等级地位高的凡人百姓;但是,其法律地位及社会身份低下,仍旧属于贱民等级。凡人也并不因租种贱民的土地而身份降低。在这种关系里,阶级和等级呈现逆向的错位。二是他们或因与官府关系密切或借主人的权势,其资财积累方式以巧取豪夺为主,白手起家,无本牟利,所以多半是暴发户。与一般凡人地主相比，其财富积累速度要快得多。三是由于同样的原因，他们的剥削往往更带有缙绅地主、绅衿地主剥削所具有的强制性特点，甚至比缙绅地主、绅衿地主更为凶恶。

生产资料的占有是一切剥削和奴役的基础；阶级是人与人之间的基本关系。贱民成为地主后，即使法律上没有改变等级地位，但阶级地位的改变使之在实际生活中与一般贱民大不相同。同时还由于上述第二、第三两个特点，这些贱民非但不自以为贱，同时还引得某些非贱民为之垂涎。攫取更大的经济利益的强烈欲望，刺激着某些绅衿等级成员争充衙役，驱使着某些本已相当富有的凡人自愿借出款项换取充当家人、长随的机会。如此等等，有力地说明社会集团的力量最终表现在生产资料的占有上，它在深刻地影响着社会生活的各个方面，甚至可以使得等级关系倒置。

政治上备受歧视的身份和经济剥削者的地位，两者在贱民地主的身上得到了和谐的统一。从等级的金字塔考察，贱民地主对凡人佃户形成逆向的剥削关系。贱民地主是不以土地分封为基础的等级制度和土地可以私有并可以买卖的制度相结合的产物，是以拥有分封土地为基础的等级制度或规定土地不得买卖的封建王国中难以产生的怪物。贱民能够依靠更高的等级势力去压迫和剥削比自己等级地位高的人，这种违反封建等级原则的特异现象，恰是清代等级制度本身造成的。

要之，在社会主义以前的阶级社会中，阶级之间的关系表现了剥削者与被剥削者间的关系。但是，不同社会的阶级之间所反映的剥削关系，以及同一社会中，不同类型的剥削者与不同类型的被剥削者之间的剥削关系，各有特点。所以我们不要把"阶级"这个概念做简单的理解。前资本主义社会的阶级必然表现为"等级的阶级",所以研究这个时代的阶级,应该联系其等级特征进行具体的考察。从研究中我们看到,在清代社会,阶级和等级形成了经纬纵横的复杂局面。在阶级力量的对比中,是等级地位的高低决定了贵族地主、缙绅地主、绅衿地主和贱民地主权势的大小,也是等级地位的差异决定了各类地主与凡人地主的差别。前资本主义阶级关系深深地烙着等级的印记,这一特点在清代就是如此清楚地表现着。

允许经济地位和政治身份在同一个人身上相背离,从而出现低下等级成员的经济地位上升为剥削阶级,这是清代封建等级制度具有弹性的表现;贱民地主尽管经济地位上升,但他并不因此而改变其低下的等级地位,这却是清代封建等级制度具有坚韧性的表现。

贱民地主问题,是从研究清代等级制度引出的。作为一种社会现象,贱民地主起于何时,它与贵族地主、缙绅地主、凡人地主有何异同,以及其发展状况等,都还有待于学者们进一步研究探索。

第二节 贱民等级的存在是封建国家的普遍现象

封建统治者和剥削者为了进行统治,为了取得剩余劳动和享受安逸奢华的生活,都需要很多人不停地给他们干活。他们获得劳动力的方式无非两种:不是雇佣,便是奴役。封建制度下的雇佣暂且不论。封建奴役,一般均以人身隶属等超经济强制手段为前提。贱民等级就是符合这种需要而存在的。它的存在,在封建制度国家中带有一定的普遍性,至少在古代亚洲社会中不是个别现象。

例如日本,在明治维新以前有所谓"非人",从事护卫罪人、整理刑场等职业；有所谓"秽多"，从事逮捕人犯、充当刽子手及从事皮革加工业。这两种人都不得与平民来往，不得与平民同处居室、同席而坐，不得进入平民室内；即使有罪入狱，也跟平民犯人分牢而系。他们更不得与平民通婚姻。身份世袭，子子孙孙都是贱民。①

在古代朝鲜，良贱之分，即奴婢与良人之间身份上的区别，是身份制度的基础。12世纪的贱民，在很大程度上隶属于国家，受地方官吏的残酷剥削。"率居奴婢"和"处居奴婢"则受主人的剥削和压迫。15世纪时，公、私奴婢担负着"身贡"和其他名目繁多的附加税。主人拥有奴婢也像拥有财产一样，可以继承和随意买卖。奴婢的身份是世袭的。李朝封建社会还存在着称为"身良役贱"的阶层，他们的身份虽属良民，法律上不属于任何人，但是他们的职业选择只限制于充当陶瓷工、锻工、渔夫、牧子、漕卒等，他们承担的劳役跟奴婢的劳役相似。从这个意义上看，他们也是一种贱民。直至18世纪后期，由于奴婢不断斗争和社会经济的发展，奴婢制已不能继续维持。1801年，公奴婢获得解放；1894年，奴婢制被废除。②

印度古代的种姓制度中有着更为典型的贱民。印度的贱民被剥夺了一切政治权利。他们被禁止使用村里的公共用水，不准进入寺庙，不能走过高种姓人居住的街道，不得以自己的身影遮住高种姓人，甚至被高种姓人看见，也成为贱民的"罪行"。至于与高种姓人

---

① 参见［日］井上清：《日本历史》，北京：三联书店，1957年。
② 参见朝鲜民主主义人民共和国科学院历史研究所：《朝鲜通史》上卷，北京：三联书店，1962年。

通婚的事，当然更谈不上了。总之，高种姓人和他们发生任何接触都被认为是受了侮辱，所以贱民又称"不可接触者"。他们干的是这个国家一般人所不肯干的工作，如打扫街道、洗涤脏布或处理尸体等等；有的也从事一些手工业。印度的贱民制度可以说是最森严、最持久的；很长时间内，贱民问题都是这个国家的严重社会问题之一。①

在各国封建制度中，奴婢和贱民的法律地位和社会地位都是低下的。是否把他们作为一个等级来看待，各国情况不同，学者们的看法也不一致。印度的不可接触者是作为种姓制度的组成部分之一而存在的。种姓是一种特殊的等级，所以不可接触者被视为一个等级。日本的非人，有的学者认为他们与基本生产方式相脱离，从事被视为卑贱的工作，因"不净"而受歧视，但不是奴隶，是被排斥于普通生活之外的"等级外"等级。②上述亚洲各封建国家的贱民，有两点是共同的：

一是他们都不准和高等级的成员通婚，各国统治者都使用等级内婚制的办法保证贱民等级的绵绵延续。清代也是这样。

二是他们之中有一部分可以从事特定的生产劳动外，绝大多数人只能从事各该民族认为最卑贱的或者最脏的工作。他们多半为人服役，没有选择良民从事的那些职业的自由。在此，职业与身份有着密切的联系，这在上述各国是一样的。清代等级制度并没有明确地以职业为分等原则，可实际上也是运用了同一原则。甚至有的人本来是良民，按官府的要求应承官役，并非自愿而来，也被打入贱

---

① 参见［印］甘地：《印度不可接触者阶级》；杜德：《今日印度》，北京：人民出版社，1951年。
② 参见［日］黑田俊雄：《日本中世纪的国家和宗教》，东京：岩波书店，1975年。

民等级，被剥夺了应有的政治权利。有的群体，例如佃仆、疍户、堕民等，并不是全体从事所谓贱业，其中从事贱业的，也不是其全部时间，他们中的绝大多数人主要还是靠农、渔等生产劳动为主，他们还是全体都被纳入贱民等级里去。

第三节　清代等级制度的特点及其社会功能

　　本书分析了奴婢的法律地位和社会地位，考察了其他贱民和凡人之间的处刑等差以及良贱差别的各个方面。研究结果表明，清代以奴婢为代表的贱民等级乃是被剥夺了王朝百姓基本权利的、没有独立人格的、处于封建王朝等级金字塔最底层的群体。统治阶级的意识总是当时社会的主导意识。法律、监狱和武装等国家机器有力地支撑着这种意识形态。它们产生并存在于相应的经济基础之上，发挥着强大的超经济力量，为实现统治秩序的稳定和经济基础的巩固和发展而运动。这在任何社会形态都是一样的。封建等级制度就是封建社会的超经济力量的具体表现之一。它的实质是人与人之间的不平等。贱民等级的存在是这种不平等的突出表现。这种不平等是赤裸裸的，得到全社会公开认可的。贱民受尽剥削、压迫、侮辱和歧视，其地位最为低下。如此不合理的现象，今天的人们是难以想象的。但是所有这一切在当时当地却都是法理当然的。所谓法之当然，是说这一切都被规定在成文法典和不成文法中；所谓理之当然，是说这整套思想都被人们所接受。只有封建王朝被推翻，封建制度被资本主义制度所取代，封建的法才能被废除；只有人人平等思想在社会上、在人们的头脑中生了根，封建的等级观念才能被消灭。

本书重点讨论的是贱民等级，而贱民等级只是清代等级结构中的一个组成部分，所以应该进而认识清代等级制度的特点和社会功能。

　　相对明代等级制而言，结合满族特有的内容而建立起来的清代等级制度是有所不同的。例如清代的宗室贵族等级与明代的勋贵等级就大不一样；贱民等级中的奴婢等第也与明代的有很大差别。但清代等级制度毕竟是继承明代而来，二者的基础相同，即都建立在地主制经济上，因而两朝等级制有许多共同之处。若以清代等级制和西欧封建社会的等级制相比，则有许多显著的差别。前文谈及，清代等级制度和西欧领主制下的等级制的根本差别在于没有土地占有的等级结构。现就从这个根本差别出发，比较一下清代等级制与西欧封建等级制度迥然不同之处。

　　清代等级制有四个主要特点：

　　第一，清代的等级制度贯彻着封建宗法伦理原则。君臣、父子、夫妇三纲之中，君臣之纲乃是根本，父子之纲要求子孝，夫妇之纲要求妇顺，孝和顺为了齐家，齐家又是为了治国。这种关系，在法典中反映得相当明确。譬如，清律中有所谓"干名犯义"律。父亲有罪，儿子应为之"容隐"。如儿子告官揭发，是为"干犯"，即使告实，其父罪同自首，可免刑，而儿子却被判杖一百徒三年。唯有当父亲犯大逆、谋叛罪时，儿子告发，不为"干犯"。就是说，一般情况下子对父只能讲孝，无权揭发他的罪过；当忠孝发生矛盾时，孝必须服从忠。可见父子之纲和夫妇之纲是为巩固君臣之纲服务的，其最终目的是巩固封建统治，巩固君权。因此，围绕父为子纲而建立的封建宗法家长制，在封建法制和等级制度之中也被突出强调。宗族关系被当作政治关系来处理，反过来政治关系中到处渗透着家族关系。我同意王亚南教授的说法："一方面把家族政治化，另一方面又使政治家族化，把国与家打成一片，这是伦理的神髓"，"一旦官僚政治出现了，王者或天子高高在上，对于领内广土众民，单依靠郡守县令的管制，实在是难期周密。最妥当的莫如通过家族宗族来管制，即把防止'犯上作乱'的责任，通过家庭，通过族性关系，叫为人父的，为人夫的，为人族长家长的，去分别承担，以建立起家族政治的连带责任"。[①]这是朝廷直接通过家族进行统治的方面，封建宗法家长制还有另一方面的作用。

　　清代法典中，礼制丧仪部分以九族五服形式把血缘关系按亲疏尊卑组织起来，规定血缘关系具有尊卑长幼名分，刑律则根据这种名分决定亲族间法律地位的不平等关系。在社会上，凡人之间的法律地位是平等的，法典规定了统一的处刑标准。同一凡人在家族关系中则具有双重身份：身为尊长时，对卑幼处于较高的法律地位，身为卑幼时则相反。丈夫法律地位高于妻子，妻子低于丈夫。父为子纲，夫为妻纲的天定秩序以法律形式固定下来。其中最严格的关系莫过于子孙对父母、祖父母。以斗殴（未成伤）罪为例，凡人斗殴处刑仅笞二十，而子孙殴父母、祖父母"皆斩"，处刑相差十七等之多。其实十七这个数字还不足以反映刑等差别之大。因为第一，清律刑制规定，如加等，一般不加至死；这里的差别却是进入死刑。第二，刑制规定的死刑中，斩重于绞；这里是从重处斩。第三，法律规定一般罪行首犯从犯分别轻重判处；这里不分首从一

---

① 《中国地主经济封建制度论纲》，上海：华东人民出版社，1954年，第20页。

律从重处斩。再以最远的亲族关系为例,卑幼殴缌麻亲尊长杖六十徒一年,比凡斗重九等;尊长殴缌麻亲卑幼,"勿论"。甚至卑幼殴"五服已尽同姓尊长"也要加凡斗一等;尊长殴五服已尽同姓卑幼则减凡斗一等。家族内尊卑不平等的程度至于此极。

如果以法律地位的不平等作为等级的实质和特征的话,家族内部具有不平等法律地位的按服制亲疏排列的尊长和卑幼,似乎也可以称作一种等级制。当然这和前面讨论的社会等级不属同一系列。这种特殊的等级是族权的一种表现形式。家族成员的这种不平等关系只限于家族内部。同一家族成员,他的地位对其晚辈是尊长,对其长辈又是卑幼,同时又和家族别的成员形成期亲、大功、小功和缌麻等各种不同关系,个人身份具有相对性;因而不论是哪一种地位都具有范围不定的特点。家族内部这样的不平等的法律地位是否可以称为等级,也还是可以进一步讨论的。不过,不论是否称之为等级,这种家族内部法律身份的不平等是值得注意的现象,它对经济上诸如土地买卖手续、财产继承制度等等习惯的形成和影响,都应该做进一步的研究。

我们指出家族内部法律身份的不平等,是为了说明更重要的一点,即不同等级间的法律地位以家族中尊卑关系相比拟,使等级制度的某些部分披上家族关系的外衣。例如雇工人等级。清代刑法许多罪行的处刑规定,把雇工人类比为子孙,而把雇主类比为父母、祖父母。其理由是"雇工人虽不在伦常中,而名分之重则与子孙不异"[①]。另一些罪行的处刑规定,雇工人所处的法律地位又略高于子

---

① 李柟:《大清律笺释》卷一九。

孙,其理由是雇工人对家长"实属分严情疏,非卑幼亲属可比"[①]。此外,雇工人的法律地位不但低于雇主本人,而且低于雇主所有服亲属,包括雇主的卑幼亲属在内。通过这种办法,确定了雇工人和雇主及其家族的关系,确定了雇工人的等级地位。贱民等级中的奴婢也与此类似,只是奴婢的法律地位比雇工人更低罢了。

处理这种关系的根据是家长和雇工人、奴婢间具有主仆名分。这里虽然不是由于血缘上的亲疏,而是由于身份上的差异决定了法律上的不平等关系,但是主仆名分和尊卑名分相联系,相比拟,这种身份上的差异也被赋予封建宗法家长制的意义。

既然父子之间是天定的尊卑关系,父祖对子孙则处于当然的、无条件的优越地位,他们之间只能是统治与服从的关系,那么,比作父子的家长与奴婢、雇工人也只能是统治与服从的关系。这种比拟,使得人们必须承认这种等级关系是天经地义的、无可怀疑的,从而承认君权统治下的封建秩序也是天然合理的。这就是立法者的逻辑和所要达到的目的。

将封建宗法家长制的原则扩大运用于某些社会等级关系,从而使等级制度贯彻着宗法家长制的精神,这实际上是以父权家族统治的模式来建立君权政治统治体系的某些部分,这是清代等级制度的一个特点。

此外,皇位的嫡长世袭制度、宗室觉罗等皇室贵族之列为特权等级,以及皇帝以臣民为赤子,臣民以皇帝为君父等等级观念,都说明清代等级制到处体现着宗法家长制的原则。族权渗透在政权之

---

① 《例案续增》卷二一。

中,起着支持政权的作用。血缘家族的亲亲观念掩盖着森严的等级制度的残酷性。清代统治者就是用这样的等级制度来排列社会成员的法律地位,维持封建国家的秩序,以保证封建统治机器正常运转。

第二,清代等级制度的变化和解体异常缓慢。雍正初年有了解除堕民、疍民、佃仆等贱民身份的命令,但贱民没有得到彻底解放。因为那些命令并未触及等级制度;即使是对贱民等级,也只涉及其中的一部分,而对以奴婢为主体的贱民等级并没有实质性的影响。何况在实际生活中疍民、佃仆等人的社会地位直至清末变化也不甚显著。等级制度的总体结构,有清一代没有发生过根本性的改变。清代的任何社会成员都属于某一特定的等级。从这个意义上讲,清代等级制可以说是一个僵化的制度。但是不能由此认为清代等级制没有变化,它也在解体之中,只不过落后于经济基础、生产关系的某些发展,其变化速度特别缓慢罢了。

清代初年,清军入关后在圈地上建立起来的属于农奴制类型的强制性奴仆壮丁生产制度,经奴仆壮丁大量逃亡斗争,无法继续维持,在不到一个世纪的时期内,已逐渐为租佃制所代替,旗地民田化的趋势也加速进展。随着生产关系的这种变化,严格的逃人法已经没有必要存在,因而有所放松。明代末年汉人曾流行一时的奴仆生产,在清初经多次改变之后,也趋向衰微,代之以租佃制,以至雇工经营。因此,贱民等级中的主体——奴婢——的内容在发生着明显的变化,从以男性生产奴仆为主转为以女性家内服役奴婢为主。"人市"已消灭,人口买卖"买婢女者多而买奴仆者少"[①]。尽管

---

① 《读例存疑》卷三六。

在生活中早已发生了这样大的变化，在关于奴婢的条例上却直至光绪末年、宣统年间才考虑从法律上禁革买卖人口问题，至于有关奴婢的法律地位，作为贱民的身份，更是没有修改。

清初民田中经营地主及富裕农民土地经营方式逐渐增多，雇佣劳动，特别是短工的使用逐渐普遍。把大量雇佣劳动者束缚在雇工人等级中，已不能适应经营制度变革的要求。因此统治者于乾隆二十四年、三十二年及五十三年将有关确定雇工人身份的条例一再修改。修改的总的趋势是逐渐将更多的雇佣劳动者划出雇工人等级，使之脱离对雇主的人身依附关系，进入凡人等级，和雇主处于平等的法律地位。条例的这一变化，用去了将近一个半世纪，而且其中还颇有曲折。清代等级制度变化之缓慢由此可见。

此外，宗室贵族等级中，除少数高级的王公贵族仍旧踞于高贵地位而外，大量闲散宗室觉罗也和一般旗民一样，经济上日趋败落，穷极潦倒者大有人在，他们远不像其祖先甫入中原时那么神气活现了。即使如此，关于宗室觉罗的特权规定依然如旧。

所有上述实际生活中出现的现象，自乾隆中叶以后就表现得相当明显了。各个等级所代表的内容已然变化，而等级制作为一种上层建筑却远远不能及时地做相应的反应。清代等级制一方面在继续发挥着巩固封建统治的作用，同时也在渐渐地溃圮。不过直到清王朝被一群帝国主义入侵而变为半殖民地半封建社会的时候，这个等级制度也还没有完全陷入诸如18世纪初时法国的等级制或者明治维新时日本的等级制面临的境地。解体的内在性和缓慢性也是清代等级制的特点之一。其所以有此特点，和它本身的弹性特点有关。关于这一点，下面还将论及。

第三，清代封建等级制度中存在着产生资本主义关系的可能性。资本主义雇佣关系是"自由劳动"的雇佣关系。"自由劳动以及这种自由劳动同货币相交换"，是"雇佣劳动的前提和资本的历史条件之一"。① 所谓"自由劳动"包含双重意义：第一，劳动者已从前资本主义的人身隶属关系中解放出来，成为一个出卖自己劳动力的自由的人；第二，劳动者已被夺去生产资料，使劳动者出卖劳动力成为可能和必要。当这种自由的劳动者在劳动力市场上和资本家进行交易时，双方"彼此作为身份平等的商品所有者发生关系，所不同的只是一个是买者，一个是卖者，因此双方是在法律上平等的人"②。

清代的凡人等级是一个十分庞杂的等级。除去属于具有特殊地位的人以外，绝大多数社会成员都在这个等级之内。它既包括不具缙绅、绅衿身份的城乡地主、富裕农民、自耕农、手工业作坊主和大小商人，也包括佃农、店伙以及农业、手工业和商业中不具雇工人身份的雇佣劳动者。他们虽然分属于不同的阶级，但从法律地位上看，却同属一个等级，彼此是"在法律上平等的人"。其中的剥削者并不具有国家赋予的政治特权，他们和被剥削者之间没有法定的隶属关系或依附关系。因此，他们之间也就有经济上等价交换的可能性。处在凡人地位的劳动者的生产资料丧失到一定程度，需要出卖劳动力来维持生活，出雇给拥有生产资料的其他凡人进行农业生产时，他们之间就是平等的雇佣关系。这就给资本主义雇佣创造

---

① 马克思：《资本主义生产以前的各种形式》，见《马克思恩格斯全集》（第一版），第46卷，北京：人民出版社，1979年，第470页。
② 马克思：《资本论》，见《马克思恩格斯全集》（第一版），第23卷，北京：人民出版社，1972年，第190页。

了前提。因此，在清代，农业资本主义关系能在不触动等级制度的条件下产生，而且有一定的发展余地。在手工业和商业方面也有类似的条件存在。当然，这是仅就法律身份而言的。考虑到封建行会以及其他条件的影响时，又需另做综合分析。此外，也还要看到等级制度本身对这种关系的发展的扼制作用。

第四，清代社会成员个人等级身份的可变性起着阻碍资本主义生产关系发展、巩固封建制度的作用。清代每个社会成员都处在一定的等级之中。但是除去皇帝这一特殊人物和以皇族血统为标志的宗室觉罗以及特封的衍圣公外，其他人的等级身份大都是可以改变的。处于特定等级的个人可以由于政治、经济、文化等各方面条件的改变而进入另一等级。譬如，犯罪可以使缙绅等级的成员革职为凡人；经济上破落可以使凡人降为雇工人或贱民；文化上的科举得中，可以使凡人上升为绅衿甚至缙绅；雇工人可因雇约解除而回到凡人等级。和其他国家，如西欧或日本的封建等级制度相比，这是清代等级制度的特点之一。其所以如此，也是由于地主经济制和领主经济制的差异造成的。等级权利和土地所有权相游离，而土地又可自由买卖，才使得等级制度有可能具有这样的灵活性。如果把这一特点作为清代不存在等级制度或不存在严格的等级制度的证明，那显然是一种误解。

社会成员的等级身份可以升降这一特点具有特殊社会功能。它使得清代的等级制度成为一种具有弹性的制度，在封建末期起着阻碍资本主义发展、巩固封建制度的缓冲作用。这可以从下述三个方面来看：

（1）金钱的力量不能破坏清代等级制度。马克思写道："国王们在与别国人民进行战争时，特别在与封建主进行斗争时需要钱。商业和工业越发展，他们就越需要钱。但是，这样一来，第三等级，即市民等级也就跟着发展起来，他们所拥有的货币资金也就跟着增长起来，并且也就借助于赋税渐渐从国王那里把自己的自由赎买过来。为了保障自己的这些自由，他们保存了经过一定期限重新确定税款的权利——同意纳税的权利和拒绝纳税的权利。在英国历史中，可以特别详细地探求出这一过程"①。清代统治者为了挥霍和军备等，也同样需要货币，也要从凡人等级手中弄到钱。但是，凡人中的富裕分子积累了财富不是用来赎买自己的自由，而是通过捐纳从朝廷换取"名器"，即进入拥有特权的等级。赎买自由的结果是导致等级制度的瓦解，而换取"名器"的结果却是缙绅、绅衿等级扩大，从而使得等级制度加强。同样是金钱的力量，却有着完全不同的后果。在这里，等级制度本身具有的灵活性使得等级制度具有更强的顽固性。

（2）已形成的资本主义关系还可能变质。在土地自由买卖的经济制度下，地权能够自由转移，它就不可能像西欧领主制下的土地那样带有政治属性。清王朝的行政权、司法权集中于中央，不随土地下移。实行官僚政治，就必须有一套选择和任命官僚的具体办法。在清代，科举和纳捐是两种重要的措施。科举的目的是按照封建的德才标准定期从知识分子中考评一批官僚的候选人。捐纳制度则出于朝廷财政的需要而将官爵职位标价出售，谁出得起钱，谁就可以进入缙绅等级，不仅能得官衔，而且可以掌印临民。进入

---

① 《马克思恩格斯全集》（第一版），第6卷，北京：人民出版社，1961年，第303页。

缙绅、绅衿等级的这两座大门,始终是对凡人敞开的。当然,不论是用现金买官也好,还是供养一个读书人也好,均需投入一定的财富,从而不是凡人等级中的任何人都能跨入那两道门槛的。可见,统治者补充官僚的办法本身已经大体上进行了以经济实力为标准的筛选。

如前所述,凡人等级中,人与人具有平等的法律地位,这决定了在凡人等级中最有可能产生资本主义关系。但是,清代凡人中具有优越经济条件的人,由于受到特权可以带来经济上、政治上的利益的诱惑,往往通过科举、捐纳等途径,改变自己的等级身份。那些财富不多的人也争取跻身缙绅等级,"甚至同族比邻共捐一职衔监生,借为护符"①。这样,本已形成的平等的雇佣关系,因雇主一方身份的改变而转化为等级的雇佣关系,失去了资本主义性质。凡人中的农民雇工因天灾人祸而经济上无法维持生存,以致典卖人身,从而进入贱民等级为人奴役,也使得资本主义性质的雇佣关系瓦解。因此,如果说清代等级制度中凡人这个等级的存在给资本主义产生以极大的可能性,那么社会成员个人等级可以升降这一特点,又严重地阻碍着资本主义的发展。

(3)和土地自由买卖制度相结合的等级制度,阻碍着资产阶级的产生。西欧的领主经济决定了国王、僧侣以及贵族的收入来源依靠土地和贡赋,骑士在败落以后还可以靠战争和掳掠。这些都得到政治特权的保证或统治者的认可。特权等级不会自愿放弃这种特权地位。另一方面,新兴的第三等级既无土地贡赋,又不能掳掠,

---

① 光绪十三年九月直隶布政使、按察使告示,载《字林沪报》光绪十三年九月二十四日(1887年11月9日)。

他们主要依靠工商业和贸易来积累财富。他们需要摆脱贡赋负担和取得经济上自由竞争的条件。第三等级的地位使得他们在经济上的发展受到极大限制。自由竞争的愿望和不平等的等级强制间的矛盾不可能调和。所以，消灭等级就成了西方早期资产阶级的迫切要求，等级之间的斗争因而不可避免。资产阶级和封建领主之间的阶级斗争，以等级之间斗争的形式表现出来。在封建等级制度中产生的第三等级，只有突破等级制度的外壳才能进一步成长，蜕变为现代意义上的资产阶级。所以，资本主义制度战胜封建制度的过程中必然伴随着等级的阶级向非等级的阶级的过渡。

清代的中国却是另一种情况。在这里，人们向往的财富积累方式是地租剥削。土地自由买卖制度允许人们购买土地，不受身份的限制，凡人可以自由地购进地产。这对资本主义的发展本来是很有利的。但是，缙绅和绅衿拥有免除部分赋役负担等权利使得他们的土地更为有利，并可利用其优越的等级地位更为方便地购买土地。这一点有力地诱使人们进入缙绅和绅衿等级，以便扩大自己的财富。同时，凡人通过商业、高利贷所获赢利，主要也投向地产。大商人也和地主一样希望进入缙绅等级。个人等级身份的可变性又给予凡人中的地主、商人以这种可能性。和欧洲第三等级的处境全然不同，清代的工商业者可以和地主、高利贷者以及官僚融合一体。有着积累财富欲望的凡人可以利用等级制度的这个特点得到更大的满足而不必触动这个等级制度。在这样的条件下，清代的中国虽处封建末期，也就很难形成一个代表新兴生产方式的、与封建等级制度势不两立的"第三等级"了。

所以说，清代等级制度的个人身份的可变性特点，使得这个制度在封建社会末期仍能顽固地起着巩固封建土地制度、阻碍资本主义产生的作用。等级制度的弹性增强了封建制度的韧性，使之难于破坏。

清代等级制度的特点不仅使中国难以产生一个强大的资产阶级群体，而且使得新生的资产阶级反封建不彻底。西方新兴资产阶级为了突破等级制度的束缚，提出"民主""自由""平等"的口号，对封建的君主专制和等级制进行有力的批判。这是资本主义自由竞争的需要。因此，资本主义社会中封建等级观念消灭得相对彻底。清代的状况全然不同。新产生的资产阶级既不需要打破等级制度就能获得雇佣劳动者，又不妨碍戴着红顶花翎，在收取地租、放高利贷的同时办一点新式企业。"民主""自由""平等"的口号也曾作为舶来品而时兴，但不平等的等级制度从未受到资产阶级认真和彻底的批判。许多重要的等级观念，诸如皇帝的家天下制、皇帝意旨的不可违犯、皇亲国戚的高贵和尊严、缙绅绅衿的特权和权威地位、奉旨行事的官僚主义作风以及服役被视为贱业等等，都公开地或潜在地作为当然信念，以原来的或变态的形式，在人们头脑中深深地扎下根，一遇适当条件，就支配人们的行动。

清代处于我国封建社会的最后阶段，它距离近代社会最近，因此，未曾经过资本主义阶段的近代社会，在意识形态的许多方面都钤印着清代封建等级制度的印记，有的甚至遗留至今。要涂掉这块斑痕，需待几代人，甚至可能几十代人的不懈努力。

再版后记

20世纪50年代后期,学术界关于"中国资本主义萌芽"问题的讨论进入高潮。所谓资本主义萌芽,并没有权威的科学界定,它的内容、标志、状况、产生的条件及其发展等几乎所有有关问题,学者们都是根据各自的解释进行论述。虽然其说不一,终无定论,但这场历时长久的讨论对史学界、经济史学界确实有过不容忽视的影响。

我理解问题的核心在于雇佣劳动性质。雇佣关系不是资本主义独有的社会现象。它在我国也是古老的、长存的,从前资本主义直至当代一直存在。不同性质的雇佣关系反映不同的生产关系,并且两者相互作用。确认雇佣关系的性质对确认生产关系性质应该具有关键性的意义。研究所谓中国资本主义萌芽问题,最重要的莫过于具体地分析当时的雇佣关系。从某种意义上说,雇佣关系的非资本主义性决定性地否定资本主义关系的存在。

已有学者在探讨清代雇佣劳动问题时指出,明清两代有专为"雇工人"制定的法律,说明这一类雇工与雇主是不平等的。60年代初,我在前辈研究成果的基础上,对明清两朝的雇工人"条律"做了进一步的分析,确认明清两代有一种名为"雇工人"的雇佣劳动者,在雇约生效期间,主雇之间的关系非但不是自由的劳动力买卖关系，甚至与主奴关系甚为相近。他们跟"萌芽"不沾边。明清两朝多次订定的有关雇工人身份"条例"规定了确认雇工人身份的条件。条例内容多次修订决定了雇工人群体范围不断变化，被纳入这个群体范围的人，不同时期是不一样的。条例的修订呈现了雇工人身份缓慢的解放过程。尽管雇工人只是雇佣劳动者中的一部分而不是全部，可是正是这类雇佣劳动者的存在提醒我们，不是任何时候任何记有"雇""佣"字样的资料都能证明存在资本主义关系。我们在研究明清时期各阶段"资本主义萌芽"论据资料时，首先要剔除这类非自由雇佣劳动。

将明清法典规定的雇工人、奴婢、凡人等不同群体条律加以比较后即可看出，"雇工人"具有特殊的法律身份，是一个由法律规定了的社会等级。等级是全社会的现象，孤立群体不成其为等级。既然认定雇工人是一个等级，那么必须回答清代社会存在些什么等级，各个等级是怎样的序列关系，以及一系列相关问题。由此，我的注意力已经不在所谓资本主义萌芽，而转向清代的等级结构了。

等级是前资本主义社会中阶级的重要表现形式。西欧中世纪经济史和马克思、恩格斯的著作中不少有关前资本主义社会等级制度的论述。20世纪五六十年代是阶级斗争理论统治中国史学研究的时代，阶级斗争理论是学术研究唯一的思想指导，评人必称阶级，论事唯有斗争。这种情况下，研究前资本主义社会的等级似乎是应有之义，因为等级正意味着压迫和不平等。但是，有关中国封建社会，特别是明清社会的论著中，对社会等级结构的论述却很罕见，着实令人费解。妄自揣测，可能是因为当时关于中国"古代的封建社会"只讲"封建社会的主要矛盾，是农民阶级和地主阶级的矛盾"而未及等级之故。清代明明是存在等级的。清代的社会等级制度是怎样的？它在清代社会起着什么样的作用？这些问题不由得萦回脑际。这就是我探讨清代社会等级制度问题的缘起和背景。"十年动乱"阻断了学术的进程；在荒废十余年后，70年代末始得继续致力于这方面的探索。

社会等级的基本特征在于法的规定性。等级制度是有法律保障的，它的存在是当时全社会认可的，它是人人必须遵守的。与"法律面前人人平等"相反，通行两百多年的清代法典基本原则是"同罪而不同罚"。法典对各个群体的法律待遇迥异。法律身份差异决定各群体社会地位的高低，具体地体现出统治与被统治的关系。尽管清代当时并没有"等级制度"这一名词或概念，法典本身却清晰地描画出一整套等级结构，将社会上各个阶级、各种职业的各色人等统统涵盖其中，分别放在规定的位置上。社会上人与人之间、群体与群体之间的不平等性是公开的，明确的，有法律为根据的。因此我们不可因为当时没有"等级制度"这一名词或概念而否定清代等级制度的存在，无视它的影响和社会意义。

我在分别研究不同等级的基础上，探讨清代等级体制问题。70年代末所写《试论清代等级制度》[①]一文考察了清代等级结构的状况和特点。把清代的等级阶梯归纳为皇帝、宗室贵族、缙绅、绅衿、凡人、雇工人和贱民七个等级以及若干等第；描述了各等级的特定的权利、义务及其法律身份和社会地位；分析了建立在土地可以自由买卖的地主制经济基础上的清代等级制，与建立在领主制

---

① 《试论清代等级制度》，载《中国社会科学》1980年第6期。

经济基础上的西欧等级制度的不同特点。1981年4月完稿的《关于清代奴婢制度的几个问题》①对清代的各类奴婢的身份从制度上做了比较全面的分析。在此基础上,对清代的各类贱民又做进一步探讨,形成了《清代社会的贱民等级》一书。所以这本书重点虽为贱民等级,实际包括了我对清代等级制度的基本看法。

以上就是这本小册子的由来和思路。

清代等级制度是研究清代社会不可或缺的一个重要方面。迄今对许多相关问题研究还很不够。除各社会等级本身的问题外,诸如社会等级制度和亲族制度的关系,等级制度和民族等级制度的关系,等级制度和行业职业的关系,清代社会等级制度的前史以及清代社会等级制度与同时期的东亚、东南亚诸国的等级制度的比较等方面,都有广泛探讨之余地。这显然需要众多学者的长期努力。希望这些问题将来能够进入学者们的视野成为一个兴奋点。近年来我试图通过考察历朝等级制度以探讨清代等级制度的渊源。

我的研究只是初步的、概括的。90年代以后有的清史和清代社会史、经济史著作中使用或修正地使用上述等级框架,虽然不一定注明了来源。也有的学者则对其中某些问题提出质疑,比如清代社会的等级到底应该怎样划分,"雇工人"到底应不应该算作一个等级等等。这都是我所欢迎的,因为这有助于把问题引向深入。近年出版了若干关于贱民群体的专题研究大大丰富了对贱民等级的认识,尤其令人高兴。相比之下我的这本小册子已经很单薄了,它根据的只是当时看到的资料,反映的是当时的认识水平。由于它已是

---

① 《关于清代奴婢制度的几个问题》,见《中国社会科学院经济研究所集刊》第5集,北京:中国社会科学出版社,1983年。

其后不同意见的靶的，只有保持原状，方可呈现学术进展的历史过程，所以这次重印只纠正一些错字而不做大的修改和补充。

原载《关于清代奴婢制度的几个问题》一文中插有六张文字表格，它们是："清代关于投充人放出问题条例一览""清代关于确定白契所买之人身份的条例""清代关于印契奴仆赎身问题的条例""清代关于白契所买之人赎身问题的规定""清代关于赎身奴婢及其子女法律身份的规定"以及"清代关于八旗奴仆开户的有关规定"，都是我花了一些时间汇集起来的基本资料。补充进来不会影响本书的原貌，但却可能为研究有关问题的读者节省一些查找时间。

经君健

2008年7月27日

于方庄七米方斋